职业教育系列教材·铁道运输类

接发列车实务

曾　毅　李　捷　刘盛蓝　**主　编**
杜卫芳　李　嵘　**副主编**
苏云峰　**主　审**

中国建材工业出版社

图书在版编目（CIP）数据

接发列车实务/曾毅，李捷，刘盛蓝主编．--北京：中国建材工业出版社，2021.9（2023.8 重印）

职业教育系列教材．铁道运输类

ISBN 978-7-5160-3219-0

Ⅰ．①接… Ⅱ．①曾…②李…③刘… Ⅲ．①铁路车站—车站作业—职业教育—教材 Ⅳ．①U292.15

中国版本图书馆 CIP 数据核字（2021）第 086729 号

内容简介

本书分为三个部分，主要内容包括接发列车工作知识准备，正常情况下接发列车作业，非正常情况下接发列车作业等。通过本课程的学习，读者可以认知铁路行车工作和车站接发列车工作；掌握正常情况下接发列车作业的标准和作业程序；掌握非正常情况下接发列车的行车凭证、电话闭塞法行车、引导接车、设备故障时的接发列车作业程序等；了解一切电话中断时和运行条件变化时的接发列车作业；了解施工维修时的接发列车作业。

本书可作为铁路运输、铁路交通运营管理专业高职、中职教材，也可以作为铁路成人职业教育培训和铁路运输职工自学用书。

接发列车实务
Jiefa Lieche Shiwu
曾毅 李捷 刘盛蓝 主　编
杜卫芳 李　嵘 副主编
苏云峰 主　审

出版发行：中国建材工业出版社
地　　址：北京市海淀区三里河路 11 号
邮　　编：100831
经　　销：全国各地新华书店
印　　刷：北京印刷集团有限责任公司
开　　本：787mm×1092mm　1/16
印　　张：13.5
字　　数：330 千字
版　　次：2021 年 9 月第 1 版
印　　次：2023 年 8 月第 2 次
定　　价：55.00 元

本社网址：www.jccbs.com，微信公众号：zgjcgycbs
请选用正版图书，采购、销售盗版图书属违法行为
版权专有，盗版必究。本社法律顾问：北京天驰君泰律师事务所，张杰律师
举报信箱：zhangjie@tiantailaw.com　举报电话：（010）57811389
本书如有印装质量问题，由我社市场营销部负责调换，联系电话：（010）57811387

铁道运输类系列教材编委会

审定人员： 汪武芽 江西交通职业技术学院
　　　　　 张　黎 江西交通职业技术学院
　　　　　 崔志宇 黑龙江交通职业技术学院
　　　　　 王燕梅 黑龙江交通职业技术学院
　　　　　 刘柱军 黑龙江第二技师学院
　　　　　 侯德文 湖南铁道职业技术学院
　　　　　 龙　讯 重庆公共运输职业学院
　　　　　 梁晓芳 重庆公共运输职业学院
　　　　　 王金香 天津铁道职业技术学院

编写人员： 曾　毅 武汉铁路职业技术学院
　　　　　 杨旭丽 湖南都市职业学院
　　　　　 李　捷 湖南铁道职业技术学院
　　　　　 迟卓刚 齐齐哈尔技师学院
　　　　　 任　萍 河北轨道运输职业技术学院
　　　　　 李兆飞 广州铁路职业技术学院
　　　　　 谢　芸 昆明铁道职业技术学院
　　　　　 刘盛蓝 四川管理职业学院

前　言

铁路作为国民经济的大动脉、国家重要基础设施和大众化交通工具，在国民经济及社会发展中具有重要作用。随着铁路建设与发展进程的不断加快，企业对铁路交通运营的技术技能型人才提出了新的更高的要求。为了适应企业对职业人才的需求，高职教育倡导"项目导向、任务驱动"的教育理念。在教、学、做一体化的教学模式下，使学生在学习中感受作业环境，明确岗位要求，熟悉岗位标准，掌握岗位所需的知识、能力和素质。

接发列车工作是铁路车站行车工作的重要组成部分，是铁路车站工作的典型工作任务。根据专业培养目标的要求，接发列车实务是铁路交通运营管理专业的核心课程。本书是在深入铁路生产一线调研的基础上，通过对岗位职业能力分析，根据接发列车工作岗位群的任职要求，结合高职学生的认知能力编写的。本书以铁路行业标准《接发列车作业》和《铁路技术管理规程》为依据，融入铁路行车规章中与接发列车作业相关的规定和要求，以学习任务为驱动，由简单任务到复杂任务，由正常情况作业到非正常情况作业，力求体现"以就业为导向、以能力为本位"的特点，职业性和实践性都很强。

本书在编写过程中，参考了部分铁路运输的规章和文献，得到了有关铁路企业、站段的大力支持和行业专家的热情指导和帮助，在此表示衷心感谢。

由于编者水平有限，书中难免存在疏漏和不足之处，恳请读者批评指正。

编者

2021 年 2 月

目 录

项目一　接发列车工作知识准备 ··· 1
　　任务一　铁路车站和列车认知 ··· 3
　　任务二　行车工作认知 ·· 17
　　任务三　接发列车工作认知 ·· 27

项目二　正常情况下接发列车作业 ··· 53
　　任务一　双线自动闭塞集中联锁接发列车作业 ································· 54
　　任务二　单双线半自动闭塞集中联锁接发列车作业 ·························· 78
　　任务三　单线自动站间闭塞集中联锁接发列车作业 ························ 100

项目三　非正常情况下接发列车作业 ··· 113
　　任务一　非正常情况接发列车的行车凭证 ···································· 114
　　任务二　电话闭塞法行车 ·· 138
　　任务三　引导接车 ·· 154
　　任务四　设备故障时的接发列车作业 ·· 159
　　任务五　一切电话中断时的接发列车 ·· 168
　　任务六　运行条件变化时的接发列车 ·· 173
　　任务七　施工维修时的接发列车 ·· 180

附件 ··· 199

参考文献 ··· 206

项目一　接发列车工作知识准备

项目描述

接发列车作业是指为了保证列车运行的安全，列车接入车站和由车站出发，按照一定的程序办理接发列车的必要作业。接发列车作业直接关系着安全正点和运输效率。不间断地接发列车，严格按列车运行图行车，是车站的基本任务之一。

中国国家铁路集团有限公司根据我国铁路不同的行车闭塞方法、人员配备和作业方法等情况，在充分考虑正常情况下的作业方法和非正常情况下的特定措施的前提下，结合不同闭塞法、不同联锁类型和不同的劳动组织形式，制定了《接发列车作业》标准。《接发列车作业》标准是以铁路行业标准的形式发布的统一规定，由作业程序与岗位作业技术要求构成。《接发列车作业》标准包括《接发列车作业 第1部分：双线自动闭塞集中联锁（设信号员）》（TB/T 1500.1—2009）、《接发列车作业 第2部分：双线自动闭塞集中联锁（未设信号员）》（TB/T 1500.2—2009）、《接发列车作业 第3部分：单双线半自动闭塞集中联锁（设信号员）》（TB/T 1500.3—2009）、《接发列车作业 第4部分：单双线半自动闭塞集中联锁（未设信号员）》（TB/T 1500.4—2009）、《接发列车作业 第5部分：单双线半自动闭塞色灯电锁器联锁》（TB/T 1500.5—2009）、《接发列车作业 第6部分：单双线电话闭塞无联锁》（TB/T 1500.6—2009）、《接发列车作业 第7部分：单线自动站间闭塞集中联锁（设信号员）》（TB/T 1500.7—2009）、《接发列车作业 第8部分：单线自动站间闭塞集中联锁（未设信号员）》（TB/T 1500.8—2009）共八个标准。

《接发列车作业》标准的实施，不仅完善了接发列车作业组织，提高了接发列车作业安全和作业效率，而且还促进了接发列车作业管理的现代化。为确保接发列车作业安全，车站接发列车作业必须按照《接发列车作业》标准的规定办理，并使用规定用语。随意简化、颠倒或遗漏作业程序及用语，势必危及行车安全。

在接发列车时需办理的作业步骤有办理区间闭塞；准备接车或发车进路；开放和关闭进站信号或出站信号；接、交行车凭证（不使用自动闭塞、站间自动闭塞和半自动闭塞时）；迎送列车及指示发车。这一系列工作均是在车站完成，因此，熟悉车站站场布置、掌握相关运输设备的操作、排列进路、识别各种信号和列车标志、熟悉接发列车主要作业项目是接发列车工作人员必须掌握的基本技能。

项目任务书

接发列车工作知识准备项目任务书见表1-1。

表 1-1　接发列车工作知识准备项目任务书

名称		接发列车工作知识准备
学习目标	知识目标	理解车站的定义与作用； 了解车站的种类及等级划分； 掌握车站配置的线路及用途； 了解道岔的管理； 掌握道岔编号的方法； 掌握道岔的定、反位判断方法； 理解列车的定义和标志； 掌握列车的分类和等级； 掌握列车运行方向的有关规定； 了解接发列车作业应遵守的各项行车规章； 熟悉《铁路技术管理规程》对行车工作人员的要求； 掌握接发列车工作人员设置分工及岗位职责； 了解接发列车作业的基本程序及作业内容； 理解区间及闭塞分区的作用及三种状态； 理解行车闭塞法的含义、种类及作用； 掌握进路的概念； 掌握人工布置进路的原则和方法； 掌握各种线路及闭塞方式条件下的发车权； 掌握铁路有关手信号的作用、分类及显示意义； 掌握音响信号的作用、分类； 理解行车凭证的分类及作用； 理解"车机联控"的意义，掌握正常情况下接发列车的车机联控用语； 掌握接发列车作业的主要项目及方法
	技能目标	能识别车站线路的种类并说出其用途； 能根据车站道岔编号原则快速找到目标道岔； 能判断道岔开通位置； 能根据列车车次判断列车的性质、种类、等级及运行方向； 能识别各种列车尾部标志； 能合理运用接发列车线路安排接车进路、发车进路、通过进路； 会手摇道岔并对道岔进行加锁； 能判断影响接发车进路的调车作业； 能根据车站、区间、线路及作业情况，判断区间的状态； 会显示接发列车作业相关手信号； 会鸣示接发列车作业相关音响信号； 能在接发列车作业中正确及时地进行车机联控； 能计算和确定信号机的开放时机，并在实际工作中会运用
	素质目标	具有积极向上的学习态度和良好的学习习惯； 具有良好的职业道德； 具有严谨、细致的工作态度和高度的工作责任心； 树立团队协作、协调沟通及安全责任意识
学习内容		任务一　铁路车站和列车认知 任务二　行车工作认知 任务三　接发列车工作认知

任务一 铁路车站和列车认知

【任务导入】

车站是办理客货运输的始发、中转和终到作业的地点,是铁路与运输有关的行车、客运、货运、机务、工务、电务、供电等部门协调进行生产活动的场所。那么铁路车站都有哪些设备呢?行车工作人员是如何操作设备、分工协作的呢?旅客所乘坐的列车(图1-1)为什么都有车次?为什么有的车次带字母(图1-2),有的又不带字母,车次是如何规定的呢?铁路线路上还有大量运送货物的列车运行(图1-3),其车次又是如何划分呢?

图1-1 旅客列车

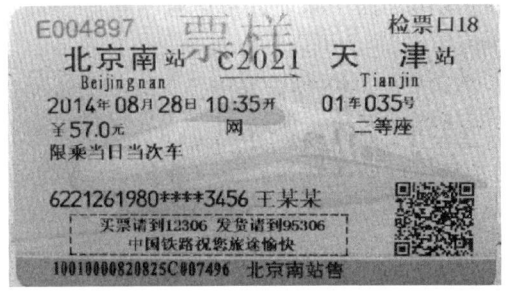

图1-2 车票

图1-3 货物列车

【知识准备】

一、铁路车站认知

(一)车站

1. 车站的定义和作用

车站是铁路线上设有配线的分界点,办理列车的出发、到达、通过、会让、越行和客货运等业务。

分界点是指车站、线路所及自动闭塞区段的通过信号机。线路所及自动闭塞区段的通过信号机是无配线的分界点,其作用在于保证行车安全和必要的通过能力。车站是设有配线的分界点,是铁路与人民群众及国民经济各部门的重要联系环节,参与整个运输过程的工作。车站工作的质量直接关系到铁路运输工作的水平。

车站在铁路运输过程中主要有以下作用:

(1) 车站是铁路运输业的基层生产单位,拥有铁路线路、站场、通信、信号等技术设备和行车、客运、货运、装卸等方面设备和工作人员。

(2) 车站是办理客货运输的始发、中转和终到作业的地点,是铁路与运输有关的行车、客运、货运、机务、工务、电务、供电等部门协调进行生产活动的场所。

(3) 车站是铁路线上的分界点,将铁路线路划分为若干个区段和区间,是保证行车安全和必要的通过能力的需要。

(4) 车站是铁路联系旅客和货主的窗口。

(5) 车站在贯彻党的方针政策、执行铁路规章制度、合理利用现有技术设备、不断改进工作方法、保证客货运输安全、提高运输效率、完成铁路运输任务等方面都有重要的作用。

2. 车站的分类与等级

(1) 按业务性质分类

车站按业务性质分为营业站、非营业站,营业站分为客运站、货运站、客货运站。

① 客运站是专门为办理旅客运输而设的车站。客运站通常设在大城市或旅游胜地等有大量旅客到发的地点,主要担当旅客列车的始发、终到作业,以及为旅客提供旅行服务的业务。

② 货运站是专门为办理货物运输而设的车站。货运站一般设在大城市、工矿地区和港口等有大量货物装卸的地点,主要担当货物列车的始发、终到作业,以及与货运有关的业务。

③ 客货运站是既办理客运业务也办理货运业务的车站。铁路网上绝大多数的车站都属于客货运站。

(2) 按技术作业分类

车站按技术作业不同分为编组站、区段站、中间站。编组站和区段站统称为技术站。

① 编组站通常设在大量车流集中或消失的地点或几条铁路线的交叉点,担当大量中转车流改编作业,编组直达、直通、区段、摘挂及小运转等各种列车。车辆经编组站改编后,根据列车编组计划又重新编组成各种列车开出,故编组站又有"列车工厂"之称。

② 区段站设于划分货物列车牵引区段的分界点或区段车流的集散地点,担当区段车流的改编作业,解体与编组区段,摘挂列车。区段站一般还进行更换货运机车或乘务员,对货物列车中的车辆进行技术检修和货运检查整理作业。

③ 中间站设在技术站之间的区段,主要办理列车接发、会让、越行和通过作业,以及摘挂列车的调车作业和装卸作业。有些中间站还办理市郊列车的折返和小运转列车的始发、终到作业。

(3) 车站等级

车站按其担负客货运量和技术作业量的大小,以及在政治、经济和铁路网上所处的地位,划分为特等站和一、二、三、四、五等站。

(二) 线路

1. 线路分类及含义

铁路线路按用途不同分为正线、站线、段管线、岔线及特别用途线:

(1) 正线是指连接车站并贯穿或直股伸入车站的线路,可分为区间正线和站内正线,连接车站的部分为区间正线,贯穿或直股伸入车站的部分为站内正线。

(2) 站线是指车站内除正线以外,根据作业性质、运量大小及技术作业的需要而铺设的其他配线,主要包括到发线、调车线、牵出线,货物线及站内指定用途的其他线路。

① 到发线是供接发旅客列车和货物列车使用的线路。

② 调车线是进行解体或编组车列使用的线路。

③ 牵出线是设在调车场的一端,并与到发线连接,专供车列解体、编组及转线等牵出使用的线路。

④ 货物线是办理货物装卸作业使用的线路。

⑤ 站内指定用途线的其他线路,主要有机车走行线、机待线、禁溜线、峰下迂回线、存车线等。

(3) 段管线是指机务段、车辆段、工务段、电务段等专用并由其管理的线路。

(4) 岔线是指在区间或站内接轨,通向路内外单位的专用线路。

(5) 特别用途线是指为保证行车安全而设置的安全线和避难线。

① 安全线是指为防止列车或机车车辆从一条进路进入另一列车或机车车辆占用的进路而发生冲突的一种安全隔开设备。

② 避难线是指在陡长大下坡道上能使失控列车安全进入的线路。

2. 线路管理

站内正线及站线,由车站负责管理。机车车辆由区间、段管线、岔线等地点进入站内正线或站线时,都须经车站允许并按规定办理手续。

线路编号规定站内正线用罗马数字(Ⅰ、Ⅱ、Ⅲ……),站线用阿拉伯数字(1、2、3……)。

(1) 单线铁路车站内的线路,从靠近站房的线路起向站房对侧依次顺序编号;位于站房左、右或后方的线路,在站房前的线路编完号后,再由正线方向起,向远离正线顺序编号,如图1-4所示。

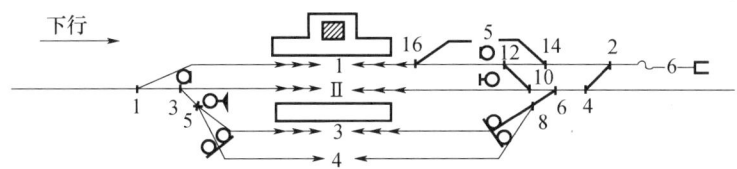

图1-4 单线铁路车站线路、道岔编号

(2) 双线铁路车站内的线路,从正线起按列车运行方向分别向外顺序编号,上行编双号,下行编单号,如图1-5所示。

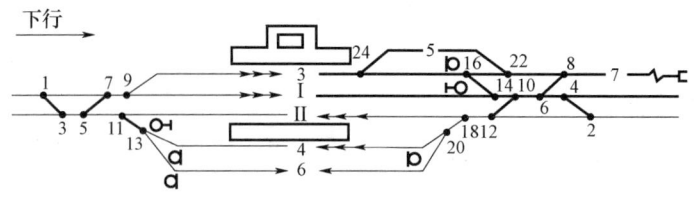

图 1-5 双线铁路车站线路、道岔编号

双线铁路横列式区段站的线路，不适宜按列车运行方向分别编号，可比照单线铁路车站的线路编号方法进行编号。

（3）尽端式车站，当站房位于线路一侧时，从靠近站房的线路起向远离站房方向顺序编号，如图 1-6（a）所示；当站房位于线路终端时，面向终点方向从左侧线路起顺序向右编号，如图 1-6（b）所示。

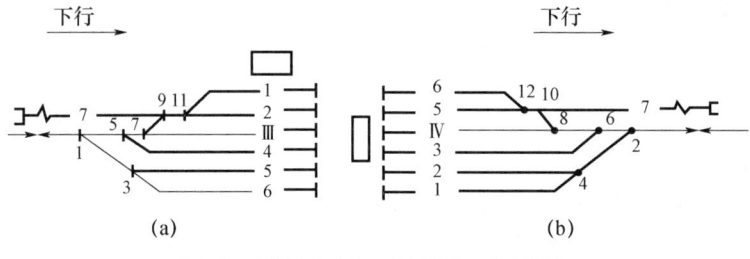

图 1-6 尽端式铁路车站线路、道岔编号

（4）大型车站当有数个车场时，应分车场编号。车场靠近站房时，从靠近站房线路起，向站房对侧顺序编号；车场远离站房时，顺千米标前进方向从左向右顺序编号，且在线路编号前冠以罗马数字表示车场，如二场3道，写为Ⅱ3。

（三）道岔

1. 道岔的管理

（1）道岔管理范围

站内线路的道岔及车站与其他单位所管线路相衔接的道岔（包括防护道岔），由车站负责管理。

岔线在区间内与正线接轨，影响区间通过能力，危及行车安全，也不便于管理。为此，新建岔线，不准在区间与正线接轨。既有区间岔线，在接轨地点应开设线路所或辅助所管理。区间道岔由辅助所管理时，该道岔与有关信号机或闭塞设备联锁，受指定车站的控制。

（2）道岔管理责任

① 人工扳动的道岔。人工扳动的道岔或道岔组应由值班扳道员一人负责管理。个别道岔无专人负责者，由指定的人员兼管。根据需要，可将数个道岔组组成道岔区，设扳道长领导道岔区的工作。

② 集中操纵的道岔。集中操纵的道岔应由车站（车场）值班员负责，未设值班员的由信号长（员）负责。驼峰集中操纵的道岔，应由驼峰值班员负责。

道岔组、道岔区、兼管道岔的范围划分，清扫道岔的分工，道岔加锁的钥匙、电动转辙机手摇把管理办法,均应在《车站行车工作细则》(以下简称《站细》)内规定。电动转辙机手摇把,要实行统一编号,集中管理,建立登记签认制度。

(3) 道岔人工加锁装置

为保证接发列车进路上有关道岔位置正确,信号与道岔间有联锁关系。当联锁失效或在无联锁线路上接发列车时,为防止错误扳动,应对道岔进行人工加锁。联锁道岔应配备钉固、加锁装置,以备联锁失效时用以锁闭道岔。加锁装置包括锁板、勾锁器、闭止把加锁、带柄标志加锁。

联锁失效时防止扳动的办法,应在《站细》内规定。分动外锁闭道岔具体加锁办法,由铁路局规定。

2. 道岔的编号

站内的道岔应由工务部门会同电务部门、车站共同统一顺序编号,并纳入《站细》。

道岔用阿拉伯数字进行编号,参见图1-4和图1-5。遵循以下原则:

(1) 从车站两端由外向内,先主要线路,后次要线路依次编号。尽端式车站的道岔向线路终端方向顺序编号。上行列车到达端编为双号,下行列车到达端编为单号。

(2) 同一渡线或梯线上的道岔应连续编为单号或双号。

(3) 站内道岔一般以站房中心划分上、下行区域,若站房远离车站中心,以车站或车场中心线划分。

(4) 车站一端衔接两个及其以上方向,既有上行又有下行时,应按主要方向编号。

(5) 当大型车站有数个车场时,每一车场的道岔应单独编号,为区分车场,左边第一位数字表示车场号。当一个车场的道岔数量在100副以内时,使用三位数字编号,百位数字表示车场号,十位和个位数表示道岔编号,如Ⅰ场道岔编为101~199。当一个车场的道岔数在100副及以上时,用千位数往下续编,千位数表示车场号,如Ⅰ场的第100副道岔,编为1100号。各车场以外的道岔编为1~99。

3. 道岔的定位

道岔除使用、清扫、检查或修理时经常向某一线路开通的位置,称为道岔的定位;向另一条线路开通的位置,称为道岔的反位。

道岔定位的原则是在有利于行车安全的前提下,尽可能减少扳动次数。《铁路技术管理规程》(以下简称《技规》)规定,道岔除使用、清扫、检查或修理时,均须保持定位。道岔的定位规定如下:

(1) 单线车站正线进站道岔为由车站两端向不同线路开通的位置,如图1-7所示。

(2) 双线车站正线进站道岔为各该正线开通的位置,如图1-8所示。

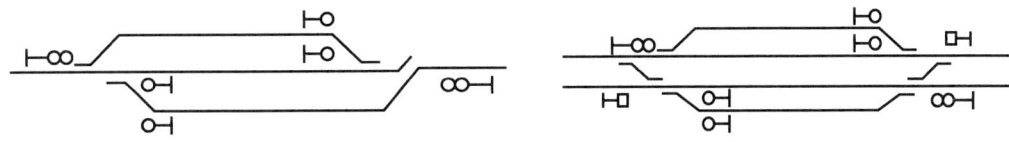

图1-7 单线车站进站道岔定位示意图　　图1-8 双线车站进站道岔定位示意图

(3) 区间内正线道岔及站内正线上其他道岔(引向安全线、避难线的除外)为正线开通的位置,如图1-9所示。

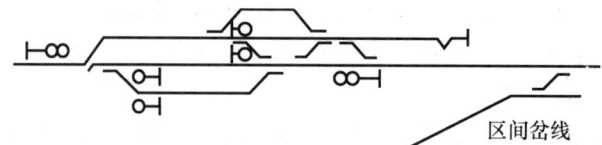

图 1-9　正线上道岔定位示意图

（4）引向安全线、避难线的道岔为安全线、避难线开通的位置，如图 1-10 所示。

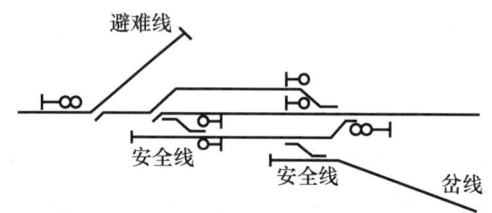

图 1-10　引向安全线、避难线的道岔定位示意图

岔线、段管线与正线、到发线接轨时，均应铺设安全线，其目的是防止岔线、段管线上的机车车辆与正线、到发线上的列车、机车车辆发生冲突；在进站信号机外制动距离内进站方向为超过 6‰ 下坡道的车站，应在正线或到发线的接车方向末端设置安全线，其目的是防止列车在按车线末端越过警冲标而与另一端正在进站的列车发生冲突；避难线是为了防止在陡长的坡道上失去控制的列车发生冲突或颠覆而设置的。因此，规定引向安全线和避难线的道岔定位，为开通安全线、避难线的位置。

（5）其他由车站负责管理的道岔，由车站规定。这些道岔的定位，根据行车安全和减少扳动次数等因素综合考虑。如到发线与货物线连接的道岔，应以开通到发线为定位，如图 1-11 所示；道岔连接线上的道岔，以开通连接线为定位，如图 1-12 所示；车站与其他单位线路衔接的道岔，以不使机车车辆进入站内的位置为定位；停放装载爆炸品、压缩气体、液化气体车辆的固定线路，以不能进入为定位；其他道岔，以经常使用的位置为定位。

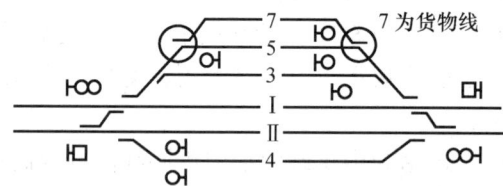

图 1-11　到发线与货物线连接的道岔定位示意图

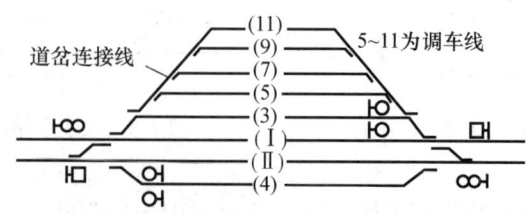

图 1-12　道岔连接线上的道岔定位示意图

(6) 集中操纵的道岔（引向安全线、避难线的除外），可不保持定位。

集中操纵的道岔，在准备进路时并不单独操纵进路有关道岔，只需按压进路的始端、终端按钮，有关道岔不论当时处在什么位置，都能自动转换到该进路所需开通的位置，故可不保持定位。但根据道岔定位第（4）项要求，引向安全线、避难线的道岔，在进路解锁后需单独操纵，使其开通于安全线、避难线的位置。

道岔定位是车站技术管理的重要内容，应在《站细》内记明。集中操纵的道岔，平时可不保持定位，但同样应在《站细》内记明定位，以备单独操纵道岔或临时停电时，根据道岔的定反位准备进路。

各段管线道岔的定位，由各段自行规定。

二、列车认知

（一）列车的定义和标志

列车是指编成的车列并挂有机车及规定的列车标志。

列车必须具备三个条件：按有关规定编成的车列、挂有牵引本次列车的机车、有规定的列车标志。

单机、重型轨道车，虽未完全具备列车条件，在发往区间时，因其在办理闭塞及接发列车手续、在区间被迫停车后的防护及处理、服从行车调度指挥以及发生铁路交通事故的分类与处理等方面，均具有与列车相同的性质，所以也应按列车办理。

1. 按规定编成车列

列车是铁路旅客、货物运输的载体，是铁路完成运输任务的主要形式。为保证列车运行安全、提高运输效率，列车必须在重量、长度、车辆组成方面符合一定条件。《技规》中的行车办法，就是按照列车必须具备的条件而定的。

根据《技规》的规定，列车应按《技规》列车编组计划和列车运行图规定的编挂条件、车组、重量或长度编组。亦即编组列车必须符合《技规》关于机车车辆编入列车的技术条件、编挂限制、编挂数量和编挂位置等要求；必须符合列车编组计划的编组内容和编挂要求；必须符合列车运行图规定的重量及长度标准。

列车重量应根据机车牵引力、区段内线路状况及其设备条件确定。编组超重列车时，编组站、区段站应征得机务段调度员同意，在中间站应得到司机的同意，并均须经列车调度员准许。列车长度应根据运行区段内各站到发线的有效长度，并须预留30m的附加制动距离确定。开行超长列车、欠轴列车、超限列车、单机挂车，以及违反列车编组计划的列车，均须取得调度命令准许。

动车组以外的旅客列车按列车编组表编组，车后第一位编挂一辆未搭乘旅客的车辆作为隔离车，行李车、邮政车、发电车等非乘坐旅客的车辆应分别挂于机车后第一位和列车尾部，起隔离作用；在装设集中联锁的区段，并设有列车运行监控装置时，旅客列车可不挂隔离车。如隔离车在途中发生故障摘下时，可无隔离车继续运行。局管内旅客列车经铁路局局长批准，可不隔离。

2. 牵引机车

《技规》规定：工作机车应挂于列车头部，正向运行（牵引小运转、路用、求援列车的机车外）；无转向设备的，可逆向运行。双机或多机牵引时，本务机车的职务由第一位机车担当。

3. 列车标志

列车根据其种类及运行的线路和方向，在头部和尾部分别显示不同的列车标志。

列车标志的显示方式，昼间与夜间相同，但昼间不点灯，其显示方式如下：

(1) 列车在双线区段正方向及单线区段运行时机车前端一个头灯及中部右侧一个白色灯光（图1-13）。列车尾部两个侧灯，向后显示红色灯光，向前显示白色灯光；挂有列尾装置时，为列尾装置向后显示红白相间的反射标志和一个红色闪光灯光（图1-14）。

图1-13　头部列车标志　　　　　　　图1-14　尾部列车标志

(2) 列车在双线区段反向运行时，机车前端一个头灯及中部右侧一个红色灯光（图1-15）；列车尾部标志与第(1)项同。

图1-15　反方向运行头部列车标志

(3) 列车推进运行时，列车前端两个侧灯，向前显示红色灯光，向后显示白色灯光；挂有列尾装置时，为列尾装置向前显示红白相间的反射标志和一个红色闪光灯光（图1-16）。机车后端中部左侧一个红色灯光（图1-17）。

图1-16　推进运行前端列部标志　　　　图1-17　推进运行后端列部标志

列车在双线区段正向推进运行时,列车前端向前显示左侧一个红色灯光,右侧一个白色灯光,向后显示左侧一个白色灯光;挂有列尾装置时,为列尾装置显示红白相间的反射标志和一个红色闪光灯光(图1-18)。

(4)列车后部挂有补机时,机车后部标志与第(3)项同。

(5)单机在双线区段正方向及单线区段运行时机车前部标志与第(1)项同后部标志与第(3)项同。

(6)单机在双线区段反方向运行时,机车前端标志与第(2)项同;后部标志与第(3)项同。

(7)调车机车及机车出入段时,机车前部标志与第(1)项同;机车后端中部左侧一个白色灯光(图1-19)。

图1-18 双线正方向推进后端列部标志　　　　图1-19 调机及机车出入段后端标志

(8)重型轨道车运行时,前端一个白色灯光,如图1-20(a)所示;后端一个红色灯光,如图1-20(b)所示。

(a)　　　　(b)

图1-20 重型轨道车列车标志

(二)列车的分类和等级

在运输生产工作中根据需要和服务对象,每列列车分别担负不同的运输任务,从而分为不同的种类;根据运输任务的轻重缓急,列车又分为不同的等级。在行车工作中,正常情况下必须依照列车的等级顺序放行列车、调整列车运行秩序。在编制列车运行图、制定日常列车运行计划及进行调度调整时,也须统筹兼顾,妥善安排。

1. 按运输性质分类

（1）旅客列车

旅客列车是以客车（包括动车组）编组，为运送旅客行李、包裹、邮件的列车。旅客列车包括动车组列车、直达特快、特快、快速、普通旅客列车、旅游列车、临时旅客列车、通勤列车等。

（2）特快货物班列

特快货物班列是在固定发到站间，有固定的车次和运行线、明确的开行周期和运行时刻，按客车化模式组织开行的货物班列。从装车站到卸车站全程紧密衔接，确保快捷、及时运送行李、包裹、邮件及其他快运货物等。

（3）军用列车

军用列车是指专为输送军事人员或军用物资而开行的列车。以客车（含自备客车、代用客车）编成的军用列车（空客车底除外），接发列车和运行按旅客列车办理。

（4）货物列车

货物列车是以运送货物的车辆编成的列车，包括快速货物班列、"五定"班列、快运、直达、直通、区段、摘挂、小运转、超限、重载、冷藏以及自备车列车等。

"五定"班列：是指定点、定线、定车次、定时、定价的货物列车。即在货运量较大的货运站间开行，发到直达、运行线全程贯通、车次全程不变、发到时刻固定，以车或厢为单位报价的货物列车。

快运货物列车：是指以快速客运系统的线路条件为基础，采用运行速度120km/h的专用车辆，按旅客列车的形式，以高附加值货物为重要运输对象的快速列车。

直达列车：在装（卸）车站或技术站编组，通过一个及以上编组站不进行改编的列车。

直通列车：在技术站编组，通过一个及以上区段站不进行改编的列车。

区段列车：在技术站编组并到达相邻技术站，在区段内不进行摘挂作业的列车。

摘挂列车：在技术站编组并到达相邻技术站，在区段内的中间站进行摘挂作业的列车。

小运转列车：在技术站和邻接区段规定范围内的几个车站间开行的列车，称为区段小运转列车；在枢纽内各站间开行的列车称为枢纽小运转列车。两者统称为小运转列车。

超限列车：挂有装载超限货物车辆的货物列车。

重载列车：牵引重量超过5000t的货物列车。

冷藏列车：利用机械冷藏车专门运送鲜活、易腐等需要保持特定温度的货物列车。

自备车列车：为运输大宗、固定的货物往返运行于特定区段内，全部以企业自备车编组而成的货物列车。

（5）路用列车

路用列车是专为运送铁路自用物资或设备而开行的列车。

货物列车按其组织地点及运行距离分类如图1-21所示。

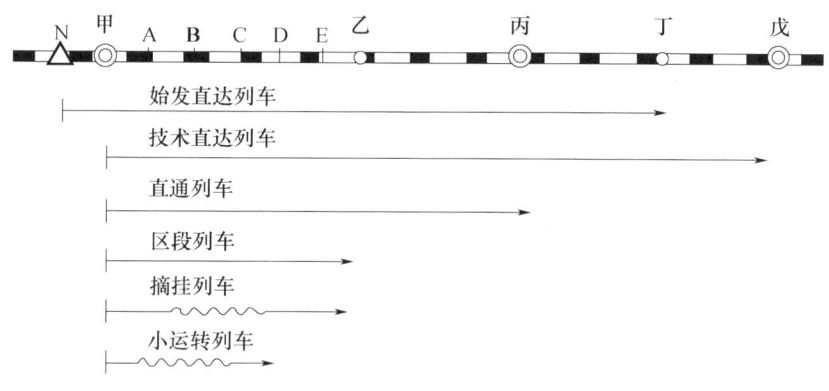

图 1-21 货物列车按其组织地点及运行距离分类示意图

2. 列车运行等级顺序

根据《技规》的规定，列车的运行等级顺序如下：

（1）动车组列车；
（2）特快旅客列车；
（3）特快货物班列；
（4）快速旅客列车；
（5）普通旅客列车；
（6）军用列车；
（7）货物列车；
（8）路用列车。

开往事故现场救援、抢修、抢救的列车，应优先办理。特殊指定的列车的等级，应在指定时确定。

（三）列车车次及运行方向

1. 列车车次范围

为便于组织铁路运输的各项工作，各类列车均应有固定车次范围，每一列车均应编有相应的车次。根据车次，可以辨别该次列车的种类、性质、等级和运行方向。我国铁路现行的列车车次编定见表 1-2。

表 1-2 列车车次编定表

顺号	列车分类			规定车次
一	旅客列车			
1	高速动车组旅客列车			G1-G9998
	其中	直通		G1-G4998
		管内		G5001-G9998
2	城际动车组旅客列车			C1-C9998
3	动车组旅客列车			D1-D9998
	其中	直通		D1-D4998
		管内		D5001-D9998

续表

顺号	列车分类		规定车次
4	直达特快旅客列车（160km/h）		Z1-Z9998
	其中	直通	Z1-Z4998
		管内	Z5001-Z9998
5	特快旅客列车（140km/h）		T1-T9998
	其中	直通	T1-T3998
		管内	T4001-T9998
6	快速旅客列车（120km/h）		K1-K9998
	其中	直通	K1-K4998
		管内	K5001-K9998
7	普通旅客列车（120km/h）		1001-7598
	（1）普通旅客快车		1001-5998
	其中	直通	1001-3998
		管内	4001-5998
	（2）普通旅客慢车		6001-7598
	其中	直通	6001-6198
		管内	6201-7598
8	通勤列车		7601-8998
9	临时旅客列车（100km/h）		L1-L9998
	其中	直通	L1-L6998
		管内	L7001-L9998
10	旅游列车		Y1-Y998
	其中	直通	Y1-Y498
		管内	Y501-Y998
二	特快货物班列（160km/h）		X1-X198
三	货物列车		
	快运货物列车		
1	（1）快速货物班列（120km/h）		X201-X398
	（2）货物快运列车（120km/h）	直通	X2401-X2998
		管内	X401-X998
	（3）中欧、中亚集装箱班列，铁水联运班列		
	中欧、中亚集装箱班列（120）		X8001-X8998
	中亚集装箱（普通货车）		X9001-X9500
	铁水联运班列（普通货车）		X9501-X9998
	（4）普快货物班列		80001-81998
2	煤炭直达列车		82001-84998
3	石油直达列车		85001-85998

续表

顺号	列车分类			规定车次
4	始发直达列车			86001-86998
5	空车直达列车			87001-87998
6	技术直达列车			10001-19998
7	直通货物列车			20001-29998
8	区段货物列车			30001-39998
9	摘挂列车			40001-44998
10	小运转列车			45001-49998
11	重载货物列车			71001-77998
12	自备车列车			60001-69998
13	超限货物列车			70001-70998
14	保温列车			78001-78998
四	军用列车			90001-91998
五	单机和路用列车			
1	单机			50001-52998
	其中	客车单机		50001-50998
		货车单机		51001-51998
		小运转单机		52001-52998
2	补机			53001-54998
3	动车组检测,确认列车			
	(1)动车组检测列车			DJ1-DJ8998
	300km/h检测列车			DJ1-DJ998
	250km/h检测列车			DJ1001-DJ1998
	(2)动车组确认列车			DJ5001-DJ8998
4	试运转列车			55001-55998
	其中	普通客、货列车		55001-55300
		300km/h动车组		55301-55500
		250km/h动车组		55501-55998
5	轻油动车、轨道车			56001-56998
6	路用列车			57001-57998
7	救援列车			58101-58998

2. 列车运行方向

(1) 列车上下行方向的规定

列车运行,原则上以开往北京方向为上行,车次编为偶数;远离北京方向为下行,车次编为单数。在支线上运行的列车以开往干线为上行,车次编为双数,以远离干线为下行,车次编为单数。

全国各线的列车运行方向,与开往或远离北京不明显的一些线路上,以中国国家铁路集团有限公司的规定为准,但枢纽地区的列车运行方向,由铁路局集团有限公司规定。

在枢纽地区,由于线路比较复杂,在个别区间可能出现同一方向列车有上行、下行两种车次的情况,为便于掌握,使用直通车次时,可与规定方向不符。

例如,如图 1-22 所示,天津至天津北站间出现同一方向,有开往北京的上行列车和开往济南的下行车次的两种情况,为便于掌握,这些列车仍使用原车次。

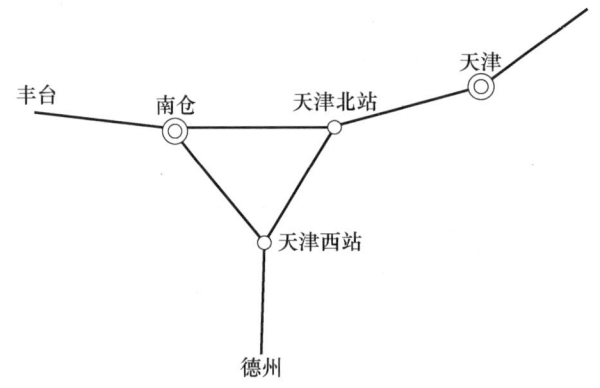

图 1-22　同一径路方向有不同运行方向

(2) 列车正、反方向运行的规定

我国铁路列车在区间运行,采用左侧行车制,即列车在区间运行时,牵引机车司机的位置及铁路信号的设置位置均在列车运行方向的左侧(特殊情况除外,如既有线改造时有的线路双线反方向的进站信号机设于右侧)。

在单线区段,双向运行,即上下行列车在同一条区间正线上往复运行,铁路信号分别设置在上下行列车运行方向的左侧。在双线区段单向运行,即上下行列车分别固定在左侧正线(上行列车走上行线,下行列车走下行线)上运行。列车在双线区段运行时,以左侧单方向运行,这个方向称为双线正方向行车;反之,称为反方向行车,如图 1-23 所示。

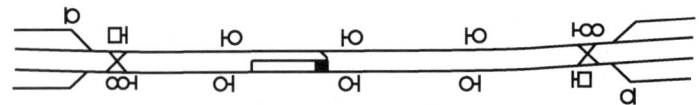

图 1-23　列车反方向运行示意图

双线反方向行车属于非正常行车,在安全和效率上都有不利因素。因此,在双线区间,列车应按左侧正方向运行,仅限于整理列车运行时,方可使列车反方向运行,但旅客列车仅在正方向区间的线路封锁施工,发生自然灾害或因事故中断行车等特殊情况下,经铁路局调度所值班主任准许,列车调度员发布调度命令,方可反方向运行。

【思考题】

1. 何谓车站?车站的作用是什么?
2. 车站按业务性质和技术作业如何分类?
3. 车站主要根据什么分等?分为哪几等?

4. 车站道岔由谁负责管理和操作？
5. 什么是道岔的定位？为什么要保持道岔的定位？道岔定位的原则有哪些？
6. 车站道岔如何编号？
7. 铁路线路如何分类？
8. 车站线路如何编号？
9. 什么是列车？列车应具备哪些条件？
10. 熟悉列车标志的显示方式。试以接发列车工作人员的角色，识别各种列车标志。
11. 列车的分类和等级顺序有何规定？
12. 列车车次及运行方向有何规定？
13. 试以接发列车工作人员角色识别各种列车的性质、车次、运行方向、等级。
14. 什么是正方向行车和反方向行车？旅客列车在什么条件下可反方向运行？

【实训练习】

综合运用相关知识及规章的规定，分别对图中的 A 站、B 站、C 站的道岔及线路进行编号，标出相应的道岔的定位位置，并判断车站的性质。

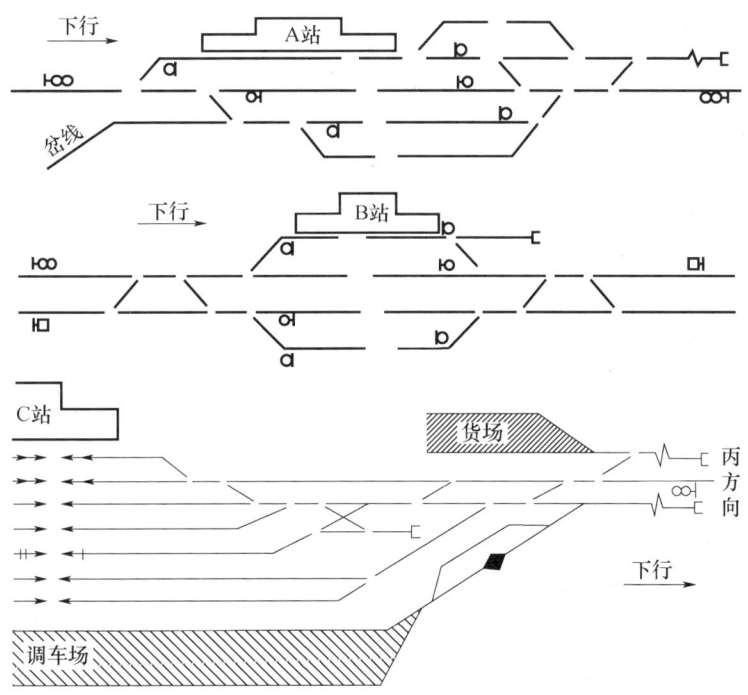

任务二　行车工作认知

【任务导入】

本任务的学习内容包括行车工作基本要求、区间及行车闭塞法、接标的认识。重点学习行车技术管理规章体系；《技规》对行车工作人员的要求；行车工作基本原则；行车技术管理；区间及闭塞分区的划分；行车闭塞法及其发车权；接发列车工作的基本要求等方面的相关知识及有关规定。

【知识准备】

一、对行车工作人员的要求

铁路行车工作事关人民的生命和财产安全，除了严格遵守《中华人民共和国劳动法》的有关规定外，《技规》还对行车从业人员提出了特殊要求。

（一）任职条件

铁路行车有关人员，在任职、提职、改职前，必须按照铁路职业技能培训规范要求，进行拟任岗位资格性培训，并经职业技能鉴定和考试考核，取得相应职业资格证书和岗位培训合格证书后，方可任职。

在任职期间，须按照铁路职业技能培训规范等的规定，定期参加岗位适应性培训和业务考试，考试不合格的，不得继续履职。

铁路行车有关人员，在任职前必须经过健康检查，身体条件不符合拟任岗位职务要求的，不得上岗作业。在任职期间，要定期进行身体检查，身体条件不符合任职岗位要求的，应调整工作岗位。

（二）岗位及纪律要求

铁路行车有关人员必须严格遵守和执行《技规》及有关行车规章制度，在自己的职责范围内，以对国家和人民负责的态度，保证安全生产。

铁路行车有关人员在执行任务时，必须坚守岗位，穿规定服装，佩戴易于识别的证章或携带相应证件，讲普通话。

铁路行车有关人员，接班前须充分休息，严禁饮酒，如有违反，立即停止其所承担的任务。

驾驶机车、动车组、自轮运转特种设备的人员，必须持有国家铁路局颁发的驾驶证。变更驾驶机（车）型前，必须经过相应的技术培训并考试合格。

实习和学习驾驶机车、动车组、自轮运转特种设备和操纵信号或重要机械、设备及办理行车作业的人员，必须在正式值乘、值班人员的亲自指导和负责下，方准操作。

对行车有关人员，应进行日常安全生产知识和劳动纪律的教育、考核，并有计划地组织好在职人员的日常政治和技术业务学习。

铁路各单位对遵守规章制度成绩突出者，应予表扬或按有关规定给予奖励；对违反者，应视其违反程度和造成事故的性质、情节及后果，给予教育、纪律处分。

二、行车工作基本原则

（一）安全生产原则

铁路行车工作必须贯彻安全生产的方针。"安全第一、预防为主、综合治理"是我们党和国家的一贯方针，也是我们铁路职工对铁路运输生产在质量标准上的基本要求。安全和效率是铁路运输的两大永恒主题，铁路行车技术管理的一系列行车规章制度，实际上就是如何在保证安全的基础上尽可能地提高效率而做出的具体规定，当安全和效率不能同时兼顾时，安全永远是第一位的。

（二）集中领导、统一指挥、逐级负责原则

铁路行车工作具有点多、线长、面广和多工种联合作业的特点，为使行车各部门、各工种能够步调一致、协同动作，只有坚持集中领导、统一指挥、逐级负责的原则，才能把各部门组成一个统一的整体，使各个工作环节环环相扣，紧密联系，保证运输生产安全、迅速、准确、协调地进行。

铁路局集团公司之间由中国国家铁路集团有限公司（简称"中国铁路"），铁路局集团公司管内各区段间由铁路局集团公司，一个调度区段内由本区段列车调度员统一指挥。

车站由车站值班员，线路所由线路所的车站值班员统一指挥。凡划分车场的车站，各车场由该车场的车站值班员统一指挥；车场间接发列车进路互有关联的行车事项，由指定的车站值班员统一指挥。

列车和单机由司机负责指挥。列车或单机在车站时，所有乘务人员应按车站值班员的指挥进行工作。

在调度集中区段，调度集中控制车站有关行车工作由该区段列车调度员直接指挥；但转为车站控制时，由车站值班员指挥。

（三）协作原则

铁路运输是国民经济中一个重要的生产部门，与各个方面都有广泛的联系，因此，必须树立全局观念和全心全意为人民服务的思想，发扬社会主义协作精神，运输、机务、车辆、工务、电务、供电、信息、房建等部门要主动配合，紧密联系，协同动作，共同完成铁路运输任务。

（四）均衡原则

铁路不仅涉及的部门多、岗位工种多、工作人员多、作业环节多，而且不分昼夜、连续性强、时间性强。因此，无论是工作组织上还是设备运用、人员和时间安排上，都要统筹兼顾、精心安排，组织均衡生产。行车有关部门，必须不断提高计划质量，加强调度指挥工作，提高站段工作水平，积极总结和推广先进经验，改进作业组织，充分挖掘运输潜力，不断提高运输效率，保证全面完成和超额完成运输生产任务。

（五）按图行车原则

列车运行图是铁路行车组织工作的基础。所有与列车运行有关的铁路各部门，必须按列车运行图的要求，组织本部门的工作，以保证列车按运行图运行。

列车运行图应根据各货运量和区段通过能力确定列车对数，并符合下列要求：①列车运行的安全；②迅速、便利地运输旅客和货物；③充分利用通过能力，经济合理地运用机车车辆和安排施工、维修天窗；④做好列车运行线与车流的结合；⑤各站、各区段间的协调和均衡；⑥合理安排乘务人员作息时间。

机车周转图是机车运用工作的计划，应与列车运行图同时编制。

（六）按编组计划组织车流的原则

列车编组计划是全路的车流组织计划。列车中车组的编挂，须根据中国铁路和铁路局的列车编组计划进行。

列车编组计划的编制,应在加强货流组织的基础上,最大限度地组织成组、直达运输,合理分配各编组站、区段站的中转工作,减少列车改编次数。

(七) 按运输方案组织实施的原则

运输方案是保证完成月、旬运输工作的综合部署。铁路局集团公司、站段应根据实际情况,按照月度货物运输计划、技术计划、施工计划的要求和列车编组计划、列车运行图、机车周转图的规定,按级编制货运工作、列车工作、机车工作和施工安排等方案。各级运输部门均应主动与路内外有关单位密切配合,共同编制和执行运输方案。

三、铁路行车时刻

全国铁路行车时刻,均以北京时间为标准,从 0 时起计算,实行 24 小时制。即行车时刻从 0 时起至 24 时止,为一个行车日。

铁路各项指标的统计时刻,以昨日 18 时起至当日 18 时止为一个统计工作日。

为保证全国铁路行车时刻准确和统一,铁路行车房舍内和办理行车工作的有关人员均应备有钟表。钟表的时刻应与调度所的时钟校对。调度所的时钟及各系统的时钟须定期校准。钟表的配置、校对、检查、修理及时钟校准办法由铁路局规定。

四、行车技术管理规章体系

(一) 行车规章的作用和意义

规章制度是国家机关、社会团体、企事业单位等制定的有关行政管理、生产操作、学习和生产等方面的各种法规、章程、规范、细则和制度的总称。铁路运输生产规章制度,是铁路部门为了安全、正点、优质、高效地完成客货运输任务、组织生产活动、约束生产行为的规范和准则。在铁路运输企业管理中,行车规章制度属于技术管理范畴。正确、合理地制定规章制度,全面、有效地在生产过程中实施规章制度,是企业技术管理的主要任务。规章制度的科学性、先进性及实施中的权威性、实效性是衡量企业管理水平的重要标志。

铁路是现代化运输企业,是一个特殊的物质生产部门,同时也是一个特殊的社会服务部门。运输生产过程中对劳动对象所进行的加工,是一种特殊形式的物理加工,是靠人和运输设备的密切合作来完成的。在运输生产、服务和管理工作中,突出对人的管理,谋求人与人、人与物、人与环境的最佳结合。铁路行车技术管理是铁路企业管理的重要组成部分,制定统一的、科学的技术管理规章制度,并在运输生产过程中贯彻执行,是铁路企业技术管理的主要任务。

铁路是国民经济的大动脉、国家重要基础设施和大众化交通工具,是综合交通运输体系骨干、重要的民生工程和资源节约型、环境友好型运输方式,在我国经济社会发展中的地位至关重要。铁路拥有大量的技术设备和人员。它们分散在全国各地,在不同的地点和岗位上,共同为完成运输任务而发挥着各自的作用。因此,铁路各部门,尤其是铁路行车部门必须有严密的组织和分工,才能使运输生产安全、准确、迅速、协调地进行;必须有严格的规章制度和"一点不差,差一点不行"的严肃认真的工作态度,才能使每一个工种、每一个职工在自己的职责范围内完成运输生产任务。高度集中、各个工作环节紧密联系和协同动作,既是确保国家铁路畅通无阻、安全正点、方便快捷、高速高效的保证,也是铁路运输的特点。

铁路运输效率高、速度快、连续性强,它要求铁路各部门、各单位、各工种的工作必须高度准确。铁路行车工作一旦组织不严、配合不当,某个环节或个人在工作中违反规章制度、疏忽或失职,就有发生事故的可能。铁路是一个大联动机,一个部门或工种的工作发生事故,必然影响其他部门,打乱运行秩序或中断运输,事故还会造成人民财产损失或人身伤亡,给社会带来恶劣的影响。为此,必须加强铁路的技术管理,制定严密、科学的规章制度,保证各部门、各生产环节紧密配合、准确工作、质量良好地完成运输任务。

安全生产是铁路改革和发展的重要前提和基础。安全和效率既是铁路运输的两大永恒主题,又是一对既对立又统一的矛盾。铁路要确保"大联动机"协同动作、安全正点、方便快捷、高速高效,就必须加强行车技术管理。制定和执行铁路行车规章制度,对铁路运输工作的安全、效率与效益,对实现企业的目标管理,都起着重要的作用。

(二)铁路行车规章种类

1. 铁路技术管理规程

《铁路技术管理规程》(以下简称《技规》)依据《中华人民共和国铁路法》《铁路运输安全保护条例》等有关法律、法规以及相关铁路规章和技术标准等制定,是国家铁路技术管理的基本规章。

《技规》包括普速铁路和高速铁路两部分。普速铁路部分适用 200km/h 以下的铁路(仅运行动车组列车的铁路除外);高速铁路部分适用 200km/h 及以上的铁路和 200km/h 以下仅运行动车组列车的铁路;200km/h 客、货共线铁路有关货运技术设备的要求参照普速铁路部分执行。

《技规》规定了铁路的基本建设、产品制造、验收交接、使用管理及保养维修方面的基本要求和标准;规定了各部门、各单位、各工种在从事铁路运输生产时必须遵循其原则、责任范围、工作方法、作业程序和相互关系;规定了信号的显示方式和执行要求;明确了铁路工作人员的主要职责和必须具备的基本条件。

2. 行车组织规则

《行车组织规则》(以下简称《行规》)是各铁路局为实施《技规》规定的行车组织原则和办法,针对本局技术设备、运输特点和工作水平的具体条件制定的行车组织办法。其主要内容包括《技规》规定由各铁路局自行规定的事项;《技规》未做统一规定,又不宜由站、段等基层单位自行补充规定的行车办法;根据铁路局管内特殊地段的平、纵断面情况,信号、联锁、闭塞设备和机车类型等特点,对行车应规定的特殊要求和注意事项;本局在生产实践中普遍推广的先进经验和行之有效的安全生产措施等。

3. 车站行车工作细则

《车站行车工作细则》(以下简称《站细》)是车站贯彻执行《技规》和《行规》,加强车站技术管理、保证安全高效地进行行车组织工作的重要技术文件。主要内容有车站的性质、等级和任务;车场用途及调车区划分,线路、道岔、调车设备,信号、联锁、闭塞设备,通信、照明、供电、给水设备,客、货运输设备的设置数量、使用条件和管理负责制;车站日常作业计划编制、执行及生产管理制度;车站接发列车工作、调车工作及与行车有关的客运、货运、军事运输工作组织；车站各项技术作业过程和时间标准；装卸时间标准，货物作业停留时间，中转停留时间标准；车站通过能力和改编能力；以及其他有关事项和要求，并附注有坡度的车站线路平面图、进站信号机外制动距离内平纵断面图、联锁图表及电气化区段接触网高度和分相分段绝缘器位置等资料。

4. 铁路运输调度规则

《铁路运输调度规则》（以下简称《调规》）明确了运输调度的组织机构、职责范围、工作制度和调度工作设备配置的基本要求，规定了运输调度日常工作必须遵循的基本原则、责任范围、工作方法、作业程序和相互关系，明确了运输调度人员招聘（选拔）、培训的基本条件和基本要求。

《调规》是各级运输调度管理的基本规则和工作标准。铁路各级运输调度及有关部门制定的规则、细则、标准和办法等，必须符合《调规》的规定。

铁路运输调度是铁路日常运输组织的指挥中枢，分别代表各级领导组织指挥日常运输工作。各级运输调度和运输有关人员对《调规》必须认真学习，严格执行。

5. 铁路交通事故调查处理规则

《铁路交通事故调查处理规则》（以下简称《事规》）是中国铁路集团公司（原铁道部）根据国务院颁布的《铁路交通事故应急救援和调查处理条例》进行制定的。其适用国家铁路、合资铁路、地方铁路以及专用铁路、铁路专用线等发生事故的调查处理。

《事规》明确了凡是铁路机车车辆在运行过程中发生冲突、脱轨、火灾、爆炸等影响铁路正常行车的事故，包括影响铁路正常行车的相关作业过程中发生的事故；或者铁路机车车辆在运行过程中与行人、机动车、非机动车、牲畜及其他障碍物相撞的事故，均为铁路交通事故（以下简称事故）。《事规》对事故分类和等级、事故的构成条件、事故报告、事故调查、事故责任判定和事故损失认定，以及事故的统计和分析等做出了具体的规定。

【拓展知识】

接发列车作业标准

作业标准，是指和直接生产活动有关的作业项目或程序，在内容、顺序、质量、时限、工具、动作、态度等方面所做的统一规定。它是对生产作业人员具有约束性的准则，其中有国家制定的国家标准、"中国铁路"制定的行业标准、铁路局制定的局定标准、各基层站段根据本单位具体情况制定的属于站段一级的标准。

所有接发列车工作人员，必须认真执行中华人民共和国铁路行业标准《接发列车作业》（TB/T 1500.1～1500.8—2009）（以下简称《接标》）所规定的程序和用语，贯彻集中领导、统一指挥和逐级负责的原则，并在各项作业中严格执行《技规》、《行规》、《站细》、《调规》、《控标》（《铁路车机联控作业标准》）、《安标》（《铁路企业作业人身安全标准》）等行车规章的有关规定，做到安全、迅速、不间断地接发列车，严格按运行图行车。

五、区间及行车闭塞法认知

区间与站内的划分是行车组织工作的一项重要内容，是划定责任范围的依据。为保证列车运行的安全，使同方向列车不致发生追尾冲突，对向列车不致发生迎面相撞；同时，在满足列车长度、速度、密度、制动和信号显示距离等条件下，提高铁路通过能力,将铁路正线分别以车站、线路所、自动闭塞区间的通过信号机(三者统称为分界点)划分为站间区间、所间区间和闭塞分区,作为列车运行的间隔。列车从车站进入区间或闭塞分区必须取得相应的行车凭证或准许。

(一) 区间及闭塞分区的划分

1. 站间区间

(1) 单线站间区间

在单线上,车站与车站间以进站信号机柱的中心线为车站与区间的分界线。单线站间区间如图 1-24 所示。

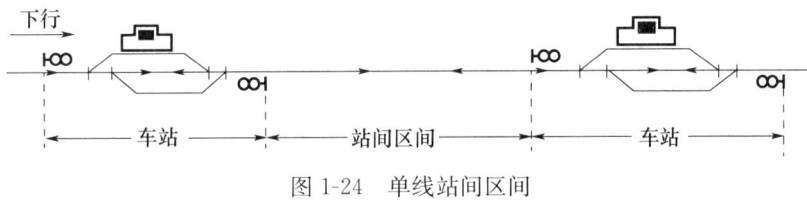

图 1-24 单线站间区间

(2) 双线站间区间

在双线或多线上,车站与车站间分别以各该线的进站信号机柱或站界标的中心线为车站与区间的分界线。双线站间区间如图 1-25 所示。

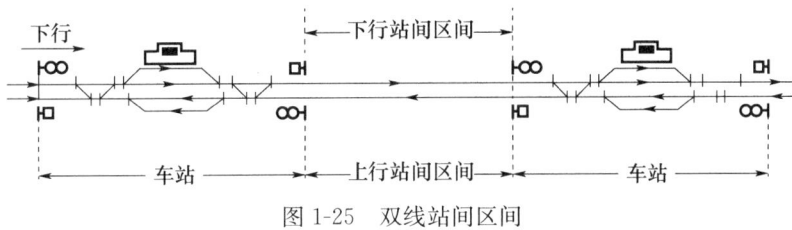

图 1-25 双线站间区间

2. 所间区间

所间区间是指两相邻线路所间或线路所与车站之间的区间。

(1) 无管辖地段的线路所

无管辖地段的线路所,分别以该线上进站信号机、站界标柱及通过信号机柱的垂直中心线为所间区间的分界线,如图 1-26 所示。

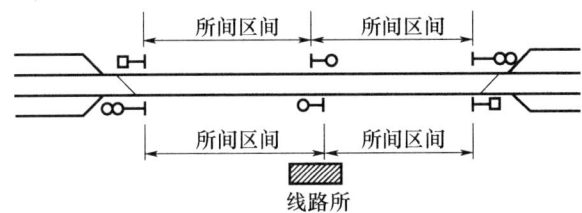

图 1-26 无管辖地段的线路所

(2) 有管辖地段的线路所

有管辖地段的线路所设有进站(即进所)、出站(即出所)信号机,所间区间分别以线路所进站信号机与另一端出站信号机柱垂直中心线为线路所与所间区间的分界线,如图 1-27 所示。

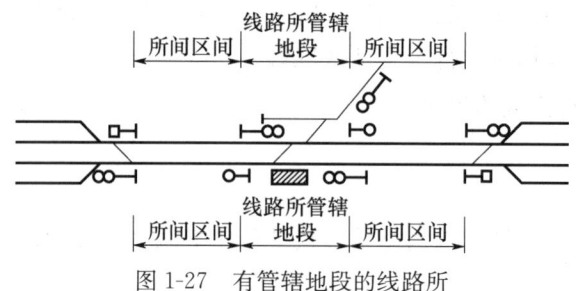

图 1-27 有管辖地段的线路所

3. 闭塞分区

闭塞分区即自动闭塞区间同方向相邻的两架色灯信号机间，分别以该线上的出站信号机、通过信号机、进站信号机柱垂直中心线为闭塞分区的分界线。单线自动闭塞区段闭塞分区示意图如图 1-28 所示，双线自动闭塞区段闭塞分区示意图如图 1-29 所示。

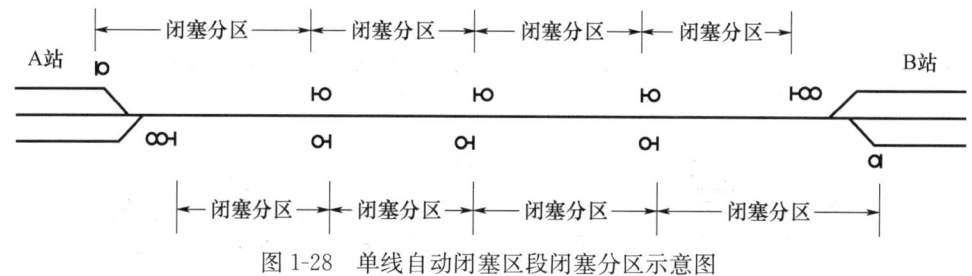

图 1-28 单线自动闭塞区段闭塞分区示意图

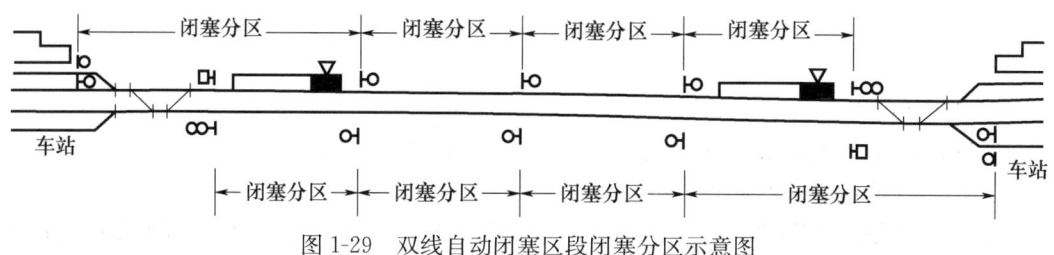

图 1-29 双线自动闭塞区段闭塞分区示意图

（二）行车闭塞法的定义及作用

通过站间、所间、闭塞分区的设备或人为控制，使一个区间或闭塞分区在同一时间内只有一个列车运行，以保证列车运行安全的行车方法，称为行车闭塞法。

用于办理行车闭塞，保证达到闭塞技术要求的设备，称为闭塞设备。

采用不同的行车闭塞设备形成了不同的行车闭塞方法，但都应起到保证列车运行安全、提高区间通过能力的作用。

我国铁路采用空间间隔制组织列车运行。列车运行是以车站、线路所所划分的区间或自动闭塞区间的通过信号机所划分的闭塞分区作间隔。

隔时续行办法是时间间隔制的一种，原则上不使用。如在特殊情况下需要连续放行大量同方向列车时，如军事运输、紧急的救灾物资运输、双线区间一切电话中断时的行车等，由铁路局根据具体情况规定保证安全的措施，方可采用这种行车方法。

（三）行车制度中的发车权及行车凭证

1. 行车制度中的发车权

行车闭塞过程实际上是包括列车占用区间权利（即发车权）的取得、列车出发占用区间、列车出清区间、区间开通重新空闲的全过程。在闭塞全过程变更闭塞方式就会出现同一区间同一时间内使用两种闭塞法，将危及行车安全。虽然铁路区段条件不一，采用的行车闭塞法也不尽相同，但采用行车闭塞法的实质都是为了解决行车制度中的发车权问题。

（1）单线区间

在单线区间，区间两端车站共同使用同一区间正线，两端站都有可能向该区间发出列车，为保证同一时间内一个区间只有一个列车占用，任一车站都必须在取得发车权后方可向区间发出列车。

1）单线半自动闭塞车站

单线半自动闭塞的车站，必须在确认区间空闲的条件下，取得邻站同意接车的通知、并与邻站办妥闭塞手续后才能取得发车权。

2）单线自动闭塞车站

① 单线自动闭塞车站，当闭塞系统在发车位时，不需转换发车方向（即不需变更闭塞方向）、发车站确认第一或第一、二或第一、二、三闭塞分区空闲，并向接车站预告后方可发出列车。

② 单线自动闭塞车站，当闭塞系统不在发车位时，需变更闭塞方向，发车站必须确认区间空闲、得到列车调度员的同意、向接车站预告、并办理规定的变更闭塞方向手续，才能取得发车权。

（2）双线区间

双线区间的行车，采用上下行列车分别固定在上下行线路上运行的办法。根据左侧行车的规定，出发列车在区间运行方向左侧线路上行驶时，称为双线正方向运行；反之，在运行方向右侧线路上行驶，称为双线反方向运行。

双线区段的车站，发车权归正方向运行的发车站所有。

1）双线正方向

对双线自动闭塞的正方向，发车站只要确认第一或第一、二或第一、二、三闭塞分区空闲，并向接车站预告，即可发出正方向运行的列车。

对双线半自动闭塞车站，发车站必须确认正方向区间空闲，得到前次列车到达前方站的到达信号，并向接车站预告后，方可发出正方向运行的列车。

2）双线反方向

双线反方向运行属非正常行车，一般不采用。旅客列车仅在正方向区间的线路封锁施工、发生自然灾害或因事故中断行车等特殊情况下，经铁路局调度所值班主任准许，列车调度员发布调度命令，方可反方向运行；其他列车也仅限于整理列车运行时，经列车调度员命令准许，方可组织列车反方向运行。

① 无双线双向闭塞设备的双线反方向

发车站必须确认反方向区间空闲、取得列车调度员准许停止基本闭塞法改用电话闭塞的调度命令及准许反方向行车的调度命令、取得邻站同意并与邻站办理电话闭塞手续后，方可发出反方向运行的列车。

② 有双线双向闭塞设备的双线反方向

设有双线双向闭塞设备时，不必采用电话闭塞，但发车站必须确认反方向区间空闲，取得列车调度员准许反方向行车的调度命令、取得邻站同意，并根据反方向的闭塞设备情况办理相应的手续后，方可发出反方向运行的列车。

2. 行车凭证

（1）行车凭证的种类

行车凭证是指列车从车站进入区间（或第一闭塞分区）的许可。

采用不同的行车闭塞法，其行车凭证也不同。行车凭证可分为基本凭证和书面凭证两大类。

1）基本凭证

基本凭证是按基本闭塞法行车时使用的行车凭证，即出站信号机或通过信号机显示的进行信号。不同的闭塞方式及不同的信号显示方式，其进行信号及含义有所不同。

2）书面凭证

书面凭证是当不能使用基本凭证的情况下所使用的行车凭证，如路票、绿色许可证、红色许可证、调度命令、车站值班员命令等。

（2）行车凭证的作用

1）占用区间或闭塞分区的许可。这是凭证最主要的作用。

2）指示列车运行条件。有的凭证指示列车运行方向，如出站信号机及进路表示器的显示，路票上的"反方向运行"章（两线或多线区间的线别章）等；有的指明运行速度、到达地点、时间，如向封锁区间开行路用列车的调度命令等；有的预告前方闭塞分区空闲与否，如自动闭塞区段的出站信号机和通过信号机的显示等。

3）提醒注意事项。如绿色许可证上的未设出站信号机的线路上发出列车，提醒司机发车线路是非到发线，应引起注意，适当掌握速度；红色许可证上有提示前发列车是否到达前方站，提醒司机注意区间可能还未空闲，从而加强瞭望、掌握速度；调度命令指明路用列车到达前方站还是返回本站，提示司机注意在站界标处的引导手信号或反向进站信号机的显示等。

【思考题】

1. 铁路行车规章作用和意义有哪些？
2. 铁路行车规章的种类有哪些？
3. 《技规》《行规》《站细》的主要内容有哪些方面？
4. 《技规》《行规》《站细》分别是什么性质的规章？三者之间有什么关系？
5. 对行车工作人员的任职条件有哪些要求？
6. 对行车工作人员的岗位及纪律要求有哪些？
7. 行车工作基本原则主要有哪些？
8. 行车统一指挥具体如何体现？
9. 铁路行车时刻是如何规定的？行车日和统计工作日有何区别？

10. 行车凭证的种类有哪些?
11. 区间闭塞方式是如何分类的?

【实训练习】

1. 制作 PPT，有关对铁路行车规章种类的分析。
2. 学生分成若干学习小组，教师分发各种相关的行车凭证，分小组进行观察，总结出行车凭证的使用条件及不同点。由小组长分别进行汇报。

任务三　接发列车工作认知

【任务导入】

如图 1-30 所示，甲—乙为单线半自动闭塞区间，两站均设有信号员。乙站 3 道停有计划开往甲站的 1302 次列车，乙站按接发列车作业标准如何发车？甲站按接发列车作业标准如何接车？甲、乙两站接发列车工作人员如何设置和分工？

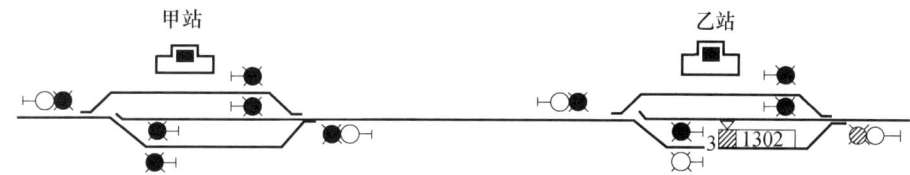

图 1-30　甲—乙单线半自动闭塞区间示意图

如图 1-31 所示，丙—丁为双线自动闭塞区间，两站均设有信号员。丙站 3 道停有计划开往丁站的 K251 次列车，丙站按接发列车作业标准如何发车？丁站按接发列车作业标准如何接车？丙、丁两站接发列车工作人员如何设置和分工？

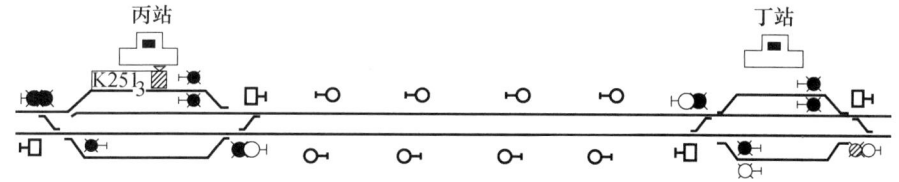

图 1-31　丙—丁双线自动闭塞区间示意图

【知识准备】

一、接发列车工作的意义、人员分工和要求

接发列车工作是车站行车工作的重要组成部分，也是保证列车按运行图安全正点运行、铁路畅通的关键环节。

在运输生产活动中，所有列车都需经过办理发车和接车作业才能从车站进入区间运行或接入站内进行各项技术作业。

接发列车作业系统，是作业人员之间及其与行车设备之间相互联系和统一动作且又较为复杂的工作系统，是以保证安全为前提，以"统一、协调、精练、优化"为原则，以接发列车作业各工种人员在操作、时机、用语、动作等各方面的最佳配合为目的的综合性作业。接发列车的作业安全，直接关系到人民群众的生命财产，乃至社会的声誉。

车站值班员是车站接发列车工作的组织者和指挥者，所有参加接发列车工作的人员，均应服从车站值班员（线路所由线路所值班员）的统一指挥。当车站设有几个车场时，各车场分别设车站值班员，负责指挥本车场的行车工作。车场间接发列车进路互有关联的行车事项由指定的车站值班员统一指挥。为了贯彻岗位责任制，要明确各车场管理范围及车站值班员职责，并纳入《站细》。

列车或单机在车站时，所有乘务人员应按车站值班员的指挥进行工作。

车站接发列车时，车站值班员应亲自办理闭塞、布置进路（包括听取进路准备妥当的报告）、开闭信号、交接凭证、接送列车、发车。由于设备分散或业务繁忙等关系，由车站值班员亲自办理确有困难时，除最关键的布置进路（包括听取进路准备妥当的报告）外，其他各项工作可在车站值班员统一指挥下，分别指派助理值班员、信号员或扳道员办理。其作业分工应在《站细》内规定。

由于参加接发列车工作的人员（车站值班员、助理值班员、信号员，在非正常情况接发列车时，还有扳道员、进路检查员、引导员等）较多，作业环节复杂，在接发列车工作中的任何疏忽或差错都可能造成列车晚点或铁路交通事故，甚至涉及其他列车或车站，影响运输全局。因此，所有接发列车工作人员，必须认真执行中华人民共和国铁路行业标准《接发列车作业》（TB/T 1500.1～1500.8—2009）所规定的程序和用语，贯彻集中领导、统一指挥和逐级负责的原则，并在各项作业中严格执行《技规》《行规》《站细》《调规》《控标》《安标》等行车规章的有关规定，做到安全、迅速、不间断地接发列车，严格按运行图行车。

二、列车进路

（一）进路的概念及分类

列车进路是指列车在车站到达、出发或通过所经过的一段线路。列车进路包括接车进路、发车进路和通过进路。

1. 接车进路

接入停车列车时，由进站信号机起，至接车线末端警冲标或出站信号机止的一段线路，称为接车进路，如图 1-32 所示。

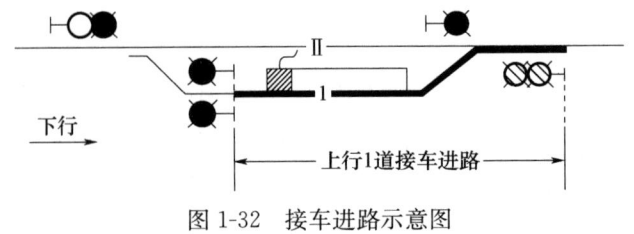

图 1-32　接车进路示意图

2. 发车进路

发出列车时，由列车前端起至相对方向进站信号机或站界标止的一段线路，称为发车进路，如图 1-33 所示。

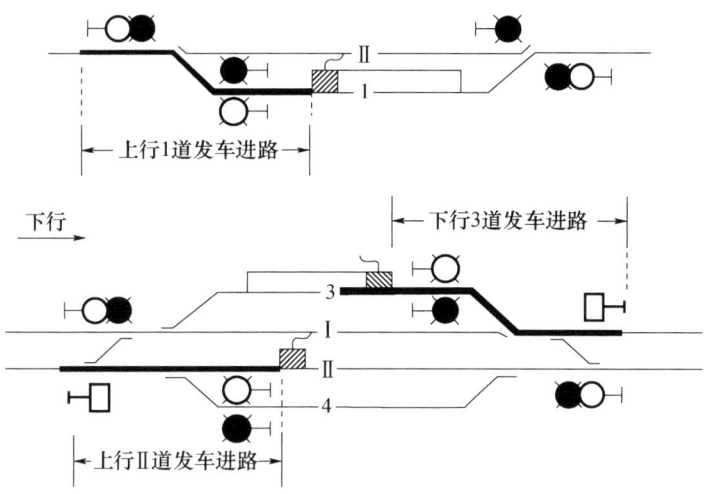

图 1-33　发车进路示意图

3. 通过进路

列车通过时,该列车通过线两端进站信号机或进站信号机至站界标间一段线路,称为通过进路,如图 1-34 所示。

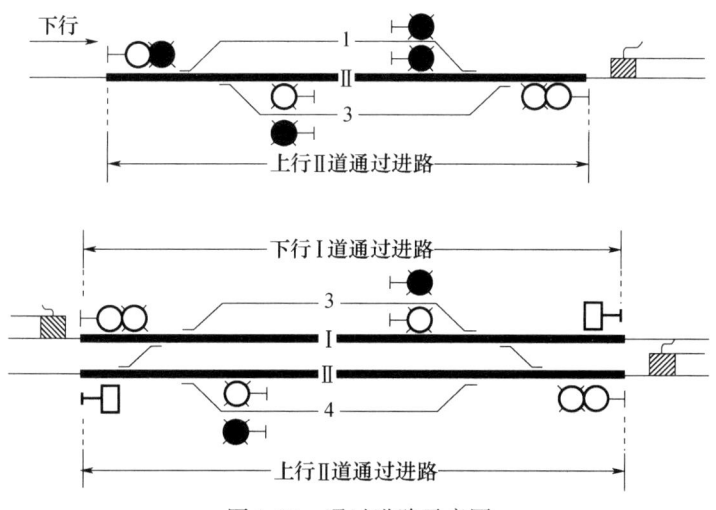

图 1-34　通过进路示意图

上述 3 种列车进路,是由列车经过车站的具体线路和所经道岔的直向或侧向组成的。正确掌握进路的概念,准确、及时地准备接发车进路,保证进路上有关道岔位置正确,进路上无危及行车安全的障碍物,是列车安全出入车站的条件,也是车站接发列车人员的基本职责。

(二) 列车基本进路的办理

(1) 接车基本进路的办理:按列车的运行方向,顺序按压进路的始端、终端按钮。始端按钮应是要开放的进站信号机按钮,终端按钮是和始端按钮同咽喉的股道按钮。

(2) 发车基本进路的办理:按列车的运行方向,顺序按压进路的始端、终端按钮。

始端按钮应是要开放的出站信号机按钮,终端按钮是和始端按钮同咽喉的进站信号机按钮或专用的终端按钮。

（3）通过进路的办理：按列车的运行方向,顺序按压进路的始端、终端按钮；始端按钮应是要开放的进站信号机按钮或通过按钮,终端按钮是另一咽喉的进站信号机按钮或专用的终端按钮。

（4）列车变通进路的办理：办理列车变通进路,顺序按下始端的列车进路按钮、变通用的按钮和终端的列车进路按钮。

（三）无联锁进路的准备方法

1. 无联锁进路

无联锁进路是指在道岔、进路、信号之间建立的联锁关系因某一方不能正常动作,其联锁关系就不存在的进路或根本就没有建立联锁关系的进路。无联锁线路通常表现为无法建立联锁关系的非到发线或无双向闭塞设备反方向线路两种情况,也会发生在已建立联锁关系但联锁关系失效的线路上。在无联锁线路上接发列车时,由于设备失控,安全系数较低,加之可能有人为产生的疏忽大意或违章违纪等不利因素,极易发生事故。

2. 无联锁进路的准备方法

（1）准备方法

准备无联锁进路即转换无联锁进路上的道岔。在集中联锁的车站,转换道岔的方式有三种：一是通过按压（单击）调车进路始、终端按钮排列进路,也称集中操纵道岔；二是按压（单击）道岔总定（反）位按钮,同时按压（单击）道岔按钮,也称单独操纵道岔；三是现场手摇转辙机,称为现场操纵道岔。在准备进路时,可以根据设备故障对进路道岔的影响采用不同的方式来转换道岔。

（2）道岔加锁规定

《技规》规定：在无联锁的线路上接发列车时,车站值班员除严格按接发列车手续办理外,还应将进路上无联锁的有关对向道岔及邻线上防护道岔加锁。进路上无联锁的分动外锁闭道岔无论对向或顺向,均应对密贴尖轨、斥离尖轨和可动心轨加锁。具体加锁办法,由铁路局规定。

对向道岔是指在接发列车进路上尖轨尖端指向来车方向的道岔,反之为顺向道岔。

防护道岔是能将本线路上的接发列车进路与邻线上的进路隔开的道岔。若其开通位置有误,则可能造成邻线上的机车车辆闯入接发列车进路。

对向道岔位于接发列车进路上,而防护道岔位于接发列车进路的邻线上。

道岔加锁装置包括锁板、钩锁器、闭止把加锁及带柄标志加锁等装置。除在控制台上对道岔加锁外,我国铁路多使用钩锁器加锁道岔的方法,一般安装在距道岔尖轨尖端第一轨枕空当处。凡安装双转辙机的道岔除按规定在道岔前部加装钩锁器外,还要在道岔后部第二牵引点处距尖轨一侧再加装一把钩锁器。可动心轨道岔及交分道岔的活动心轨应使用专用钩锁器加锁。

三、接发列车有关信号显示

信号是指示列车运行及调车作业的命令,有关行车人员必须严格执行。

铁路信号主要通过颜色、形状、灯光以及音响等方式表示的。为了统一指挥行车工作，信号必须有统一的显示方式及使用方法，以保证行车工作正常进行。全路的信号显示方式及使用方法均应按《技规》规定执行。

（一）铁路信号分类

1. 按感觉分类

铁路信号按感觉分为视觉信号和听觉信号。

（1）视觉信号

视觉信号是以信号的颜色、形状、位置、显示数目和灯光状态等表达某种意义，如信号机、信号旗、信号灯、信号牌、信号表示器、信号标志、火炬等显示的信号。

视觉信号的基本颜色及要求：

红色——停车。

黄色——注意或减低速度。

绿色——按规定速度运行。

铁路信号颜色的选择，主要考虑显示明确、容易辨认、便于记忆。在设有调车信号机的车站，列车在站内运行时，有时要经过几架调车信号机。为避免调车信号显示影响列车运行，调车信号灯光与列车信号灯光颜色应有所区别。调车信号采用月白（区别于普通照明灯光）和蓝色灯光。月白和蓝色灯光的显示距离虽然较近但能适应调车速度低的要求。红、黄、绿3种颜色，辅以月白、蓝和紫色构成视觉信号的显示系统。

（2）听觉信号

听觉信号是以不同的器具发出的音响及音响长短等表达的信号，如号角、口笛、响墩发出的音响信号及机车、动车、轨道车的鸣笛声。

2. 按使用时间分类

铁路信号按使用时间分为昼间、夜间及昼夜通用信号。

（1）昼间信号

根据信号设备的不同形状、数目或位置来表示信号的意义，如信号旗、臂板信号机的臂板等。

（2）夜间信号

根据信号设备的不同灯光颜色或数量来表示信号的意义，如臂板信号机的灯光、手信号灯的灯光显示等。

（3）昼夜通用信号

在昼间及夜间，信号显示方式一致，如色灯信号机的灯光显示，灯列式信号机的灯光排列及音响信号等。

在昼间，由于自然光的照射，能在规定距离外确认信号设备的不同形状、数目或位置时，应使用昼间信号。在夜间或在昼间遇降雾、暴风雨雪等情况，致使昼间信号达不到规定的显示距离（即停车信号显示距离不足1000m；注意或减速信号显示距离不足400m；调车信号及手信号显示距离不足200m）时，应使用夜间信号。

为保证信号显示明确，防止误认，在铁路沿线和站内不得设置妨碍确认信号的红、黄、绿色的装饰彩布、标语和灯光。如车站内已装有妨碍确认信号灯光的设备时，应改装或采取遮光措施。在规定的信号显示距离内，不准种植影响确认信号显示的树木。对影响的树木，其处理办法由铁路局规定。

3. 按信号装置分类

信号装置一般分为信号机和信号表示器两类。

（1）信号机信号

信号机类型分为色灯信号机、臂板信号机和机车信号机。信号机按用途分为进站、出站、通过、进路、预告、遮断、驼峰、驼峰辅助、复示、调车信号机等。

（2）信号表示器信号

信号表示器分为道岔、脱轨、进路、发车、发车线路、调车、水鹤及车挡表示器等。

4. 按设置方式分类

铁路信号按设置方式不同可分为固定信号、移动信号和手信号。

（二）接发列车有关固定信号显示

1. 进站信号机

（1）作用

为防护车站和办理接发车作业，在所有车站的入口处均应设进站信号机，用以指示列车能否进站及进站的运行条件。

防护车站。在进站信号机未开放前，列车不得进入站内。

指示列车进站的运行条件，如列车经道岔的直向位置还是侧向位置进站，正线通过或准备停车等。

锁闭接车进路有关道岔及敌对信号。当进路有关道岔开通位置不对或敌对进路信号未关闭时，信号机不能开放；信号机开放后进路道岔锁闭，敌对信号不能开放。

（2）进站色灯信号机的显示方式及意义

① 半自动闭塞及三显示自动闭塞区段的车站

一个绿色灯光——准许列车按规定速度经正线通过车站，表示出站及进路信号机在开放状态，进路上的所有道岔均开通直向位置。

一个黄色灯光——准许列车经道岔直向位置，入站内正线准备停车。

两个黄色灯光——准许列车经道岔侧向位置，进入站内准备停车。

一个黄色闪光和一个黄色灯光——准许列车经过18号及其以上道岔侧向位置，进入站内越过下一架已经开放的信号机，且该信号机所防护的进路，经道岔的直向位置或18号及其以上道岔的侧向位置。

一个红色灯光——不准列车越过该信号机。

一个绿色灯光和一个黄色灯光——准许列车经道岔直向位置，进入站内越过下一架已开放的接车进路信号机准备停车。这一信号只能在列车进站的进路道岔开通直向且接车进路信号机在开放状态下才能显示，它表示接车进路信号机在开放状态，但列车是否在车站（车场）停车，应取决于出站（进路）信号机的显示。

② 四显示自动闭塞区段的车站

一个绿色灯光——准许列车按规定速度经道岔直向位置进入或通过车站，表示运行前方至少有3个闭塞分区空闲。

一个黄色灯光——准许列车按限速要求越过该信号机，经道岔直向位置进入站内正线准备停车。

两个黄色灯光——准许列车按限速要求越过该信号机，经道岔侧向位置进入站内准备停车。

一个黄色闪光和一个黄色灯光——准许列车经过18号及其以上道岔侧向位置，进入站内越过下一架已经开放的信号机，且该信号机所防护的进路，经道岔的直向位置或18号及其以上道岔的侧向位置。

一个红色灯光——不准列车越过该信号机。

一个绿色灯光和一个黄色灯光——准许列车按规定速度越过该信号机，经道岔直向位置进入站内，表示下一架信号机已经开放一个黄灯。

进站信号机的不同显示，表示列车进入站内的运行条件不同，因而，在接入列车时要求列车的速度也不同。这种不同显示，要求列车有不同速度的规定，体现了速差式信号的特点。司机必须严格按信号显示的要求控制列车速度，以确保列车进出车站的安全。

2. 出站信号机

（1）作用

在正线和到发线上应装设出站信号机，用以指示出发列车的运行条件。

防护区间或闭塞分区。当信号机开放后，为准许列车占用区间或闭塞分区的行车凭证。

指示列车运行条件。列车开往主要线路或次要线路；在自动闭塞区段，还表示列车运行前方闭塞分区空闲状态。

与发车进路及敌对信号联锁。当出站信号机开放后，发车进路上的道岔位置正确并不能转换；敌对信号机关闭并不能开放。

（2）出站色灯信号机的显示方式及意义

① 三显示自动闭塞区段

一个绿色灯光——准许列车由车站出发，表示运行前方至少有两个闭塞分区空闲。

一个黄色灯光——准许列车由车站出发，表示运行前方只有第一个闭塞分区空闲。

一个红色灯光——不准列车越过该信号机。

两个绿色灯光——准许列车由车站出发开往半自动闭塞区间。

兼做调车信号机时，一个月白色灯光——准许越过该信号机调车。

② 四显示自动闭塞区段

一个绿色灯光——准许列车由车站出发，表示运行前方至少有3个闭塞分区空闲。

一个绿色灯光和一个黄色灯光——准许列车由车站出发，表示运行前方有两个闭塞分区空闲。

一个黄色灯光——准许列车由车站出发表示列车运行前方只有第一个闭塞分区空闲。

一个红色灯光——不准列车越过该信号机。

两个绿色灯光——准许列车由车站出发，开往半自动闭塞区段。

兼做调车信号机时，一个月白色灯光——准许越过该信号机调车。

③ 半自动闭塞区段

一个绿色灯光——准许列车由车站出发。

一个红色灯光——不准列车越过该信号机。

两个绿色灯光——准许列车由车站出发，开往次要线路。

兼做调车信号机时，一个月白色灯光——准许越过该信号机调车。

3. 进路信号机

当车站划分为几个车场时，车场之间应设进路信号机，以指示列车由一个车场进入另一个车场。进路信号机按用途分为接车进路信号机、发车进路信号机和接发车进路信号机。接车进路信号机设在进站信号机与接车线之间，是对到达列车指示运行条件的；发车进路信号机设在发车线与出站信号机之间，是对出发列车指示运行条件的，如图1-35所示。

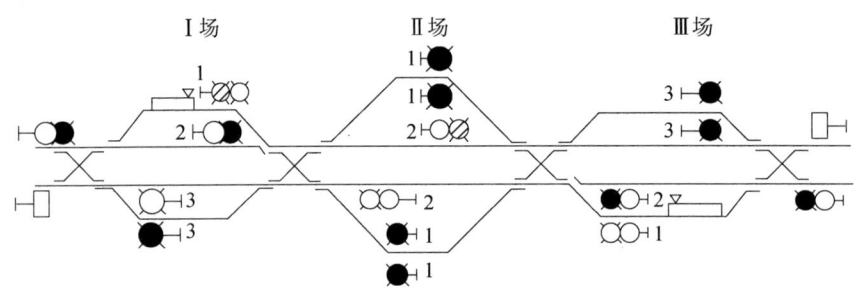

图1-35 进路信号机设置示意图

1—发车进路信号机；2—接发车进路信号机；3—出站信号机

进路色灯信号机的显示方式及意义如下：

（1）接车进路色灯信号机的显示与进站色灯信号机相同。

（2）发车进路色灯信号机显示下列信号：

一个绿色灯光——准许列车由车站经正线出发，表示出站和进路信号机均在开放状态；

一个黄色灯光——准许列车运行到次一色灯信号机之前准备停车；

一个绿色灯光和一个黄色灯光——表示该信号机列车运行前方至少有一架进路信号机在开放状态；

一个红色灯光——不准列车越过该信号机；

接车或发车进路色灯信号机兼做调车信号机时一个月白色灯光——准许越过该信号调车。

4. 引导信号

进站及接车进路色灯信号机均应装设引导信号。

引导信号显示一个红色灯光和一个月白色灯光——准许列车在该信号机前方不停车，以超过20km/h的速度进站或通过接车进路，并须随时准备停车。

5. 自动闭塞通过色灯信号机

（1）作用

一是列车进入次一闭塞分区的凭证。

二是其后方信号机的预告信号机，可不间断地向列车司机预告次一闭塞分区是否空闲及通过信号机（或进站信号机）是否开放。

(2) 显示方式及其意义

① 在三显示自动闭塞区段

一个绿色灯光——准许列车按规定速度运行,表示运行前方至少有两个闭塞分区空闲。

一个黄色灯光——要求列车注意运行,表示运行前方只有一个闭塞分区空闲。

一个红色灯光——列车应在该信号机前停车。

② 在四显示自动闭塞区段

一个绿色灯光——准许列车按规定速度运行,表示运行前方至少有 3 个闭塞分区空闲。

一个绿色灯光和一个黄色灯光——准许列车按规定速度运行,要求注意准备减速,表示运行前方只有两个闭塞分区空闲。

一个黄色灯光——要求列车减速运行,按规定限速要求越过该信号机,表示运行前方只有一个闭塞分区空闲。

一个红色灯光——列车应在该信号机前停车。

6. 线路所色灯通过信号机

线路所色灯通过信号机的显示方式及意义如下:

(1) 一个绿色灯光——准许列车按规定速度运行。

(2) 一个红色灯光——不准列车越过该信号机。

(3) 两个黄色灯光——表示线路所设有分歧道岔,准许列车经过分歧道岔侧向运行。

(4) 一个黄色闪光和一个黄色灯光——表示分歧道岔为 18 号及以上,准许列车侧向限速通过该道岔。

7. 预告色灯信号机

预告色灯信号机显示方式及意义如下:

(1) 一个绿色灯光——表示主体信号机在开放状态。

(2) 一个黄色灯光——表示主体信号机在关闭状态。

(3) 遮断信号机的预告信号机显示一个黄色灯光——表示遮断信号机显示红色灯光;灯光不亮时,不起信号作用。

进站、出站、进路信号机及线路所的通过信号机,均以显示停车信号为定位。自动闭塞区段的通过信号机,以显示进行信号为定位。预告信号机及通过臂板,以显示注意信号为定位。在自动闭塞区段内的车站(线路所),如将进站、正线出站信号机及其直向进路内的进路信号机转为自动动作时,以显示进行信号为定位。

进站、出站、进路和通过信号机的灯光熄灭、显示不明或显示不正确时,均视为停车信号。接近信号机的灯光熄灭、显示不明或显示不正确时,均视为进站信号机为关闭状态。

(三) 接发列车有关手信号的显示

手信号是铁路行车有关人员在作业中进行指挥、联系等工作而广泛采用的一种视觉信号。根据行车需要,可以机动地指挥列车运行和调车作业,也可作为联系和传达作业有关事项的旗(灯)语。行车有关人员必须认真按其显示执行。

1. 显示手信号的要求
（1）显示要求

为确保手信号的显示正确和防止误认，行车有关人员显示手信号时，必须严肃认真，要位置适当，做到正确及时、横平竖直、灯正圈圆、角度准确、段落清晰。

（2）持旗要求

在显示手信号时，凡昼间持有手信号旗的人员，应将信号旗拢起，左手持红旗，右手持绿旗（扳道员右手持黄旗）。不持信号旗的有关人员需要显示手信号时，应徒手按规定方式显示信号。

2. 显示方式及意义

（1）停车信号：要求列车停车。

昼间——展开的红色信号旗；无红色信号旗时两臂高举头上向两侧急剧摇动。

夜间——红色灯光；无红色灯光时，用白色灯光上下急剧摇动。

（2）减速信号：要求列车降低到要求的速度。

昼间——展开的黄色信号旗；无黄色信号旗时，用绿色信号旗下压数次。

夜间——黄色灯光；无黄色灯光时，用白色或绿色灯光下压数次。

（3）发车信号：要求司机发车。

昼间——展开的绿色信号旗上弧线向列车方面做圆形转动。

夜间——绿色灯光上弧线向列车方面做圆形转动。

（4）通过手信号：准许列车由车站（车场）通过。

昼间——展开的绿色信号旗。

夜间——绿色灯光。

（5）引导手信号：准许列车进入车站或车场。列车速度不能超过20km/h。

昼间——展开的黄色信号旗高举头上左右摇动。

夜间——黄色灯光高举头上左右摇动。

（6）特定引导手信号显示方式：特定引导通过，列车速度不能超过60km/h。

昼间——展开绿色信号旗高举头上左右摇动。

夜间——绿色灯光高举头上左右摇动。

（7）道岔开通信号：表示进路道岔准备妥当。

昼间——拢起的黄色信号旗高举头上左右摇动。

夜间——白色灯光高举头上。

机车出入段进路道岔准备妥当后，显示如下道岔开通信号：

昼间——展开的黄色信号旗高举头上左右摇动。

夜间——黄色灯光高举头上左右摇动。

（四）接发列车有关音响信号

在行车工作中，各工种或个人有很多工作不能通过口头通信设备及视觉信号进行联系，这时听觉信号就是进行联系的又一种方式。鸣示听觉信号时，为防止发生混淆，应按音节长短及间隔的规定标准进行：长声为3s，短声为1s。重复鸣示时，必须间隔5s以上。

1. 机车、自轮运转特种设备鸣笛鸣示方式

机车、自轮运转特种设备作业中提示注意、相互联系等应使用通信设备方式。遇联

系不通或危机行车人身安全时,应采用鸣笛方式。机车、自轮运转特种设备鸣笛鸣示方式见表 1-3。

表 1-3 机车、自轮运转特种设备鸣笛鸣示方式

名称	鸣示方式	使用时机
启动注意信号	一长声—	(1) 列车起动或机车车辆前进时(双机牵引或使用补机时,本务机车鸣笛后,补机应回答,本务机车再鸣笛一长声后启动) (2) 接近鸣笛标、道口、桥梁、隧道、行人、施工地点或天气不良时 (3) 电力机车、自轮运转特种设备在检修及整备中,准备降下或升起受电弓时
退行信号	二长声——	列车、机车车辆、单机开始退行时
召集信号	三长声———	要求防护人员撤回时
呼唤信号	二短一长声 ‥—	(1) 机车要求出入段时 (2) 在车站要求显示信号时
警报信号	一长三短声 —‥‥	发现线路有危及行车安全的不良处所时
试验自动制动机及复示信号	一短声・	(1) 试验制动机开始减压时 (2) 接到试验制动结束的手信号,回答试风人员时 (3) 调车作业中,表示已接受调车长所发出的手信号时
缓解及溜放信号	二短声‥	(1) 试验制动机缓解时 (2) 要求列车乘务组缓解人力制动机时 (3) 复示溜放调车信号时
拧紧人力制动机信号	三短声‥‥	(1) 要求列车乘务组拧紧人力制动机时 (2) 要求就地制动时
紧急停车信号	连续短声 ‥‥‥	司机发现(或接到通知)邻线发生障碍,向邻线上运行的列车发出紧急停车信号时。邻线列车司机听到此种信号后,应紧急停车

2. 口笛、号角鸣示方式

口笛、号角鸣示方式见表 1-4。

表 1-4 口笛、号角鸣示方式

用途及时机	鸣示方式	
发车、指示机车向显示人反方向移动	一长声	—
指示机车向显示人方向移动	一短一长声	・—
指示发车	一长一短声	—・
试验制动机减压	一短声	・
试验制动机缓解	二短声	‥
试验制动机完了及安全信号	一短一长二短声	・—‥
停车	连续短声	‥‥‥
要求司机鸣笛	二长三短声	——‥‥

续表

用途及时机		鸣示方式	
试拉		一短声	．
减速		连续二短声	．．
取消		二长一短声	——．
再显示		二长二短声	——．．
列车接近通报信号	上行	二长声	——
	下行	一长声	—

四、接发列车线路的使用原则

正确合理地使用接发列车线路，对保证车站作业安全、减少作业干扰、提高运输效率具有重要意义，同时也为车站保持有不间断接发列车的空闲线路创造了条件。为保证接发列车安全，《站细》对站内所有线路的使用都有具体规定，在作业时应认真遵守。

1. 接发列车应在正线或到发线上办理

正线、到发线是专门为办理列车的接发和进行技术作业而设置的。正线和到发线的钢轨、道岔等设备标准比其他线路高，可以保证列车进出站有较高的速度；正线和到发线有保证进路正确的联锁设备和指示列车运行的信号设备；有为旅客乘降、行包装卸的站台；在技术站或较大的中间站的到发线上，还设有机车整备和列检作业的有关设备，便于进行技术作业；在车站线路布置上，考虑了列车到发与调车作业的紧密配合，保证车站的最大平行作业。因此，在正线、到发线办理接发列车，既保证了车站作业效率，又保证了接发列车作业的安全。

在特殊情况下，在非到发线上办理接发列车时必须取得调度命令准许。

（1）旅客列车、超限列车应接入规定线路

所谓"规定线路"，就是《站细》内指定的线路。

为了保证旅客乘降、行包装卸及旅客出入车站的方便和安全，客运列车应接入有站台、设有平交道或天桥、地道等设备的线路。由于旅客列车较其他列车速度快，所以，用于侧向接发停站旅客列车的单开道岔不得小于12号。

挂有超限货物车辆的列车，由于超限货物的宽度或高度超出机车车辆限界，与邻近的设备、建筑物或邻线的机车、车辆有刮撞的可能，为保证列车安全运行和货物完整，不损坏设备和建筑物，所以规定必须接入线间距符合规定要求的线路。站内相邻两线均需通行超限货物列车时，线间最小距离应为5300mm；站内相邻两线只有一条通行超限货物列车时，线间最小距离应为5000mm。

车站接发旅客列车、超限列车的线路，应按上述要求固定，并在《站细》中规定，车站值班员要熟练掌握并严格遵守。

根据《事规》的规定，旅客列车、超限列车由于错误办理造成进入非固定股道，均构成"未准备好进路接发列车"一般C类事故（列C8项）。接入停车或通过的列车，列车前端进入进站（进路）信号机或站界标即算。

（2）动车组列车

动车组列车在车站办理客运业务时，须固定股道固定站台、固定停车位置。动车组列车运行速度及等级高，因此，对在车站办理客运业务的动车组列车均须明确固定股道、固定站台、固定停车位置。遇设备故障、自然灾害、列车晚点等不可抗力原因必须调整动车组列车固定股道时，必须经调度所值班主任（值班副主任）准许，不发布调度命令。

（3）动车组列车、特快旅客列车通过

动车组列车、特快旅客列车通过时应在正线办理，其他通过列车原则上也应在正线办理。正线设备较其他线路的质量和规格都高，为列车以高速通过车站提供有利条件。正线的出站信号一般都是高柱型的，为司机提供较好的瞭望条件；正线所经道岔位置绝大多数开通直向位置，以保证列车有较高的速度，并能减少轮缘磨耗。列车由正线通过车站，可以保证司机有良好的瞭望条件在正线故障不能使用或正线上停有列车等情况下，列车可由到发线通过，改由到发线通过时，必须采取一定的安全措施。特快旅客列车通过时，作业人员须提前停止在列车的通过线路上和相邻线路通过列车侧的作业，以保证作业安全和人身安全。

（4）原规定为通过的旅客列车由正线变更为到发线接车及动车组列车、特快旅客列车遇特殊情况变更基本进路的接车

原规定在车站通过的列车包括：列车运行图规定为通过的列车；有关列车运行时刻的书面文件、电报规定为在车站通过的列车；临时加开列车时，调度命令指定为通过的列车。凡没有指定时刻的列车，一律按停车列车办理。

原规定为通过的列车由正线变更为到发线接车，分两种情况：一是变更为由到发线通过；二是变更为在到发线停车。

在集中联锁的车站，正常情况下按压进路的始端按钮和终端按钮，即可准备好接发列车进路，此时该进路称为"基本进路"。但在较大车站，同一股道接发车进路会存在变通进路，特别是正线接发列车时存在"迂回"式进路，列车进站过程中走了一个迂回式进路，最后又回到正线的情况。

由于旅客列车运行速度较高，在站内正线上的运行速度一般为 $80 \sim 120 km/h$，动车组列车及特快旅客列车达 $120 km/h$ 以上，而列车进入到发线时，一般经过 12 号道岔，规定侧向通过道岔速度不得超过 $50 km/h$（非 AT 弹性可弯尖轨为 $45 km/h$）。若列车超速进入到发线，则可能造成脱轨、颠覆等事故。车站虽然设有预告信号机，但只能预告进站信号机的开放状态，不能预告道岔开通的位置是直向或侧向，当机车越过预告信号机后发现进站信号机显示侧向接车时，往往减速不及，导致事故发生。特快旅客列车运行速度高，随意变更基本进路也会严重影响列车的安全。因此，为了保证旅客安全，原规定为通过的旅客列车由正线变更为到发线接车及特快旅客列车遇特殊情况必须变更基本进路时，除有关信号机的正常显示外，还要采取以下措施：

① 必须经列车调度员准许，以严格控制及监督车站接发车线路的使用。

② 预告司机，使司机提前做好准备。

③ 如来不及预告，应不开放进站信号机，使列车在站外停车后，再开放进站信号机，将列车接入站内。

对于规定在车站正线停车的旅客列车，由正线变更为到发线接车时，由于司机已有在站停车的准备，可以控制列车的进站速度，故不必采取上述措施。

（5）其他列车应接入有利安全、便于作业的线路

在中间站，有摘挂车辆作业的列车应接入靠近货场或专用线的线路，以减少对正线的干扰；在技术站应根据列车的性质及在车站的作业要求，接入有关车场、线群及线路；接入超长列车时应考虑到发线的有效长；军用列车应根据作业情况考虑是否接入特定的军用列车到发线等。

2. 保证车站有不间断接车的空闲线路

保证车站有空闲的接车线路是车站值班员的重要职责。车站值班员应做好组织工作，加强与列车调度员及有关部门的联系，随时了解列车运行情况，有计划地全面合理运用到发线。为保证车站有不间断接车的空闲线路，应遵守下列规定。

（1）正线上不应停留车辆

正线是列车通过车站的主要经路，如不保持经常空闲，就可能导致列车经到发线通过车站，降低通过速度，影响运输效率，因此，规定正线上不应停留车辆，但尽头式车站不办理列车通过，其正线可按到发线掌握使用。

（2）到发线上停留车辆必须经批准并采取安全措施

到发线是用来接发列车的专用线路，为保证列车在车站的到发和会让、列车在车站的技术作业，以及接发列车作业的安全，到发线不应停留车辆。在一些线路不繁忙的区段，当车站未设货物装卸线或货物装卸线不能满足要求，必须使用到发线进行装卸时，以及其他不得已原因，必须在到发线上停留车辆时，必须经车站值班员准许，以避免影响接车工作。中间站的到发线经常办理列车会让，若必须停留车辆时，除必须经车站值班员准许外，还必须得到列车调度员的准许，以便列车调度员在运行调整中全面考虑。

到发线停留车辆是一种特殊情况。在接发列车作业中，为防止向占用线接车事故的发生，未装轨道电路的中间站，到发线停留车辆时，应将两端道岔扳向不能进入该线的位置并加锁。当车站为集中联锁或到发线装有轨道电路时，由于轨道电路的作用，进站信号机不能开放，可以防止上述情况发生，故不必加锁。

五、车机联控

（一）定义

车机联控是指车务、机务等行车有关人员使用列车无线调度通信设备，按规定联络，提示行车安全信息、确认行车要求的互控方式。

（二）基本要求

车机联控应逐站逐列呼唤应答，使用普通话做到用语准确、吐字清晰。遇数字"0""1""2""7"可读"dòng（洞）""yāo（幺）""liǎng（两）""guǎi（拐）"。

联控用语中，车次读法要求如下：

（1）高速动车组列车G××次称：高××次。

（2）城际列车C××次称：城××次。

（3）动车组D××次称：动车××次。

（4）直达特快旅客列车Z××次称：客车直××次。

（5）特快旅客列车T××次称：客车特××次。

(6) 快速旅客列车 K×××次称：客车快××次。

(7) 普通旅客列车×××次称：客车××次。

(8) 临时旅客列车 L×××次称：客车临××次。

(9) 临时旅客列车 A×××次称：客车诶（读音为"ei"）××次。

(10) 旅游列车 Y×××次称：客车游××次。

(11) 特快货物班列及快运货物列车×××次称：行××次。

(12) 货物列车称：××次。

(三) 作业要求

1. 接车

正常情况下接车作业的车机联控时机及用语见表1-5。

表1-5 接车作业车机联控时机及用语

呼叫时机	联控用语		
	作业人	列车司机	车站值班员
自动闭塞区段，列车接近第一接近通过信号机或规定的呼叫点；半自动闭塞区段（双线反方向行车时）。列车在规定的呼叫点	呼叫人		××（站）××（次）接近
	被呼叫人		××（次）××（站）××道停车［通过］
	复诵人	××（次）×道停车［通过］，司机明白	
有两个及以上运行方向的车站，列车通过时应在联控用语后增加"去××方向"			

2. 发车

正常情况下发车作业的车机联控时机及用语见表1-6。

表1-6 发车作业车机联控时机及用语

呼叫时机	联控用语		
	作业人	车站值班员	列车司机
列车站内停车再开或列车始发时，信号开放后	呼叫人	××（次）××道出站（发车进路）信号好（了）	
	被呼叫人		××（次）××道出站（发车进路）信号好（了），司机明白
有两个及以上运行方向的车站，列车通过时应在联控用语后增加"去××方向"			

六、相对方向同时接车及同方向同时发接列车

(一) 基本概念

1. 相对方向同时接车

相对方向同时接车，是指自车站一端开放进站信号机至该列车全部进入接车线警冲标内方停妥的时间内，又开放另一端的进站信号机，接入相对方向的列车，如图1-36所示。

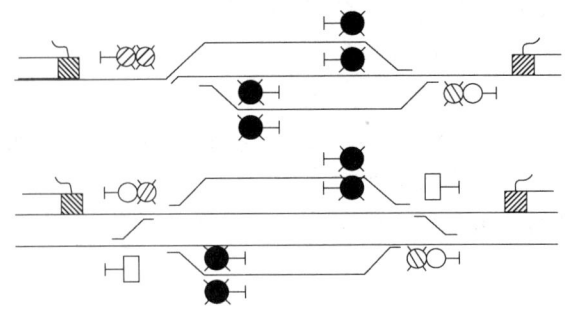

图 1-36　相对方向同时接车示意图

2. 同方向同时发接列车

同方向同时发接列车，是指自车站一端开放出站（进站）信号机至该列车全部出站（进入接车线警冲标内方停妥）的时间内，又开放另一端进站（出站）信号机，接入（发出）相同方向的列车，如图 1-37 所示。

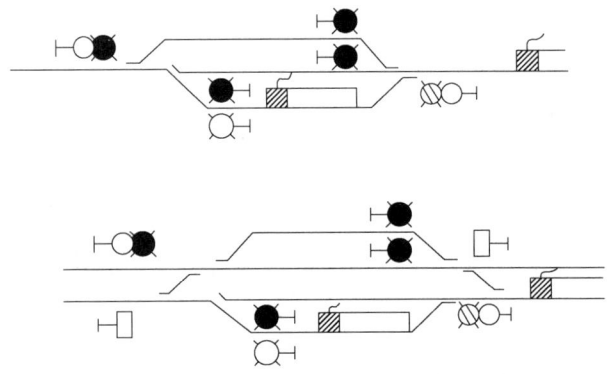

图 1-37　同方向同时发接列车示意图

必须指出的是，以上所讲的概念中"开放进站信号机"，也包括开放接车进路信号机或显示引导信号；"开放出站信号机"，也包括开放发车进路信号机或出站信号机故障及在未设出站信号机的线路上发车等使用书面凭证发车时显示发车信号。

3. 隔开设备

隔开设备，是指能将一条进路与另一条进路隔离开，使两条进路的接发车或调车作业彼此不干扰的设备。隔开设备包括安全线、避难线及平行进路和能起隔开作用的有联锁的防护道岔。

（二）禁止办理相对方向同时接车和同方向同时发接列车的情况

相对方向同时接车和同方向同时发接列车在车站接发车工作中经常遇到。它对于避免列车机外停车，压缩会车间隔时间和列车停站时间，提高区间通过能力和列车旅行速度，都有好处。列车司机按信号显示行车，使列车停在规定位置是对司机的起码要求。但在车站接发列车工作中，由于司机操纵不当或其他原因，相对方向同时接车时，当一端列车未全部进入接车线警冲标内方，而另一端列车越过接车线末端警冲标，若无隔开设备就有发生冲突的可能；同方向同时发接列车时，当发出列车尚未全部驶出车站，而另一端进站列车越过接车线末端的警冲标，若无隔开设备，也可能发生冲突。因此，为保证车站接发列车的效率和作业安全，避免发生事故，必须根据车站站外线路坡度情况、接车线末端隔开设备情况及列车的性质等做出限制性规定。

《技规》规定，下列情况，禁止办理相对方向时接车和同方向同时发接列车：

（1）进站信号机外制动距离内，进站方向为超过6‰的下坡道，而接车线末端无隔开设备，如图1-38所示。

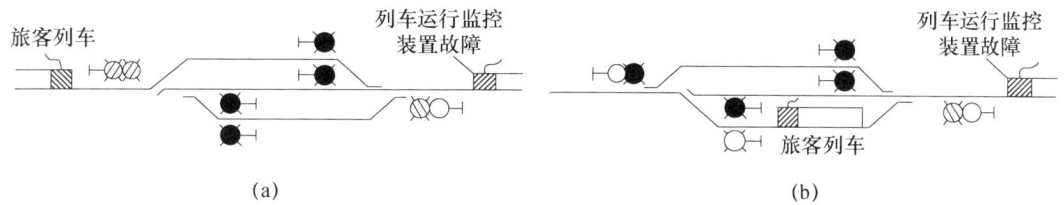

图1-38 线路条件限制禁止相对方向同时接车及同方向同时发接列车示意图
（a）禁止相对方向同时接车示意图；（b）禁止同方向同时发接列车示意图

（2）在接、发旅客列车的同时，接入列车运行监控装置或轨道车运行控制设备发生故障的列车、制动力部分切除的动车组列车而接车线末端无隔开设备，如图1-39所示。

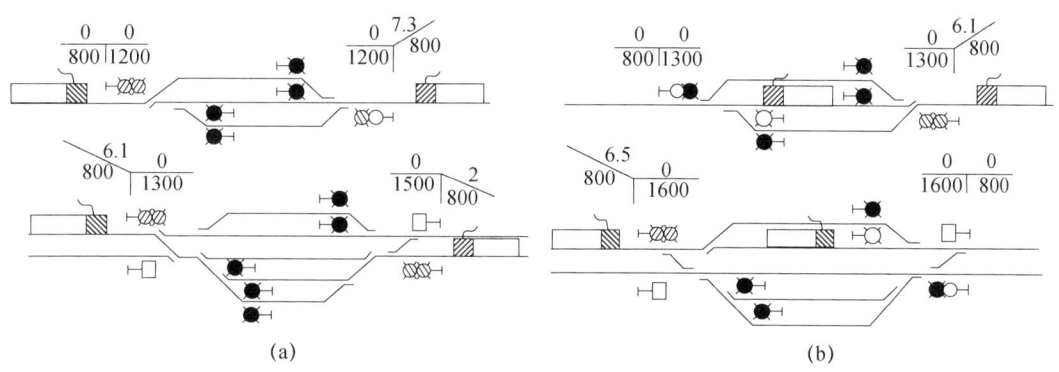

图1-39 列车性质条件限制禁止相对方向同时接车及同方向同时发接列车示意图
（a）禁止相对方向同时接车示意图；（b）禁止同方向同时发接列车示意图

根据计算和试验证明，列车在超过6‰的下坡道运行时，下滑力超过运行阻力，即使无动力运行，运行速度也会增大。如司机不能正确施行制动，列车进站时可能越过接车线末端警冲标。若接车线末端无隔开设备，就有可能与正在进站的对向列车或正在出站的同向列车发生冲突。因此，必须禁止办理。

进站信号机外制动距离内的坡度为换算坡度，即平均坡度减去曲线阻力的当量坡度。超过6‰的坡度由工务部门提供，在铁路局《行规》内公布。电务部门设计此类车站联锁条件时，有关信号应按敌对信号设计，使之不能同时开放引导接车不能控制敌对信号时，由车站值班员人工控制。

最高运行速度不超过160km/h的机车，机车信号设备与列车运行监控装置（LKJ）结合使用，轨道车等自轮运转特种设备使用轨道车运行控制设备（GYK）。列车运行监控装置（LKJ）具有监控、记录、显示及报警等功能。轨道车运行控制设备（GYK）具有轨道电路信息接受、运行监控、警醒、数据记录、语音记录及人机交互等功能。

针对全路牵引列车的机车均已安装列车运行监控装置，以及轨道车均已安装轨道车运行控制设备的情况，列车运行的安全控制装备有了很大的改善，列车可以严格按照信号机的显示运行。但列车运行监控装置或轨道车运行控制设备故障时，列车完全由司机人工控制列车运行，列车运行安全系数降低，同时，制动力部分切除的动车组列车制动能力降低，也存在一定的安全风险，机车乘务员一旦疏忽大意或操纵不当，有越过接车线末端警冲标的可能，若接车线末端无隔开设备，就有与车站另一端进出站的列车发生冲突。因此，为保证旅客列车运行安全，规定在接、发旅客列车的同时，接车线末端无隔开设备的线路上，禁止接入列车运行监控装置或轨道车运行控制设备故障的列车和制动力部分切除的动车组列车。

（三）违反同时接车及同时发接列车的性质及后果

违反相对方向同时接车和同方向同时发接列车的有关规定，不仅存在上述安全隐患，而且即使未发生列车冲突，也会构成事故。

根据《事规》的有关规定，违反《技规》禁止办理相对方向同时接车和同方向同时发接列车的规定而办理同时接车或发接列车，构成"未准备好进路接、发列车"的一般 C 类事故（《事规》第 14 条 C8 款）。

禁止同时接车的车站或不准同时接入站内的列车误使两列车均在站外停车；或因办理不及时或忘办、错办信号使列车在站外或站内停车，构成"错办或未及时办理信号导致列车停车"的一般 D 类事故（《事规》第 15 条 D5 款）。

接入停车或通过的列车，列车前端进入进站（进路）信号机或站界标以及发出的列车起动时即算。

凡由于信号联锁条件错误或有关人员违章作业，致使信号错误升级显示进行信号或强行开放进行信号，造成耽误列车或列车已按错误显示的进行信号运行，虽未造成后果，均定为事故。

（四）不能同时接车和不能同时发接列车的处理

车站不能同时接车，而相对方向的两个列车同时接近车站时，应先将一个方向的列车接入站内停妥于警冲标内方后，再开放另一端进站信号机，接入另一列车。此时，车站值班员应选择合理的接车顺序，在确定先后顺序时，应先接入以下列车：

（1）后面有续行列车的列车。

（2）在站外停车后启动困难的列车。

（3）不适合在站外停车的列车。

其他情况应汇报列车调度员后遵照先客后货、先快后慢的原则执行。一般可考虑：旅客列车与其他列车交会时，应先接入旅客列车；停车列车与通过列车交会时，应先接入停车列车；非超长列车与超长列车交会时，应先接入非超长列车；进站方向为下坡道的列车与进站方向为平道或上坡道的列车交会时，应先接入进站方向为平道或上坡道的列车。

车站不能办理同方向同时发接列车时，原则上应先接后发，也可根据列车调度员的指示办理。

车站应将不能办理相对方向同时接车和同方向同时发接列车的情况纳入《站细》。

七、接发列车作业项目及方法

（一）办理闭塞（预告）

1. 确认区间（分区）空闲

车站值班员在办理闭塞（预告）前应确认区间（闭塞分区）空闲。

我国铁路采用的行车闭塞法，无论是基本闭塞还是代用闭塞，都属于空间间隔法，在正常情况下这些闭塞方法都能实现在同一时间、同一区间（分区）内只有一个列车运行。但是，由于设备本身的缺陷或因办理人员的疏忽，仍有可能向占用区间发出列车。因此车站值班员在办理闭塞（预告）前，必须确认区间（闭塞分区）空闲。确认区间空闲的主要内容是：前次列车是否整列到达；补机是否返回；出站（跟踪）调车是否完毕；有无轻型车辆占用；区间是否封锁等。

（1）自动闭塞：通过控制台的监督器（列车离去表示灯）或出站信号机复示器，以及各种行车表示牌，根据设备情况及所发列车性质确认第一或第一、二或第一、二、三闭塞分区的空闲情况。

（2）半自动闭塞：根据闭塞表示灯、《行车日志》及各种行车表示牌，确认区间空闲。

（3）电话闭塞：根据《行车日志》及各种行车表示牌，确认区间空闲。各种行车表示牌（如"停止基闭""区间占用""出站调车""跟踪调车""区间封锁""使用轻型车辆"等）是辅助办理人员记忆的一种措施，应揭挂在醒目的地方，一般应挂在控制台有关按钮或站间行车闭塞电话机上。

2. 办理闭塞的方法

办理闭塞的方法，因闭塞方式、联锁类型、人员配备的不同而不同，具体办理的方法见《接标》或项目二。

根据《事规》有关规定，车站未和邻站、线路所、车场办理闭塞手续，或办理闭塞的区间与列车运行的区间不一致而发出的列车，列车前端越过车站信号机（包括线路所通过信号机）或警冲标，即构成"未办或错办闭塞发出列车"的一般 C 类事故（列 C9 项）。对旅客列车，错办闭塞的区间虽与列车的运行区间一致，也按本项论。

（二）布置与准备进路

正确、及时地准备好列车进路是接发列车工作中的关键。车站值班员必须亲自布置进路并听取进路准备妥当的报告。

1. 进路的布置

（1）布置内容

列车站值班员布置进路时，应向有关人员讲清车和占用线路（接入某股道或由某股道出发）。如果车站一端有两个及其以上列车运行方向或双线反方向行车时，还要讲清方向。

（2）布置要求

① 按《站细》规定的时间，正确、及时地布置进路。

② 使用《接标》规定的用语，不得简化。布置进路的命令不准与其他作业命令的通知一起下达。

③ 受令人必须复诵，当两人及其以上同时接受准备进路的命令时，应指定一人复诵。车站值班员要认真听取复诵，核对无误后，方可命令"执行"。

2. 进路的准备

扳道员、信号员应严格按照车站值班员布置进路的命令、调车作业计划，正确、及时地准备进路。在扳动道岔、操纵信号时，要认真执行"眼看、手指、口呼"及"一看、二扳（按、点）、三确认、四显示（呼唤）"制度。进路上不该扳动的道岔，也应认真进行确认。

接发列车进路准备完应及时报告车站值班员（能从设备上确认的除外）。

（1）人工扳动的道岔

"一看"：在扳动前，看所扳道岔的位置是否需要扳动；看接车线是否空闲；看机车车辆是否越过警冲标；扳联动道岔时，还要看机车车辆是否越过另一端道岔。

"二扳"：将道岔扳到所需位置。

"三确认"：确认道岔开通位置是否正确；闭止块是否落槽；尖轨与基本轨是否密贴；进路有关道岔位置是否正确；准备接发列车进路时，还要确认影响进路的调车作业是否停止。

"四显示"：确认无误后，向车站值班员汇报进路准备妥当或向要道人员显示股道号码和进路开通信号。

（2）集中操纵的道岔

集中联锁的道岔、信号的操纵是按列车或调车运行方向，顺序按压（单击）进路的始、终端按钮，道岔即自动转换、锁闭进路，同时信号自动开放。

"一看"：看准应操纵的按钮；同时用"手指"确认，中指食指并拢成"剑指"，指向应确认的按钮（计算机联锁设备为鼠标指针或光电笔对准应确认的按钮）。

"二按（点）"：按下需操作的按钮（计算机联锁设备用鼠标指针或光电笔单击需操作的按钮。

"三确认"：确认进路光带（表示灯）、信号显示正确。

"四呼唤"：按《接标》规定用语进行呼唤应答。

办理列车进路后，必须在控制台按钮上揭扣"安全帽"。安全帽的使用各铁路局规定有所不同，具体按铁路局或《站细》规定执行。

集中联锁车站在停电或设备故障时，需使用手摇把人工转换道岔。

3. 进路的确认

（1）确认接车线路空闲

接车线路空闲系指接车线路无封锁施工，无机车、车辆、动车、重型轨道车，以及轻型车辆、小车及其他侵入机车车辆限界的障碍物。

确认接车线路空闲的方法如下：

① 在设有轨道电路的车站，通过控制台上股道占用光带或表示灯确认。此外，需要注意现场确认有无轻型车辆、小车及线路附近有无侵入机车车辆限界的障碍物。

② 未设轨道电路或轨道电路发生故障时，由接发列车人员现场确认接车线路是否空闲。

③ 查看股道"占线板（簿）"。

(2) 确认进路上的道岔位置正确，需加锁的道岔已加锁

① 根据扳道员或信号员进路准备好了的报告并通过控制台上的光带或进路开通表示灯确认。

② 当联锁失效或在无联锁的线路上接发列车时按《站细》规定的办法准备和确认进路。

(3) 确认影响进路的调车作业已经停止

影响接发列车进路的调车作业如下：

① 占用或穿过接发列车进路的调车作业。

② 接发超限列车进路的线路上，当线间距不足 5000mm 时，邻线上的调车作业。

③ 接发非超限列车进路的线路上，当线间距不足 5000mm 时，邻线上调动装载超限货物车辆的作业。

④ 接发超限列车进路的线路上，当线间距不足 5300mm 时，邻线上调动装载超限货物车辆的作业。

⑤ 接发旅客列车时，能进入接发列车进路的线路上没有隔开设备或脱轨器的调车作业。

⑥ 进站信号机外制动距离内进站方向为超过 6‰ 的下坡道，在接车线末端无隔开设备的延续线上的调车作业。

⑦ 特快旅客列车通过时，相邻线路通过列车一侧的作业。

⑧ 其他影响列车进路的调车作业（如在无隔开设备的线路上手推调车）。

停止影响列车进路的调车作业时间及通知方法，应在《站细》内规定。接发特快旅客列车时，停止影响进路的调车作业和准备列车进路、开放进出站信号的时机，较其他列车至少提前 3min。调车作业必须服从于接发列车作业，严禁进行"抢钩"作业。

根据《事规》有关规定，进路上的道岔未扳、错扳、临时扳动或错误转动；进路上有轻型车辆（包括拖车）、小车及其他能造成脱轨的障碍物（不包括其他交通车辆）；邻线的机车车辆越过警冲标等情况下，接入停车或通过的列车，列车前端进入进站（进路）信号机或站界标以及发出的列车起动，均构成"未准备好进路接发列车"一般 C 类事故（列 C8 项）。

设有进路信号机的车站，分段接发列车时，按分段算，如果每段都发生，每段各定一件事故；如果一次准备的全通路，为一个进路，定一件事故。

凡由于信号联锁条件错误或有关人员违章作业，致使信号错误升级显示进行信号或强行开放进行信号，造成耽误列车或列车已按错误显示的进行信号运行，虽未造成后果，也均定为"未准备好进路接发列车"一般 C 类事故。

（三）开闭信号

1. 信号机的开放时机

(1) 进站信号机

进站信号机开放后即锁闭有关进路上的道岔，过早开放就会过早占用咽喉区，影响站内其他作业；晚开放就可能造成列车在信号机外减速或停车。开放进站信号机最理想的时机是当列车头部正好运行至预告信号机前司机能够确认信号显示状态的地点，如图 1-40 所示。

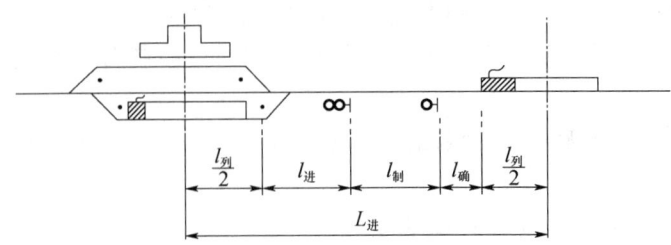

图 1-40 开放进站信号机最理想时机示意

进站信号机的开放时机可按下列方法估算：

$$t_{开}=t_{进}=\frac{L_{进}}{v_{进}}\times 0.06$$

$$=\frac{l_{进}+l_{制}+l_{确}+l_{列}}{v_{进}}\times 0.06$$

$$=\frac{l_{进}+l_{制}+l_{列}}{v_{进}}\times 0.06+t_{确}$$

$$T_{开}=T_{到}-t_{开}$$

式中　$t_{开}$——开放进站信号机的时间，min；

$t_{进}$——列车从预告信号机外司机确认信号状态的地点运行到车站中心线或停于警冲标内方的进站走行时间，min；

$L_{进}$——列车的进站距离，m；

$v_{进}$——列车进站的平均速度，km/h；

$l_{进}$——进站信号机至接车线始端警冲标之间的距离，m；

$l_{制}$——列车制动距离，m；

$l_{确}$——在司机确认信号显示状态的时间内列车的走行距离，m；

$l_{列}$——列车长度，m；

$t_{确}$——司机确认信号的时间，min；

0.06——km/h 换算为 m/min 的单位换算系数；

$T_{开}$——列车到达前车站开放进站信号机的最晚限制时间；

$T_{到}$——图定（或计划）列车到达时间。

开放进站信号机的合理时机是经过计算和查定再经分析平衡后确定的，并纳入《站细》。在接发列车作业中，车站值班员应按《站细》规定的时间开放进站信号机。

（2）出站信号机

开放出站信号机的时机，应根据出站信号机开放后至列车起动前，办理全部作业所需的时间，可根据发车作业过程实际确定。这些作业包括车站值班员与司机进行"车机联控"、指示助理值班员发车；助理值班员确认出站信号机的开放状态；确认旅客上下行包装卸、列检作业、其他作业及站车交接完毕；确认发车条件完全具备后显示发车信号或通知司机发车；司机确认发车信号及出站信号，启动列车等。

开放出站信号机的时机应在《站细》内规定。

根据《事规》规定，"因办理不及时或忘办、错办信号使列车在站外或站内停车；禁止同时接车的车站或不准同时接入站内的列车，误使两列车均在站外停车；接发列车人员未及时或错误显示手信号,使列车停车"等,均构成"错办或未及时办理信号致使列车停车"的一般D类事故(列D5项)。

2. 信号机的关闭时机

信号机关闭后,有关道岔即解锁(装有道岔区段轨道电路的车站除外),如果关闭过早,可能造成进路道岔错误转换或敌对信号开放,因而威胁列车运行安全;如果关闭过晚,则耽误其他作业,影响效率。由于车站设备不同,信号机的关闭时机也有所不同。

(1)集中联锁车站的进站、进路、出站信号机,设有轨道电路的线路所通过信号机及自动闭塞区段的通过信号机,由于轨道电路的作用,当机车或车辆第一轮对越过该信号机后即自动关闭。

(2)非集中联锁车站的进站信号机及线路所通过信号机,在列车进入接车线轨道电路后自动关闭。

(3)非集中联锁车站由手柄操纵的信号机进站信号机在确认列车全部进入接车线警冲标内方,出站信号机在列车全部越过最外方道岔并确认全部进入出站方面轨道电路区段后,恢复手柄关闭信号。

(4)引导手信号应在列车头部越过信号后及时关闭。

(5)调车信号机在调车车列全部越过调车信号机后自动关闭;当调车信号机外方不设或虽设轨道电路而占用时,应在调车车列全部出清调车信号机内方第一轨道区段后自动关闭;根据需要也可在调车车列第一轮对进入调车信号机内方第一轨道区段后自动关闭。

(四)交接凭证

这里所指的凭证,是指出站(线路所通过、发车进路)信号机显示的进行信号以外可持的"证件",如路票、绿色许可证、红色许可证、交付司机的"调度命令"等。

交接的凭证要认真检查是否正确。向机车交递凭证时,必须面向来车方向,交递后迅速回到安全位置,如通过列车交不上时,应停车交付。车站收回凭证后,要确认是否正确,按规定及时注销保管。

(五)接送列车

列车出入车站时,必须由接发列车有关人员在室外立岗接送列车,监视列车状态,及时处理危及行车和人身安全的问题。

车站值班员接到邻站列车预告后,应按《站细》规定时间及时通知有关人员到岗接车,站内平过道应提前派人到岗监护,以保证列车安全运行。

1. 接送列车办法

(1)接发车人员应携带列车无线调度通信设备、持手信号旗(灯),站在《站细》规定的地点立岗接送列车。

(2)注意列车运行和货物装载状态,发现问题及时处理:

① 发现旅客列车尾部标志灯光熄灭时,通知车辆乘务员进行处理。在自动闭塞区段,通知不到时,应使列车停车处理。

② 发现车辆燃轴、抱闸、制动梁脱落、篷布绳索脱落、货物窜动或倾斜、倒塌等

危及行车安全的情况时，要立即采取措施或通知有关人员使列车停车，并报告列车调度员。

③发现货物列车列尾装置丢失时，应报告列车调度员，使列车在前方站停车处理。

（2）列车进站后，应停于接车线警冲标内方。在设有出站（进路）信号机的线路，列车头部不得越过出站（进路）信号机。如列车尾部停在警冲标外方或压轨道绝缘时，车站接车人员应使用列车无线调度通信设备等通知司机或显示向前移动的手信号，使列车向前移动。

2. 列车进出站报告

列车接近车站、进站和出站时，接发车人员应及时向车站值班员报告列车进出站的情况（能从设备上确认的除外）。

（六）发车

1. 动车组以外的列车

动车组以外的列车在车站发车前，接发车人员应确认发车进路准备妥当、行车凭证已交付、出站（进路）信号机已开放，发车条件完全具备后，方可显示发车信号。

发车信号的显示方式如下：

昼间——展开的绿色信号旗上弧线向列车方向做圆形转动。

夜间——绿色灯光上弧线向列车方向做圆形转动。

语音记录装置良好的车站，准许使用列车无线调度通信设备发车。

使用列车无线调度通信设备发车时，通知司机用语为："×（次）、×道发车"，并听取复诵无误。

司机必须确认行车凭证及发车信号显示正确（或听取接发车人员的语音发车通知复诵无误）后，方可启动列车。

2. 动车组发车

动车组列车由列车长确认旅客上下完毕后，通知司机关闭车门；列车进站停车时，司机按动车组停车位置标停车，确认列车停稳、对准停车位置后开启车门。按钮不在司机操作台上的，由列车长通知随车机械师关闭车门；列车到站停稳后，由随车机械师开启车门。如自动开关门装置故障或特殊情况需单独开关车门时，由司机通知列车工作人员手动开关车门。

动车组列车在车站出发，动车组列车司机在确认行车凭证和开车时间，车门关闭后即可启动列车。

3. 使用发车表示器发车

因曲线或其他原因，司机确认发车信号困难时，可装设发车表示器。

发车线路表示器在线群出站信号机开放后显示一个白色灯光，表示准许该线路上的列车发车，如图1-41所示。不许发车的线路，所属该线路的发车线路表示器不能着灯。

发车表示器常态不显示，显示一个白色灯光时，表示车站人员准许发车，如图1-42所示。

司机必须确认行车凭证及发车表示器显示正确后，方可启动列车。

图 1-41 发车线路表示器

图 1-42 发车表示器

(七) 开通区间及报点

1. 列车到达、出发及通过时刻的确定

(1) 到达时刻

到达时刻以列车进入车站，停妥于到达线警冲标内方的时刻为准。列车长度超过实际到达线有效长时，以第一次停车时刻为准。列车在区间分部运行时，以全部车辆到达车站的时刻为准。

(2) 出发时刻

出发时刻以列车机车向前进方向启动，在站界（场界）内不再停车为准。列车全部发出站界后，因故退回车站再次发出时，以第一次出发时刻为准；在分界站向邻局出发时，则以最后发出时刻为准。

(3) 通过时刻

通过时刻以列车机车通过车站值班员室的时刻为准。

2. 开通区间及报点

在非自动闭塞区间，列车到达车站后，车站值班员应及时办理区间开通手续。列车到达、发出或通过后，车站值班员应立即向邻站及列车调度员报点，并记入《行车日志》（设有计算机报点系统的按有关规定办理）。

填写《行车日志》时，旅客列车应按规定使用红色笔填写。

遇有超长、超限列车，制动力部分切除的动车组列车，单机挂车和货物列车列尾装置灯光熄灭等情况，应通知接车站。

【思考题】

1. 进路是如何定义？可以分为哪几类？
2. 列车基本进路如何办理？
3. 铁路信号如何分类呢？
4. 什么是手信号？显示手信号的要求有哪些？
5. 什么是车机联控？
6. 什么是隔开设备？

7. 接发列车作业项目包括哪些?
8. 集中操纵的道岔按照哪些流程来操纵呢?
9. 确认接车线路空闲的方法有哪些?

【实训练习】

1. 显示与接发列车相关的手信号。
2. 制作PPT,阐述接发列车作业项目及方法。

项目二　正常情况下接发列车作业

☞ 项目描述

在铁路运输生产中，办理接发列车有正常情况和非正常情况两种。正常情况，一般指一切主观条件都处于无异常情况下；非正常情况，一般指办理接发列车的主观条件，发生了不正常变化。

本项目通过对双线自动闭塞集中联锁接发列车作业、单双线半自动闭塞集中联锁接发列车作业、单线自动站间闭塞集中联锁接发列车作业的作业标准与流程的介绍，阐述了在不同闭塞制式下正常情况下接发列车作业的基本程序、作业内容、人员设置分工及岗位职责。

由于接发列车工作涉及的行车规章较多，各铁路局（公司）的行车技术设备条件不尽相同，行车办法亦有所差别，因此，在上述学习任务中，将以《技规》和《接标》为主线，融入其他规章的有关规定。为达到学习目标，可根据铁路运输企业接发列车工作的实际情况，设置工作情境，作为一名接发列车作业人员（车站值班员、助理值班员、信号员等）完成相邻两站的接发列车工作。在学习工程中，能相互配合、分工协作完成接、发列车作业，应加强理论联系实际，学会独立思考、举一反三、学以致用。

☞ 项目任务书

正常情况下接发列车作业项目任务书见表 2-1。

表 2-1　正常情况下接发列车作业项目任务书

名称		正常情况下接发列车作业
学习目标	知识目标	了解接发列车作业的基本程序及作业内容； 了解接发列车工作人员设置分工及岗位职责； 理解行车工作的基本要求及接发列车工作的重要性； 熟悉《技规》等规章对行车工作人员的基本要求； 掌握双线自动闭塞集中联锁接发列车程序及方法； 掌握单双线半自动闭塞集中联锁接发列车程序及方法； 掌握单线自动站间闭塞集中联锁接发列车程序及方法
	技能目标	能合理运用接发列车线路； 能使用 6502 控制台或计算机联锁设备排列正常接车、发车进路； 能正确填记《行车日志》； 能按照《接标》熟练办理双线自动闭塞集中联锁接车、发车、通过作业； 能按照《接标》熟练办理单双线半自动闭塞集中联锁接车、发车、通过作业； 能按照《接标》熟练办理单线自动站间闭塞集中联锁接车、发车、通过作业
	素质目标	具有积极向上的学习态度和良好的学习习惯； 具有很强的时间观念和遵章守纪意识； 具有流畅的语言表达能力和较高的团队协调沟通能力； 树立大局观及安全责任意识
学习内容		任务一　双线自动闭塞集中联锁接发列车作业 任务二　单双线半自动闭塞集中联锁接发列车作业 任务三　单线自动站间闭塞集中联锁接发列车作业

任务一　双线自动闭塞集中联锁接发列车作业

【任务导入】

接发列车工作是铁路运输的典型工作任务，是铁路车站行车工作的重要组成部分，是保证按图行车、保证生产安全和提高运输效率的关键。

本项目是基于铁路运输生产接发列车工作实际，在双线自动闭塞集中联锁的具体行车设备条件下，相邻两个车站的接发列车工作人员，包括车站值班员、助理值班员、信号员（长）相互配合，分工协作共同完成接、发列车作业。车站值班员根据铁路局调度下达的列车运行阶段计划，依据车站《站细》中的线路使用规定、车站行车闭塞方式及信号、技术设备条件。确定合理的接车线路，指示信号员（长）正确办理接发列车进路、指示助理值班员及时发车及接送列车。信号员（长）正确操作 6502 电气集中联锁、计算机联锁设备，正确及时准备进路、开放进出站信号。助理值班员站在《站细》规定的地点接送列车，监视列车进出站，及时处理有关问题。在整个接发列车作业过程中，严格按照中华人民共和国铁道行业标准——《接发列车作业标准》中的 TB/T 1500.1—2009 和 TB/T 1500.2—2009 进行作业，并认真贯彻实行《技规》《行规》《站细》《控标》《安标》的有关规定，安全、正点、不间断地接发列车。

【知识准备】

一、自动闭塞设备的使用特点

自动闭塞是由区间自动控制设备及运行的列车自动完成闭塞作用的一种行车闭塞方法。在自动闭塞区段，将一个站间区间划分为若干个闭塞分区，由装在每个闭塞分区始端的通过信号机进行防护（第一闭塞分区由出站信号机防护）。通过色灯信号机在列车占用或出清闭塞分区时，能自动地变换显示，以指示追踪列车的运行条件。

自动闭塞是比较先进的行车闭塞法，它使列车密度增加，提高了通过能力。由于闭塞分区都设有轨道电路，若闭塞分区有机车、车辆占用或发生钢轨折断时，都可以使防护该闭塞分区的通过信号机自动地显示停车信号，因此，列车在区间的运行安全，就有了可靠的保障。

1. 控制台接近及离去分区设置

自动闭塞区段的车站控制台上除有站内线路、信号机有关表示外，还有邻近区间的两个或三个闭塞分区占用情况的表示。在三显示自动闭塞车站，控制台设有第一、第二接近及第一、第二离去表示灯；在四显示自动闭塞车站，控制台设有第一、第二、第三接近及第一、第二、第三离去表示灯，以使车站值班员了解列车在邻近闭塞分区的运行情况。

当列车进入第一接近、第二接近或第三接近区段时，电铃发出短时间音响信号表示灯亮红灯，以提醒车站值班员注意，准备接车。

2. 出站信号的开放

自动闭塞区段的车站，出站信号机的开放受第一、二或第一、二、三离去闭塞分区占用的限制。车站值班员在开放出站信号机前，必须根据列车性质确认第一或第一、二

或第一、二、三离去分区的空闲情况，才能开放出站信号机。

3. 发车权

（1）双线自动闭塞区段的车站发车时，车站值班员不需办理闭塞手续，车站值班员从控制台上确认离去分区的空闲情况，符合发车条件时，即可开放出站信号机发车。为便于接车站做好接车准备，发车站应向接车站发出预告，通报列车车次及有关注意事项。已向接车站预告，但列车不能出发时，发车站必须通知接车站取消预告。

（2）单线自动闭塞区段的车站发车时，发车方向一经确定，发车站得到列车调度员准许后，可以连续发出列车，车站值班员从控制台上确认相应离去分区的空闲情况，符合发车条件时，即可开放出站信号机发车。当闭塞系统不在发车位时，车站值班员必须确认区间空闲、并得到列车调度员同意后（列车调度员已下达列车运行调整计划时除外），方可办理闭塞方向转换手续。具体办理方法视设备情况而定，有的单线自动闭塞区段控制台上装有发车按钮，在区间空闲并得到列车调度员同意后按下发车按钮，闭塞系统即转换为发车位，该列车运行方向的通过信号机亮灯，同时发车站的发车表示灯及接车站的接车表示灯亮灯，车站值班员即可开放出站信号机发车。有的单线自动闭塞区段控制台上未装有发车按钮，车站值班员在确认区间空闲并得到列车调度员同意后，可直接开放出站信号机，闭塞系统自动转换至发车位。已向接车站预告，但列车不能出发时，发车站必须通知接车站取消预告。

4. 自动通过按钮

在自动闭塞区段，车站的进站和出站信号机的开放，仍需车站值班员在控制台上操纵。装有自动通过按钮的车站，若连续运行通行列车时，可以将进路开通正线并开放出站信号机和进站信号机后，再把控制台上的自动通过按钮按下，则进站、出站信号机均纳入自动闭塞系统，其显示列车同区间通过信号机。

二、列车进入闭塞分区的行车凭证

1. 正常情况下的行车凭证

在正常情况下，列车进入闭塞分区的行车凭证为出站或通过信号机显示的进行信号，列车可凭显示的黄色、黄绿色灯光或绿色灯光进入空闲的闭塞分区。

由于特快旅客列车的运行速度比其他列车高，为确保特快旅客列车的绝对安全，特快旅客列车在车站通过时，必须为出站信号机显示的绿黄色灯光或绿色灯光。跟随特快旅客列车在车站始发或停车后再开的其他列车，可凭出站信号机的黄色灯光开车，由于列车的启动、加速等过程，同样可以达到与特快旅客列车保持两个闭塞分区的间隔。

出站色灯信号机显示下列信号：

（1）三显示自动闭塞区段

① 一个绿色灯光——准许列车由车站出发，表示运行前方至少有两个闭塞分区空闲；

② 一个黄色灯光——准许列车由车站出发，表示运行前方有一个闭塞分区空闲；

③ 一个红色灯光——不准列车越过该信号机；

④ 两个绿色灯光——准许列车由车站出发，开往半自动闭塞区间；

⑤ 在兼做调车信号机时，一个月白色灯光——准许越过该信号机调车。

（2）四显示自动闭塞区段

① 一个绿色灯光——准许列车由车站出发，表示运行前方至少有三个闭塞分区空闲；

② 一个绿色灯光和一个黄色灯光——准许列车由车站出发，表示运行前方有两个闭塞分区空闲；

③ 一个黄色灯光——准许列车由车站出发，表示运行前方有一个闭塞分区空闲；

④ 一个红色灯光——不准列车越过该信号机；

⑤ 两个绿色灯光——准许列车由车站出发，开往半自动闭塞区段；

⑥ 在兼做调车信号机时，一个月白色灯光——准许越过该信号机调车。

（3）客运专线出站信号机的显示意义

① 一个绿色灯光——准许列车由车站以站间闭塞方式出发，前方站间空闲；

② 一个红色灯光及一个月白色灯光——准许列车由车站以站间闭塞方式出发，发车进路列车速度不超过40km/h，并须随时准备停车。

除以上两种信号显示外，其他信号显示意义与其他区段出站信号机相同。

2. 特殊情况下的行车凭证

使用自动闭塞法行车时，正常情况下列车进入闭塞分区的行车凭证为出站或通过信号机显示的允许运行的信号，即出站或通过信号机显示的绿色、绿黄或黄色灯光。在特殊情况下，列车从车站进入闭塞分区的行车凭证见表2-2。

表 2-2　自动闭塞区段特殊情况下行车凭证表

列车出发情况	行车凭证	发给行车凭证的依据	附带条件
1. 出站信号机故障时发出列车	绿色许可证（《技规》附件2）	1. 监督器表示第一个闭塞分区空闲、不表示为接到前次列车到达邻站的通知或前次列车发出后不少于10min的时间。 2. 确认道岔位置正确及进路空闲。 3. 单线须取得对方确认区间内无迎面列车的电话记录号码	从监督器上不能确认第一个闭塞分区空闲时，车站应发给司机书面通知（《技规》附件8），司机以在瞭望距离内能随时停车的速度，最高不超过20km/h，运行到第一架通过信号机，按其显示的要求执行
2. 由未设出站信号机线路上发出列车			
3. 超长列车头部越过出站信号机发出列车			
4. 发车进路信号机发生故障时发出列车		确认道岔位置正确及进路空闲	列车到达次一信号机按其显示的要求执行
5. 超长列车头部越过发车进路信号机发出列车			
6. 自动闭塞作用良好，监督器故障时发出列车	出站信号机显示的允许运行的信号	—	与邻站车站值班员及本站信号员联系
7. 双线双向闭塞设备的车站，反方向发出列车		1. 区间占用表示灯表示区间空闲。 2. 双线反方向行车的调度命令	反方向发车进路表示器显示正确（进路表示器故障时通知司机）

注：在四显示区段，因设备不同，执行上述条款困难的，可按铁路局规定办理。

3. 动车组行车凭证

在列控车载设备控车的模式下,进入闭塞分区的行车凭证为列控车载设备的允许运行信号。

在列控车载设备故障时改为LKJ(列车运行监控装置)模式运行。

在分散自律控制模式下,遇自动闭塞设备故障时,如调度命令无线传送系统作用良好,可以用调度命令作为占用区间的行车凭证,列车调度员通过调度命令无线传送系统向司机发布调度命令,一个区间只能放行一个列车,列车司机凭调度命令进入区间。

在信号机常态点灯的CTCS-2级自动闭塞区段,特殊情况下办理发车的行车凭证规定见表2-3;CTCS-3级以及信号机常态灭灯的CTCS-2级自动闭塞区段,特殊情况下办理发车的行车凭证规定见表2-4。

表2-3 信号机常态点灯的CTCS-2级自动闭塞区段特殊情况下办理发车的行车凭证表

序号	特殊情况	控车方式	行车凭证	发给行车凭证的依据	附带条件
1	出站信号机(线路所通过信号机)故障时发出列车	LKJ(GYK)控车	调度命令	1. 确认第一个闭塞分区空闲; 2. 确认道岔位置正确及进路空闲	以不超过20km/h(动车组列车为不超过40km/h)速度运行至第一架通过信号机,按其显示的要求执行
2		隔离模式运行		1. 确认区间空闲; 2. 确认道岔位置正确及进路空闲	以不超过40km/h速度运行至前方站进站信号机(线路所通过信号机)
3	发车进路信号机故障时发出列车	LKJ(GYK)控车	调度命令	1. 确认发车进路空闲; 2. 确认道岔位置正确	以不超过20km/h(动车组列车为不超过40km/h)速度运行至次一信号机
4	发车进路信号机故障时发出列车	隔离模式运行	调度命令	1. 确认发车进路空闲; 2. 确认道岔位置正确	以不超过40km/h速度运行至次一信号机
5	区间一架及以上通过信号机故障时发出列车	CTCS-2级控车	列控车载设备显示的允许运行的速度值	确认区间空闲	
6		LKJ(GYK)控车	出站信号机(线路所通过信号机)显示的允许运行的信号		
7	反方向发出列车	CTCS-2级控车	列控车载设备显示的允许运行的速度值	1. 确认区间空闲; 2. 反方向行车的调度命令	
8		LKJ(GYK)控车	出站信号机(线路所通过信号机)显示的允许运行的信号		

表 2-4　CTCS-3 级以及信号机常态灭灯的 CTCS-2 级自动闭塞区段特殊情况下办理发车的行车凭证表

序号	特殊情况	控车方式	地面信号机状态	行车凭证	发给行车凭证的依据	附带条件
1	开放引导信号发出列车	CTCS-3级控车 CTCS-2级控车	灭灯	列控车载设备显示的允许运行的速度值	1. 确认第一个闭塞分区空闲（发车进路信号机开放引导信号时，为确认至次一信号机间空闲）；2. 确认道岔位置正确及进路空闲	
2		LKJ(GYK)控车	点灯	出站信号机（发车进路信号机、线路所通过信号机）显示的允许运行的信号	1. 确认区间空闲（发车进路信号机开放引导信号时，为确认至次一信号机间空闲）；2. 确认道岔位置正确及进路空闲	
3	出站信号机（线路所通过信号机）故障且引导信号不能开放时发出列车	LKJ(GYK)控车	点灯	调度命令	1. 确认区间空闲；2. 确认道岔位置正确及进路空闲	
4		隔离模式运行				以不超过 40km/h 速度运行至前方站进站信号机（线路所通过信号机）
5	发车进路信号机故障且引导信号不能开放时发出列车	LKJ(GYK)控车	点灯	调度命令	1. 确认发车进路空闲；2. 确认道岔位置正确	以不超过 20km/h（动车组列车为不超过 40km/h）速度运行至次一信号机
6		隔离模式运行				以不超过 40km/h 速度运行至次一信号机
7	区间一个及以上闭塞分区轨道电路红光带时发出列车	CTCS-3级控车 CTCS-2级控车	灭灯	列控车载设备显示的允许运行的速度值	确认区间空闲	
8		LKJ(GYK)控车	点灯	调度命令	1. 确认区间空闲；2. 确认道岔位置正确及进路空闲	
9	反方向发出列车	CTCS-3级控车 CTCS-2级控车	灭灯	列控车载设备显示的允许运行的速度值	1. 确认区间空闲；2. 反方向行车的调度命令	
10		LKJ(GYK)控车	点灯	出站信号机（线路所通过信号机）显示的允许运行的信号		

4. 进站色灯信号机显示

（1）进站色灯信号机（四显示自动闭塞区段除外）。

① 一个绿色灯光——准许列车按规定速度经正线通过车站，表示出站及进路信号机在开放状态，进路上的道岔均开通直向位置；

② 一个黄色灯光——准许列车经道岔直向位置，进入站内正线准备停车；

③ 两个黄色灯光——准许列车经道岔侧向位置，进入站内准备停车；

④ 一个黄色闪光和一个黄色灯光——准许列车经过 18 号及其以上道岔侧向位置，进入站内越过下一架已经开放的信号机，且该信号机防护的进路，经道岔的直向位置或 18 号及其以上道岔的侧向位置；

⑤ 一个红色灯光——不准列车越过该信号机；

⑥ 一个绿色灯光和一个黄色灯光——准许列车经道岔直向位置，进入站内越过下一架已经开放的接车进路信号机准备停车。

（2）四显示自动闭塞区段进站色灯信号机。

① 一个绿色灯光——准许列车按规定速度经道岔直向位置进入或通过车站，表示运行前方至少有三个闭塞分区空闲；

② 一个黄色灯光——准许列车按限速要求越过该信号机，经道岔直向位置进入站内正线准备停车；

③ 两个黄色灯光——准许列车按限速要求越过该信号机，经道岔侧向位置进入站内准备停车；

④ 一个黄色闪光和一个黄色灯光——准许列车经过 18 号及其以上道岔侧向位置，进入站内越过次一架已经开放的信号机，且该信号机所防护的进路，经道岔的直向位置或 18 号及其以上道岔的侧向位置；

⑤ 一个红色灯光——不准列车越过该信号机；

⑥ 一个绿色灯光和一个黄色灯光——准列车按规定速度越过该信号机，经道岔直向位置进入站内，表示次一架信号机已经开放一个黄灯。

（3）进站及接车进路色灯信号机。

显示一个红色灯光及一个月白色灯光——引导信号，准许列车在该信号机前不停车，以不超过 20km/h 速度进站或通过接车进路，并须随时准备停车。

（4）客运专线进站、进路信号机显示意义。

① 一个黄色闪光和一个黄色灯光——表示准许列车按限速要求越过该信号机，经过道岔侧向位置进入站内准备停车；

② 一个红色灯光及一个月白色灯光——准许列车在该信号机前不停车，以不超过 20km/h 速度进站或通过接车进路，并须随时准备停车。

除以上两种信号显示外，其他信号显示意义与其他区段进站信号机相同。

三、ZPW-2000A 型四显示移频自动闭塞设备的使用

在铁路双线区段，大多数采用四显示自动闭塞设备。不同的显示方式不同的自动闭塞制式，其设备特点及控制台布置有所不同，在具体使用上也有差异。下面以 ZPW-2000A 型移频自动闭塞设备为例，说明其使用办法。

1. 设备使用特点

（1）采用双线双向自动闭塞。在双线自动闭塞区段，一般采用双线双向自动闭塞。正方向采用四显示移频自动闭塞，反方向采用自动站间闭塞（计轴方式或区间长轨道电路方式）。

有的双线自动闭塞是在双线半自动闭塞的基础上进行双线自动闭塞改造而成的，在这种情况下，为构成双线双向闭塞，各站上下行增设了反方向进站信号机（设于列车运行方向的右侧）。

（2）区间正方向采用连续式移频机车信号，反方向采用接近连续式移频机车信号。

（3）为构成反方向发车，双线双向自动闭塞凡能开放反向出站信号的信号机均增设进路表示器。正方向发车时进路表示器无显示；当进路表示器显示一个白色灯光及出站信号机显示一个绿色灯光时，准许列车反方向运行开往自动站间闭塞区间，表示反方向站间区间空闲。

（4）反方向进站信号机外方列车运行方向右侧设预告标，不设预告信号机；正方向进站号机外方的第一、二架通过信号机的机柱上，分别涂一条、三条黑斜线，以区别于其他通过信号机。

2. 车站控制台布置

如图 2-1 所示，以 A 站为例，介绍控制台盘面的有关按钮及表示灯。

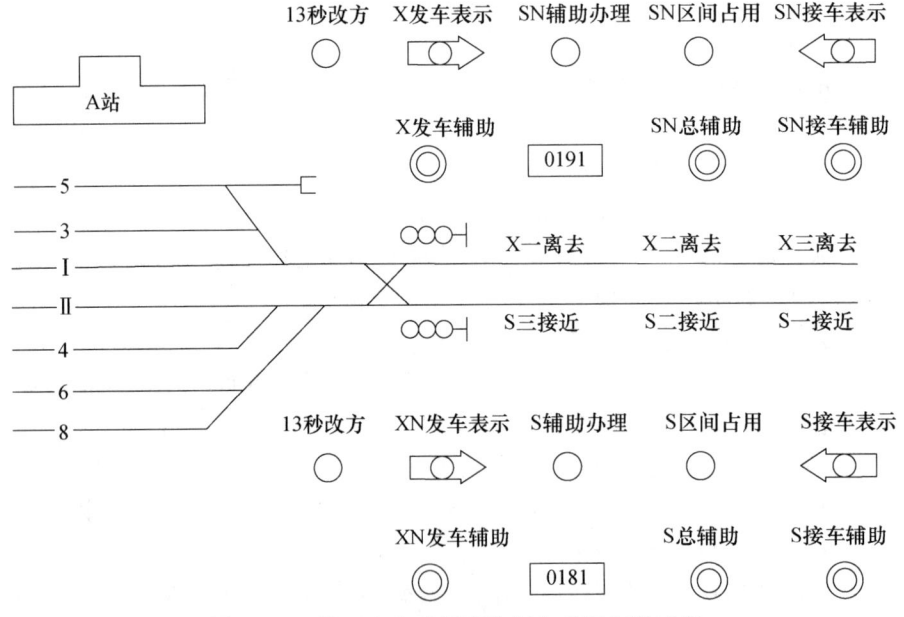

图 2-1 双线双向自动闭塞控制台盘面布置示意

① 总辅助按钮：二位非自复式带铅封带灯按钮。用于辅助改变运行方向，亮灯表示该按钮在按下状态，灭灯表示该按钮在弹起状态。

② 发车辅助按钮：二位自复式带铅封按钮，用于辅助改为发车方向。

③ 接车辅助按钮：二位自复式带铅封按钮，用于辅助改为接车方向。

④ 计数器：记录按压接、发车辅助按钮的次数。

⑤ 辅助办理表示灯：亮白灯表示正在辅助办理改变运行方向。
⑥ 区间占用表示灯：亮红灯表示区间占用或本站、对方站已排列发车进路；闪红光表示辅助办理前本站已排列进路。
⑦ 发车方向表示灯：亮绿灯表示该站为发车站。
⑧ 接车方向表示灯：亮黄灯表示该站为接车站。
⑨ 反方向办理表示灯：亮白灯表示车站可办理反方向发车进路。
⑩ 13秒改方表示灯：当该区间接入的反方向列车到达后，车站接车表示灯亮黄灯，需改为发车站（向正方向区间发车）时，必须等该区间的区间占用表示灯及13秒改方红色表示灯均熄灭后，方可排列正方向发车进路。

此外，控制台上还设置有第一、二、三接近区段及第一、二、三离去区段表示光带，正方向接近电铃及反方向接近电铃等。

四、行车使用方法

1. 设备正常时办理发车办法

（1）向正方向发车

当区间具备《技规》规定的发车条件时，即可排列发车进路（开放出站信号）发车；发车站排列发车进路后，发车方向表示灯亮绿灯，接车站接车方向表示灯亮黄灯，两站区间占用表示灯亮红灯；列车到达前方站区间空闲后，两站区间占用表示灯灭灯。

当正方向区间办理反方向列车行车后，控制台该区间接车方向表示灯亮黄灯，此时，办理正方向发车进路前，必须确认该区间的区间占用表示灯及13秒改方红色表示灯均灭灯后，方可排列发车进路。若在13秒改方红色表示灯不灭灯的情况下，排列了发车进路，出站信号开放不了，须先办理取消进路，待13秒改方红色表示灯灭灯后，再重新办理发车进路。

（2）向反方向发车

一般情况下，双线双向自动闭塞区间列车运行应按双线正方向运行，遇整理列车运行、线路故障、封锁施工等特殊情况经列车调度员命令准许方可组织列车反方向运行或改按单线行车。发车站车站值班员确认反方向区间空闲（反方向区间占用表示灯灭灯），然后破除该区间反发车辅助按钮铅封，并按下该按钮，确认区间反方向办理表示灯点亮白灯后，在3s内排列反方向发车进路。发车进路准备好后，发车站反方向发车方向表示灯亮绿灯，接车站反方向接车方向表示灯亮黄灯、两站区间占用表示灯亮红灯，发车站出站信号机显示一个绿色灯光和进路表示器显示一个白色灯光，区间闭塞；列车到达前方站后，两站区间占用表示灯灭灯，闭塞自动复原。

2. 设备故障时办理发车办法

设备故障时办理发车的方法专门在项目三任务四中阐述。

【拓展知识】

四显示的产生

列车在三显示自动闭塞区段运行，越过显示黄灯的通过信号机时开始减速，至次架显示红灯的通过信号机前停车，因此，要求每个闭塞分区的长度不能小于列车的制动距离。随着列车速度和密度的不断提高，在一些繁忙的客货混运区段，各种列车运行的速度和制动距离相差很大。一方面,为实现同方向列车以必要最小间隔运行,闭塞分区的长度宜尽可能小;另一方面,为保证高速(或重载)列车的制动距离,闭塞分区的长度又应加长。三显示自动闭塞不能解决这一矛盾,必须采用四显示自动闭塞方式。

四显示自动闭塞是在三显示的基础上增加一种绿黄显示,如图2-2所示。

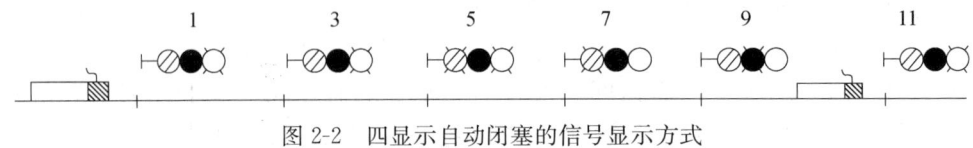

图2-2 四显示自动闭塞的信号显示方式

闭塞分区长度的考虑原则:两个闭塞分区长度必须大于列车从最高速度常用制动的制动距离,每个闭塞分区长度应大于列车从最高速度降到黄灯容许速度和从黄灯容许速度到零的制动距离。高速列车以规定的速度越过绿黄显示的通过信号机后必须减速,以使列车在抵达黄灯显示的通过信号机时不大于规定的允许速度,保证在显示红灯的通过信号机前停车。对于低速、制动距离短的列车越过绿黄显示的通过信号机后不减速。由于增加了绿黄显示,就圆满地解决了上述矛盾。

在四显示自动闭塞区段,信号的显示同时具有速度控制的含义,在机车上装有机车信号、速度显示和速度监督设备,列车超速运行时将迫使列车紧急制动。所以,四显示信号是具有预告功能的速差式信号。《技规》规定,在列车运行速度超过120km/h的双线区段,采用速差式自动闭塞,列车紧急制动距离由两个及以上闭塞分区长度保证。

五、列车在区间运行

1. 通过色灯信号机显示停车信号时的行车要求

通过色灯信号机显示红色灯光的原因:前方闭塞分区有列车或机车、车辆占用,钢轨折断、轨道电路短路,次一通过信号机红灯灯泡断丝引起灯光转移显示,信号设备故障等。为了不打乱运行秩序,除司机确认或通过无线调度电话联系,得知前方闭塞分区有列车不能进入外,其他情况则制定了相应的列车运行要求。

(1) 遇上述情况,列车必须在该通过信号机前停车,司机应使用列车无线调度电话通知运转车长(无运转车长为车辆乘务员),通知不到时,鸣笛一长声,停车等候2min,以使前行列车腾空闭塞分区,2min后该信号机仍未显示进行信号时,列车即以遇到阻碍能随时停车的速度继续运行(最高不超过20km/h),运行到次一架通过信号机,按其显示要求运行。在停车等候的同时,与车站值班员、列车调度员、前行列车司机联系,如确认前方闭塞分区内有列车时,不得进入。

(2) 装有容许信号的通过信号机显示停车信号时,即通过信号机显示红色灯光、容许信号显示蓝色灯光,准许铁路局规定停车后启动困难的货物列车,在该信号机前不停车,以不超过20km/h的速度通过该信号机。当容许信号灯光熄灭或容许信号和通过信号机均灭灯时,司机在确认信号机装有容许信号时,仍按上述速度通过信号机。

(3) 装有连续式机车信号的机车,遇通过信号机灯光熄灭,而机车信号显示进行信号时,说明并不是前方闭塞分区被占用或线路发生故障等,而往往是信号机灯泡断丝或松动,不危及列车运行安全,列车应按机车信号的显示运行。

(4) 司机发现通过信号机发生故障时,应将该信号机的号码通知前方站,以便转告信号工区及时维修,保证设备的正常使用。

2. 自动闭塞改按站间区间掌握行车

未装设机车信号或运行途中机车信号发生临时故障的列车,在自动闭塞区段,列车调度员接到车站或列车司机报告天气恶劣难以辨认信号时,应改按站间区间掌握行车。天气好转时,应及时报告列车调度员,恢复正常行车。

按站间区间掌握行车,即在同一时间内,该站间区间只能有一个列车占用,车站在收到前次列车到达通知后,方可开放出站信号机发出次一列车。司机在区间仍按通过信号机的显示要求运行。

按站间区间掌握行车,不改变闭塞方式,可防止因天气不良难以辨认信号而造成的追尾事故,又能较少地影响通过能力。

六、双线自动闭塞集中联锁接发列车作业程序与方法

《技规》规定:自动闭塞区段的车站,办理发车前应向接车站预告;单线自动闭塞区段的车站,还须得到列车调度员的同意。已向接车站预告,但列车不能出发时,发车站须通知接车站取消预告。

双线自动闭塞集中联锁接发列车作业也要按照接发列车作业程序办理,在《接发列车作业》标准(TB/T 1500.1—2009 和 TB/T 1500.2—2009)中,对双线自动闭塞集中联锁接发列车作业程序做了严格规定。

1. 接发列车作业程序

(1) 发车作业程序(图 2-3)

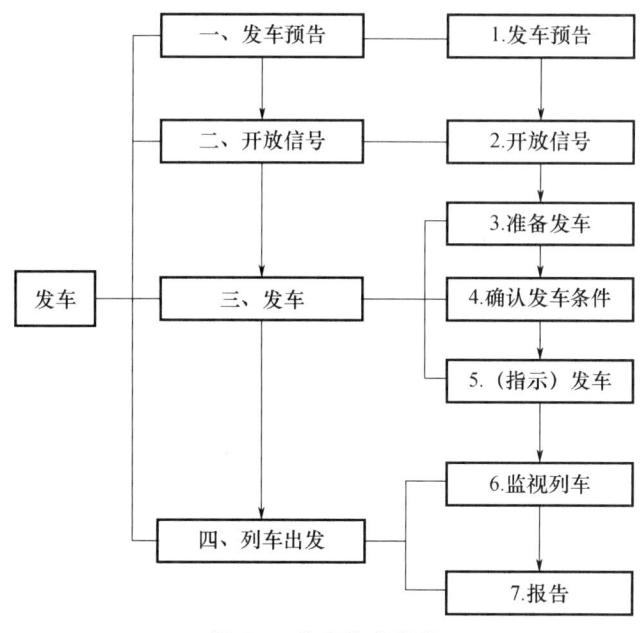

图 2-3 发车作业程序

(2) 接车(通过)作业程序(图 2-4)

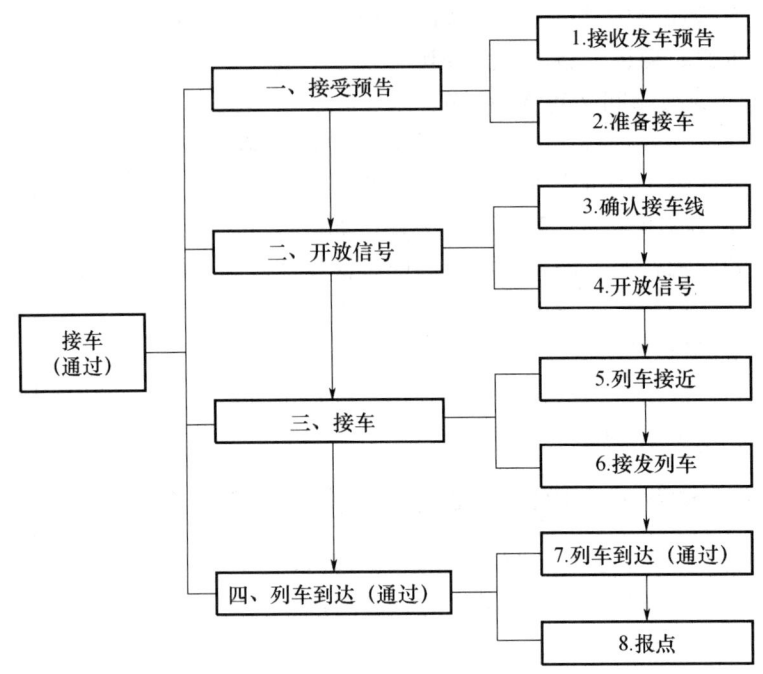

图 2-4 接车（通过）作业程序

2. 双线自动闭塞集中联锁（设信号员）接发列车作业步骤及办理方法
（1）发车作业
基于铁道行业标准 TB/T 1500.1—2009 的发车作业步骤与办理方法见表 2-5。

表 2-5 双线自动闭塞集中联锁（设信号员）发车作业步骤与办理方法

作业程序		岗位作业技术要求			说明事项
序号	项目	车站值班员	信号员（长）	助理值班员	
一、发车预告	1.发车预告	（1）向接车站发出："×（次）预告"，并听取复诵			有两个及其以上列车运行方向时，应以线名或邻站名区别方向。遇有超长、超限列车，单机挂车及列尾装置灯光熄灭的列车，应通知接车站
		（2）填写《行车日志》			旅客列车用红笔；使用计算机报点系统时，填记"电子《行车日志》"（以下同）
二、开车信号	2.开放信号	（3）通知信号员（长）："停止影响进路的调车作业"	（4）复诵："停止影响进路的调车作业。" （5）通知调车组："×调×道待避"，并听取复诵		停止调车作业时机，按《站细》规定。无影响进路的调车作业时，此项作业省略

64

项目二　正常情况下接发列车作业

续表

作业程序		岗位作业技术要求			说明事项
序号	项目	车站值班员	信号员（长）	助理值班员	
二、开车信号	2. 开放信号	（8）听取信号员（长）的报告后，应答："好（了）"	（6）确认调车作业停止，听取调车组："×调×道待避好（了）。"的报告并应答："好（了）。" （7）向车站值班员报告："影响进路的调车作业已停止"		通知调车组（或调机司机）的用语按铁路局规定执行（如×局规定为"×调×道待避"；×局规定为"调机扣×道"；×局规定为"停止×道调车作业"等）
		（9）通知信号员（长）："×（次）、×道发车，开放信号"。 （11）听取复通无误后，命令："执行"	（10）复通："×（次）×道发车，开放信号"		有两个及以上列车运行方向时，应以线名或邻站名区别方向。有两个及其以上车场或经路时，要讲明车场或经路
		（13）确认信号正确，应答："×道出站信号好（了）"	（12）开放出站信号，眼看、手指、口呼："×道"，按下始端按钮；眼看、手指、口呼："出站"，按下终端按钮。确认光带（表示灯）、信号显示正确，口呼："信号好（了）"。 （14）按规定揭戴（扣）安全帽		安全帽的使用各铁路局规定有所不同，具体按铁路局或《站细》规定执行
三、发车	3. 准备发车	（15）车机联控。使用列车无线调度通信设备呼叫列车司机"×（次）×道出站（发车进路）信号好（了）"。并听取复通			列车司机应答："×（次）×道出站（发车进路）信号好（了），司机明白"
		（16）通知助理值班员："×（次）、×道发车"，并听取复诵		（17）复通："×（次）、×道发车"	助理值班员在室外接发车时，可提前告知发车计划
	4. 确认发车条件		（18）通过控制台监视信号及进路表示	（19）发车前，眼看、手指出站信号，确认信号开放正确，口呼："×道出站信号好（了）"	动车组发车时，无第（19）项作业
				（20）确认旅客上下、行包装卸和列检作业及其他作业完了，发车条件完备	其他发车条件的确认按《站细》规定。 动车组发车时，无此项作业
	5. 发车			（21）按规定站在适当地点，向司机显示发车信号。〔使用列车无线调度通信设备及发车表示器发车时，通知司机："×（次）、×道发车"，并听取复诵无误〕	动车组发车时，无此项作业。 司机确认发车信号后起动列车。〔使用列车无线调度通信设备发车时，司机应答："×（次）、×道发车，司机明白"〕。 助理值班员不能兼顾时，应先办理发车

续表

作业程序		岗位作业技术要求			说明事项
序号	项目	车站值班员	信号员（长）	助理值班员	
四、列车出发	6.监视列车	（22）列车起动，通知接车站："×（次）（×点）×（分）开"，并听取复诵			
		（23）填写《行车日志》		（24）监视列车，于列车尾部越过发车地点，确认尾部标志后返回	发现列车有异常等问题时，应立即报告，同时按规定采取安全措施
		（26）确认后，应答："好（了）"		（25）通过控制台确认列车整列出站，口呼："×（次）出站"。（27）摘下安全帽	
			（28）擦（划）掉占线板（簿）记载	（29）擦（划）掉占线板（簿）记载	
	7.报点	（30）向列车调度员报点："×（站）报点，×（次）、（×点）×（分）开"			使用计算机报点系统时，通过系统报点。始发列车应向列车调度员报告列车编组简报、机车号码、司机姓名或代号及晚点原因，摘挂列车还应报告摘挂辆数等

(2) 接车（通过）作业

基于铁道行业标准 TB/T 1500.1—2009 的接车（通过）作业步骤与办理方法见表 2-6。

表 2-6 双线自动闭塞集中联锁（设信号员）接车（通过）作业步骤与方法

作业程序		岗位作业技术要求			说明事项
序号	项目	车站值班员	信号员（长）	助理值班员	
一、接受预告	1.接受发车站预告	（1）接受发车站预告并复诵："×（次）预告"			列车预告后，按《站细》规定通知有关人员
		（2）填写《行车日志》			旅客列车用红笔；使用计算机报点系统时，填记"电子《行车日志》"（以下同）
	2.准备接车	（3）按列车运行计划核对车次、时刻、命令、指示，必要时与列车调度员联系			
		（4）确认接车线。（5）填写《行车日志》			
		（6）通知信号员（长）："×（次）预告"，并听取复诵	（7）复诵："×（次）预告"		有两个及其以上列车运行方向时，应以线名或邻站名区别方向

项目二 正常情况下接发列车作业

续表

作业程序		岗位作业技术要求			说明事项
序号	项目	车站值班员	信号员（长）	助理值班员	
二、开车信号	3.确认接车线	（8）复诵发车站开车通知："×（次）（×点）×（分）开（通过）"			
		（9）填写《行车日志》			
		（10）通知信号员（长）："×（次）开过来（了），×道停车（通过或到开）"，并听取复诵。（12）通知助理值班员："×（次）开过来（了），×道停车（通过或到开）"，并听取复诵	（11）复诵："×（次）开过来（了），×道停车（通过或到开）"，并填写占线板（簿）	（13）复诵："×（次）开过来（了），×道停车（通过或到开）"，并填写占线板（簿）	
		（14）按《站细》规定通知有关人员			根据车站性质、列车性质及作业性质等，按规定通知有关人员。例如，"客运：×（次）开过来接×道"；"调车组："×（次）开过来接×道，准备作业"等
		（15）确认接车线路空闲。口呼："×道空闲"			
		（16）通知信号员（长）："停止影响进路的调车作业"。（21）听取信号员（长）的报告后，应答："好（了）"	（17）复通："停止影响进路的调车作业"。（18）通知调车组："×调×道待避"，并听取复诵。（19）确认调车作业停止，听取调车组"×调×道待避好（了）"的报告并应答："好（了）"。（20）向车站值班员报告："影响进路的调车作业已停止"		停止调车作业时机，按《站细》规定。无影响进路调车作业时，此项作业省略。通知调车组（或调机司机）的用语按铁路局规定执行（如×局规定为"×调×道待避"；×局规定为"调机扣×道"；×局规定为"停止×道调车作业"等）
	4.开放信号	（22）通知信号员（长）："×（次）、×道停车（通过），开放信号"。（24）听取复诵无误后，命令："执行"	（23）复诵："×（次）、×道停车（通过），开放信号"		列车通过时，应办理有关发车作业程序。有两个及其以上列车运行方向时，应以线名或邻站名区别方向。有两个及其以上车场或经路时，要讲明车场或经路
		（26）确认信号正确，应答："×道进站信号好（了）"[通过时，应答："道进、出站信号好（了）"]	（25）开放进站信号。眼看、手指、口呼："进站"，按下始端按钮；眼看、手指、口呼"×道"[正线通过时，口呼："出站"]，按下终端按钮。确认光带（表示灯）、信号显示正确，口呼："信号好（了）"。（27）按规定揭戴（扣）安全帽		安全帽的使用各铁路局规定有所不同，具体按铁路局或《站细》规定执行

续表

作业程序		岗位作业技术要求			说明事项
序号	项目	车站值班员	信号员（长）	助理值班员	
三、接车	5. 列车接近	（28）车机联控。听到列车司机呼叫后应答："×（次）×（站）×道停车（通过）。"并听取复诵			列车司机呼叫："×（站）×（次）接近"。司机听到车站值班员应答后，复通："××（次）×道停车（通过），司机明白"
			（29）通过控制台监视信号及进路表示		
		（31）再次确认信号正确，应答："×（次）接近"	（30）第二（三）接近铃响、光带变红，再次确认信号开放正确，口呼："×（次）接近"		计算机联锁设备的接近铃响为语音提示
	6. 接送列车	（32）通知助理值班员："×（次）接近，×道接车"，并听取复诵		（33）复通："×（次）接近，×道接车"	动车组、特快旅客列车的通知接车时机，按《站细》规定
				（34）到《站细》规定地点接车。［接通过列车时，眼看、手指出站信号，确认信号开放正确，口呼："×道出站信号好（了）"］	跨越线路时，执行《安标》的有关规定
四、列车到达（通过）	7. 列车到达（通过）		（35）通过控制台监视进路、信号及列车进（出）站	（36）监视列车进站，于列车停妥后返回。［通过列车，于列车尾部越过接车地点，确认列车尾部标志后返回］	发现列车有异状等问题时，应立即报告，同时按规定采取安全措施
		（39）应答："好（了）"	（37）通过控制台确认列车整列进入（通过）接车线，口呼："×（次）到达（通过）"。 （38）［对通过列车摘下安全帽］。对停车列车摘下始端安全帽		
		（40）［对通过列车通知接车站："×（次）、×（点）×（分）通过"，并听取复诵］			
		（41）填写《行车日志》	（42）［对通过列车擦（划）掉占线板（簿）记载］	（43）［对通过列车擦（划）掉占线板（簿）记载］	使用计算机报点系统时，填记电子《行车日志》
	8. 报点	（44）向车站调度员报点："×（站）报点，×（次）×（点）×（分）到（通过）"			使用计算机报点系统时，通过系统报点

3. 双线自动闭塞集中联锁（未设信号员）接发列车作业步骤及办理方法

（1）发车作业

基于铁道行业标准 TB/T 1500.2—2009 的发车作业步骤与办理方法见表 2-7。

表 2-7　双线自动闭塞集中联锁（未设信号员）发车作业步骤与方法

作业程序		岗位作业技术要求		说明事项
序号	项目	车站值班员	助理值班员	
一、发车预告	1.发车预告	（1）向接车站发出："×（次）预告"，并听取复诵		有两个及其以上列车运行方向时，应以线名或邻站名区别方向。遇有超长、超限列车，单机挂车及列尾装置灯光熄灭的列车，应通知接车站
		（2）填写《行车日志》		旅客列车用红笔；使用计算机报点系统时，填记"电子《行车日志》"（以下同）
二、开车信号	2.开放信号	（3）停止影响进路的调车作业。（通知调车组："×调×道待避"，并听取复诵。）确认停止后，口呼："影响进路的调车作业已停止"		停止调车作业时机，按《站细》规定。通知调车组（或调机司机）的用语按铁路局规定执行（如×局规定为"×调×道待避"；×局规定为"调机扣×道"；×局规定为"停止×道调车作业"等）。无影响进路的调车作业时，此项作业省略
		（4）开放出站信号，眼看、手指、口呼："×道"，按下始端按钮；眼看、手指、口呼："出站"，按下终端按钮。确认光带（表示灯）、信号显示正确，口呼："信号好（了）"	（6）通过控制台确认信号正确，应答："×道出站信号好（了）"	助理值班员在室外接发车时第（6）项作业省略。安全帽的使用各铁路局规定有所不同，具体按铁路局或《站细》规定执行
		（5）按规定揭戴（扣）安全帽		
三、发车	3.准备发车	（7）车机联控。使用列车无线调度通信设备呼叫列车司机："×（次）×道出站发车进路）信号好（了）"。并听取复诵		列车司机应答："×（次）×道出站（发车进路）信号好（了），司机明白"
		（8）通知助理值班员："×（次）、×道发车"，并听取复诵	（9）复诵："×（次）、×道发车"	助理值班员在室外接发车时，可提前告知发车计划
	4.确认发车条件	（10）通过控制台监视信号及进路表示	（11）发车前，眼看、手指出站信号，确认信号开放正确，口呼："×道出站信号好（了）"	跨越线路时，遵守《安标》的有关规定。动车组发车时，无第（11）项作业
			（12）确认旅客上下、行包装卸和列检作业及其他作业完了，发车条件完备	其他发车条件的确认按《站细》规定。动车组发车时，无此项作业

续表

作业程序		岗位作业技术要求		说明事项
序号	项目	车站值班员	助理值班员	
三、发车	5.发车		（13）按规定站在适当地点，向司机显示发车信号。[使用列车无线调度通信设备及发车表示器发车时，通知司机："×（次）、×道发车"，并听取复诵无误]	动车组发车时，无此项作业。司机确认发车信号后启动列车。[使用列车无线调度通信设备发车时，司机应答："×（次）、×道发车，司机明白"] 遇列车同时道到发，助理值班员不能兼顾时，应先办理发车
四、列车出发	6.监视列车	（14）列车起动，通知接车站："×（次）×（点）×（分）开"，并听取复诵		
		（15）填写《行车日志》		
		（16）通过控制台确认列车整列出站。	（18）监视列车，于列车尾部越过发车地点，确认尾部标志后返回	发现列车有异常等问题时，应立即报告，同时按规定采取安全措施
		（17）列车出站后，摘下安全帽		
	7.报点	（20）向列车调度员报点："×（站）报点，×（次）、×（点）×（分）开"	（19）擦（划）掉占线板（簿）记载	使用计算机报点系统时，通过系统报点。始发列车应向列车调度员报告列车编组简报、机车号码、司机姓名或代号及晚点原因，摘挂列车还应报告摘挂辆数等

（2）接车（通过）作业

基于铁道行业标准 TB/T 1500.2—2009 的接车（通过）作业步骤与办理方法见表 2-8。

表 2-8　双线自动闭塞集中联锁（未设信号员）接车（通过）作业步骤与方法

作业程序		岗位作业技术要求		说明事项
序号	项目	车站值班员	助理值班员	
一、接受预告	1.接受发车站预告	（1）接受发车站预告并复诵："×（次）预告"		列车预告后，按《站细》规定通知有关人员
		（2）填写《行车日志》		旅客列车用红笔；使用计算机报点系统时，填记"电子《行车日志》"（以下同）
	2.准备接车	（3）按列车运行计划核对车次、时刻、命令、指示，必要时与列车调度员联系		
		（4）确认接车线。(5)填写《行车日志》		

项目二 正常情况下接发列车作业

续表

作业程序		岗位作业技术要求		说明事项
序号	项目	车站值班员	助理值班员	
二、开车信号	3.确认接车线	（6）复诵发车站开车通知："×（次）×（点）×（分）开（通过）"		
		（7）填写《行车日志》		
		（8）通知助理值班员："×（次）开过来（了），×道停车（通过或到开）"，并听取复诵	（9）复诵："×（次）开过来（了），×道停车（通过或到开）"，并填写占线板（簿）	
		（10）按《站细》规定通知有关人员		根据车站性质、列车性质及作业性质等，按规定通知有关人员。例如，"客运：×（次）开过来接×道"；"调车组：×（次）开过来接×道，准备作业"等
		（11）确认接车线路空闲。口呼："×道空闲"		
		（12）停止影响进路的调车作业。通知调车组："×调×道待避"，并听取复诵。确认停止后，口呼："影响进路的调车作业已停止"		停止调车作业时机，按《站细》规定。无影响进路的调车作业时，此项作业省略。 通知调车组（或调机司机）的用语按铁路局规定执行（如×局规定为"×调×道待避"；×局规定为"调机扣×道"等）。 无影响进路的调车作业，此项作业省略
	4.开放信号	（13）开放进站信号，眼看、手指、口呼："进站"，按下始端按钮；眼看、手指、口呼"×道"〔正线通过时，口呼："出站"，按下终端按钮。确认光带（表示灯）、信号显示正确，口呼："信号好（了）"	（14）通过控制台确认信号正确，应答："×道进站信号好（了）"。〔通过时，确认信号正确，应答："×道进、出站信号好（了）"〕	办理列车通过时，应办理有关发车作业程序。 助理值班员在室外接发车时，第（14）项作业省略
		（15）按规定揭戴（扣）安全帽		安全帽的使用各铁路局规定有所不同，具体按铁路局或《站细》规定执行
三、接车	5.列车接近	（16）车机联控。听到列车司机呼叫后应答："××（次）××（站）×道停车（通过）。"并听取复诵		列车司机呼叫："××（站）×（次）接近"。司机听到车站值班员应答后，复通："××（次）×道停车（通过），司机明白"
		（17）通过控制台监视信号及进路表示		
		（18）第二（三）接近铃响、光带变红，再次确认信号开放正确后，通知助理值班员："×（次）接近，×道接车"，并听取复诵	（19）通过控制台确认信号正确，复诵："×（次）接近，×道接车"	计算机联锁设备的接近铃响为语音提示。动车组、特快旅客列车的通知接车时机，按《站细》规定

续表

作业程序		岗位作业技术要求		说明事项
序号	项目	车站值班员	助理值班员	
三、接车	6. 接送列车		（20）到《站细》规定地点接车。[接通过列车时，眼看、手指出站信号，确认信号开放正确，口呼："×道出站信号好（了）"]	跨越线路时，遵守《安标》的有关规定
四、列车到达（通过）	7. 列车到达（通过）	（21）通过控制台监视进路、信号及列车进（出）站	（22）监视列车进站，于列车停妥后返回。[通过列车，于列车尾部越过接车地点，确认列车尾部标志后返回]	发现列车有异状等问题时，应立即报告，同时按规定采取安全措施
		（23）通过控制台确认列车整列进入（通过）接车线	（24）对通过列车擦（划）掉占线板（簿）记载	
		（25）（对通过列车摘下安全帽）。对停车列车摘下始端安全帽		
		（26）[对通过列车，通知接车站："×（次）、×（点）×（分）通过"，并听取复诵]		
		（27）填写《行车日志》		
	8. 报点	（28）向车站调度员报点："×（站）报点，×（次）×（点）×（分）到（通过）"		使用计算机报点系统时，通过系统报点

【拓展知识】

一、高速铁路车务应急值守人员职责

车务应急值守人员主要职责如下：

负责车站行车室通信、信号等行车设备和行车备品的看管，在车站行车室值守。并根据列车调度员的指示协助做好设备故障、施工维修、非正常情况下等有关行车工作。

（1）向司机等相关人员递交书面调度命令。

（2）组织相关人员现场准备进路。

（3）组织相关人员对故障设备进行检查、确认。

（4）按规定对站内到发线停留车辆的防溜措施进行检查、确认。

（5）在特殊情况下与司机办理故障车、事故车有关随车运输票据和回送单据的交接、保管工作。

（6）组织应急救援，完成信息传递和其他需现场了解、检查确认的工作。

(7) 根据调度员的指示，进行分散自律控制与非常站控模式转换的操作，并在《CTC控制模式转换登记簿》内登记。

(8) 按规定做好《行车设备检查登记簿》《行车设备施工登记簿》的登销记工作，并及时向列车调度员（助理）汇报。

(9) 采用车站调车操作方式的车站，车务应急值守人员还应担当调车领导人并负责办理调车进路。

二、高速铁路车务应急值守人员接发列车作业标准

1. 范围

本部分适用分散自律车站操作方式下，高速铁路双线自动闭塞集中联锁设备车站未设信号员的车站。本部分规定了分散自律车站操作方式下，高速铁路双线自动闭塞集中联锁设备车站的接发列车作业程序、岗位作业技术要求。

2. 接发列车作业程序

（1）接车（通过）作业程序（图2-5）

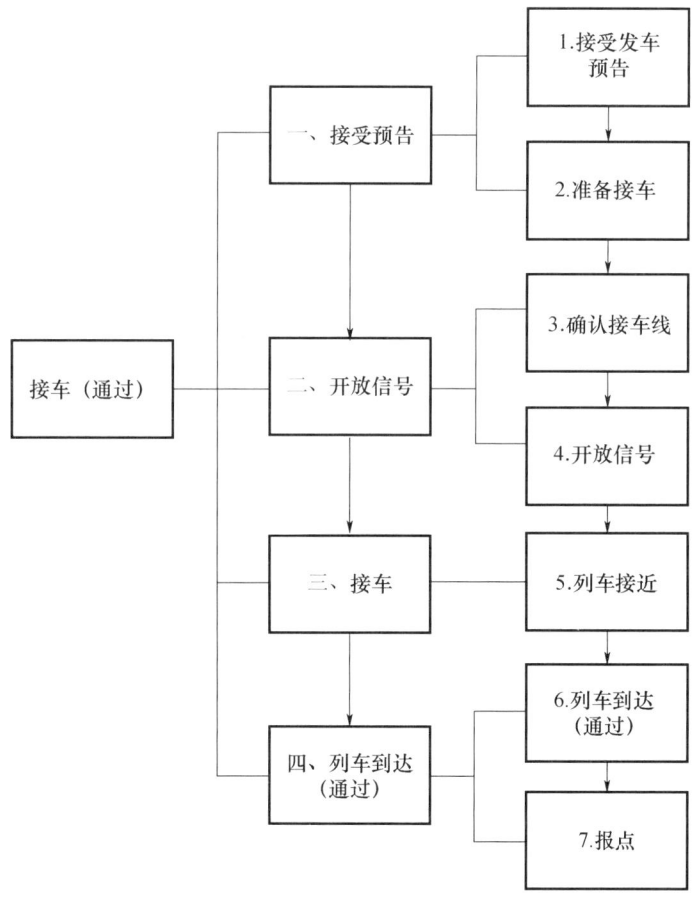

图2-5 接车（通过）作业程序

(2) 发车作业程序（图 2-6）

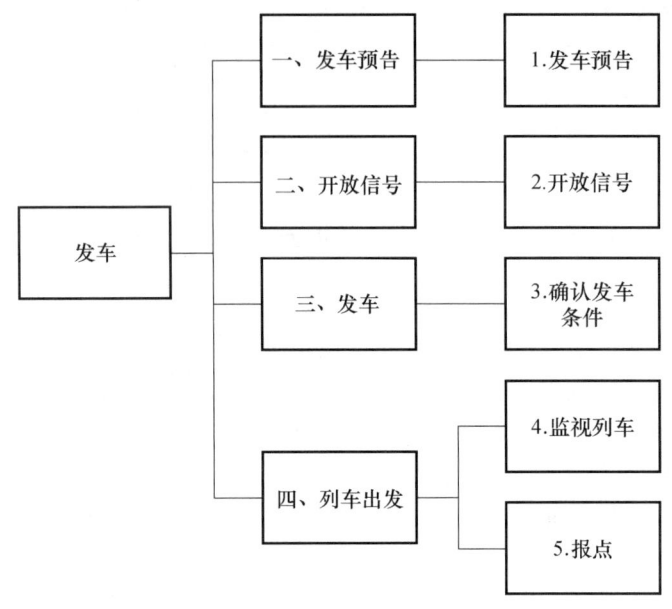

图 2-6　发车作业程序

3. 接发列车作业程序及技术要求

(1) 接车（通过）作业步骤与办理方法见表 2-9。

表 2-9　高速铁路双线自动闭塞集中联锁设备车站接车（通过）作业步骤与方法

作业程序		岗位作业技术要求		说明事项
程序	项目	车站值班员		
		邻站未设车站值班员	邻站设车站值班员	
一、接受预告	1. 接受发车预告	（1）按列车运行图核对列车运行计划、命令、指示等（必要时与列车调度员联系）	（1）听取发车站预告，按列车运行图核对列车运行计划、命令、指示等（必要时与列车调度员联系），同意发车站预告："×（次）预告"	
		（2）填记或确认电子《行车日志》		列车进路序列内容完整时此项作业省略
	2. 准备接车	（3）确认接车线		
		（4）确定信号机点灯、灭灯状态		CTCS-2 级常态点灯区段以及接发按列控车载设备方式控车的动车组列车，此项作业省略
		（5）确认进路上设备状态		确认 CTC 车务终端进路上道岔、区段、股道、信号机按钮有无封锁设置，接触网供电状态，分路不良区段是否进行确认空闲操作

项目二 正常情况下接发列车作业

续表

作业程序		岗位作业技术要求		说明事项
程序	项目	车站值班员		
		邻站未设车站值班员	邻站设车站值班员	
一、接受预告	2. 准备接车	（6）确认列车进路序列（车次、时刻、股道、进路描述），口呼："×（次）进路描述正确"后，对满足自动触发条件的列车进路序列设置为自动触发		1. 卡斯柯（CTC）对选中的进路序列在"自触"栏内打钩；通号 CTC 对选中的计划进路信息右键设置为自动触发。 2. 车站的进路序列满足信号自动触发条件时，根据阶段计划可对进路序列批量设置自动触发，批量设置时对每列车均应执行（1）～（6）项作业。 3. 使用 CTC 系统自动触发进路时，（7）、（8）、（10）项作业省略
二、开放信号	3. 确认接车线	（7）无	（7）复诵发车站开车通知："×（次）、×（点）×（分）开（通过）"	CTC 系统能自动接收开车点时，人工通知省略
		（8）填记或确认电子《行车日志》中的发车站发车时间和本站接车股道		列车进路序列完整时此项作业省略
		（9）按规定通知有关人员		旅客服务系统正常时，由系统通知客运人员
		（10）确认接车线路空闲		
		（11）停止影响进路的调车作业。确认停止后，口呼："影响×道进路的调车作业已停止"		1. 邻站开车（通过）时（区间运行时间不足10min的，应提前10min）停止影响进路的调车作业，动车组调车应提前3min。 2. 无影响进路的调车作业时，此项作业省略
	4. 开放信号	（12-1）采用 CTC 系统自动触发进路时，对列车进路序列设置为自动触发的列车，满足接车（通过）进路自动排列的时机和条件后信号自动开放。 （12-2）采用 CTC 系统人工触发进路时，选中相应列车的进路序列，口呼"×（次）人工触发"，并执行人工触发。 （12-3）采用 CTC 系统手工排路时，口呼："进站"，单击始端按钮；需办理变通进路时，口呼："变通（××）"，单击相应变通按钮；口呼："×道"（通过时，口呼："出站"），单击终端按钮；设有延续进路时，口呼："延续（××）"，单击延续进路相应按钮。选择下达（进路选排）命令，在对话框输入列车车次、列车属性，单击"确定"按钮执行。 （12-4）人工触发进路、手工排路时，遇 CTC 系统提示建立此进路有冲突，对报警提示信息进行口呼并确认正确后选择"强制执行"		1. 优先采用 CTC 系统自动触发进路。因列车运行调整、特殊联锁 CTC 系统无法实现自动触发进路时，使用人工触发进路。 无列车进路序列等特殊情况，使用手工排路。 2. 列车通过时，应办理有关发车作业程序。 3. "变通（××）"中的"××"为按钮名称。"延续（××）"中的"××"为延续的按钮或线路名称。 4. 设有进路信号机时，口呼信号机名称，单击相应进路信号机按钮
		（13）信号开放后，口呼："×道进站信号好（了）"〔通过时，口呼："×道进、出站信号好（了）"〕		

续表

作业程序		岗位作业技术要求		说明事项
程序	项目	车站值班员		
		邻站未设车站值班员	邻站设车站值班员	
三、接车	5.列车接近	（14）通过CTC车务终端监视信号及进路表示		
四、列车到达（通过）	6.列车到达（通过）	（15）通过CTC车务终端监视进路、信号及列车进（出）站		
		（16）通过CTC车务终端确认列车整列进入（通过）接车线		
		（17）对通过列车由CTC系统自动向接车站发送通过点	（17）对通过列车通知接车站："×（次）、×（点）×（分）通过"，并听取复诵	CTC系统自动向接车站发送通过点时，人工通知省略
		（18）填记或确认电子《行车日志》		
	7.报点	（19）通过计算机报点系统向列车调度员报点		不能使用计算机报点系统时，向列车调度员报点："×（站）报点，×（次）、×（点）×（分）到（通过）"

（2）发车作业步骤与办理方法见表2-10。

表2-10　高速铁路双线自动闭塞集中联锁设备车站发车作业步骤与方法

作业程序		岗位作业技术要求		说明事项
程序	项目	车站值班员		
		邻站未设车站值班员	邻站设车站值班员	
一、发车预告	1.发车预告	（1）按列车运行图核对列车运行计划、命令、指示等（必要时与列车调度员联系）	（1）按列车运行图核对列车运行计划、命令、指示等，向接车站发出："×（次）预告"，并听取同意的通知	
		（2）填记或确认电子《行车日志》		列车进路序列内容完整时此项作业省略
二、开放信号	2.开放信号	（3）确定信号机点灯、灭灯状态		CTCS-2级常态点灯区段以及接发列控车载设备正常的动车组列车时此项作业省略
		（4）确认进路上设备状态		确认CTC车务终端进路上道岔、区段、股道、信号机按钮有无封锁设置，接触网供电状态，分路不良区段是否进行确认空闲操作
		（5）确认列车进路序列（车次、时刻、股道、进路描述），口呼："×（次）进路描述正确"后，对满足自动触发条件的列车进路序列设置为自动触发		1.卡斯柯（CTC）对选中的进路序列在"自触"栏内打钩；通过CTC对选中的计划进路信息右键设置为自动触发。 2.车站的进路序列满足信号自动触发条件时，根据阶段计划可对进路序列批量设置自动触发，批量设置时对每列车均应执行（1）～（5）项作业

项目二 正常情况下接发列车作业

续表

作业程序		岗位作业技术要求		说明事项
程序	项目	车站值班员		
		邻站未设车站值班员	邻站设车站值班员	
二、开放信号	2.开放信号	（6）停止影响进路的调车作业。确认停止后，口呼："影响×道进路的调车作业已停止"		1. 应提前10min停止影响进路的调车作业，动车组调车应提前3min。 2. 无影响进路的调车作业时，此项作业省略
		（7-1）采用CTC系统自动触发进路时，对列车进路序列设置为自动触发的列车，满足发车进路自动排列的时机和条件后信号自动开放。 （7-2）采用CTC系统人工触发进路时，选中相应列车的进路序列，口呼"×（次）人工触发"，并执行人工触发。 （7-3）采用CTC系统手工排路时，口呼："×道"，单击始端按钮；需办理变通进路时，口呼："变通（××）"，单击相应变通按钮；口呼："出站"，单击终端按钮。选择下达（进路选排）命令，在对话框输入列车车次、列车属性，点击"确定"执行。 （7-4）人工触发进路、手工排路时，遇CTC系统提示建立此进路有冲突，对报警提示信息进行口呼并确认正确后选择"强制执行"		1. 优先采用CTC系统自动触发进路。因列车运行调整、特殊联锁CTC系统无法实现自动触发进路时，使用人工触发进路。无列车进路序列等特殊情况下，使用手工排路。 2. 设有进路信号机时，口呼信号机名称，单击相应进路信号机按钮。 3."变通（××）"中的"××"为按钮名称。"延续（××）"中的"××"为延续的按钮或线路名称
		（8）信号开放后，口呼："×道出站信号好（了）"		
三、发车	3.确认发车条件	（9）通过CTC车务终端监视信号及进路表示		
四、监视列车出发	4.监视列车	（10）列车起动，由CTC系统自动向接车站发送开点	（10）列车起动，通知接车站："×（次）、×（点）×（分）开"，并听取复诵	CTC系统自动向接车站发送开点时，人工通知省略
		（11）填记或确认电子《行车日志》		
		（12）通过CTC车务终端确认列车整列出站		
	5.报点	（13）通过计算机报点系统向列车调度员报点		不能使用计算机报点系统时，向列车调度员报点："×（站）报点，×（次）、×（点）×（分）开"

【思考题】

1. 什么是自动闭塞？自动闭塞的特点？
2. 正常情况下列车从车站出发的行车凭证是什么？
3. 如何确定接车线路是否空闲？
4. 双线自动闭塞集中联锁接发列车的作业程序有哪些？

【实训练习】

1. 在熟练掌握接发列车作业程序的基础上，说出双线自动闭塞集中联锁设信号员和未设信号员的接发列车作业程序有什么区别？

2. 利用实训室设备，每三人一组（设信号员）或两人一组（未设信号员），配置双线自动闭塞区段各个车站，分别模拟相邻两站的车站值班员、助理值班员和信号员，相邻两站配合，按照 TB/T 1500.1—2009 规定的接发列车作业程序及技术要求互相接、发列车。

（1）已知条件

阶段计划：11321 次 9：10 到，9：30 开。

相邻区间上下行客货列车运行时分均为 10min。

（2）演练要求

执行接发列车作业标准，办理 11321 次接发列车作业。

任务二　单双线半自动闭塞集中联锁接发列车作业

【任务导入】

接发列车工作是铁路运输的典型工作任务，是铁路车站行车工作的重要组成部分，是保证按图行车、保证生产安全和提高运输效率的关键。

使用半自动闭塞方法行车，必须人工办理闭塞手续，列车凭出站信号机显示的允许信号运行。但是列车出发后，出站信号机会自动关闭。假如甲—乙两站间为单线半自动闭塞区间，在两站均配备信号员或不配备信号员的情况下，两站的车站值班员、助理值班员、信号员应该如何办理接发列车作业呢？

【知识准备】

一、控制台有关按钮的使用

1. 6502 控制台

（1）列车按钮：用于办理接发列车进路、开放信号或取消进路、关闭信号。

（2）调车按钮：用于办理调车进路、开放信号或取消进路、关闭信号。

正常情况下，准备列车进路或调车进路时，一般只需先后按压进路的始、终端按钮，即可排列进路，开放信号；取消进路、关闭信号时，按压总取消＋进路始端按钮。

（3）道岔按钮、道岔总定位（总反位）按钮、道岔锁闭按钮：用于单操单锁道岔。

单操：按压道岔按钮＋道岔总定位（或总反位）按钮。将道岔单独操纵至定位（道岔表示灯亮绿灯）或反位（道岔表示灯亮黄灯）。

单锁：按压道岔锁闭按钮，表示灯亮红灯，道岔单独锁闭。

解锁：再次按压道岔锁闭按钮，红色表示灯熄灭，道岔解锁。

（4）引导按钮：用于开放引导信号。

当进路上的道岔没有失去表示时，在进路准备妥当后，按压引导按钮，可开放引导信号（一个红色灯光＋一个月白色灯光）。此时，进路上有白光带。

当进路上的道岔失去表示时，在进路准备妥当后，必须先按下引导总锁闭按钮，再按压引导按钮（次序不能颠倒），才能开放引导信号，此时，进路上没有白光带。

必须注意的是：当进站信号机内方第一轨道区段红光带开放引导信号接车时，必须一直按压引导按钮，待列车进入第一轨道区段后才能松手。

引导按钮为加铅封按钮，使用时必须登记《行车设备检查登记簿》（简称《运统-46》）。

（5）引导总锁闭按钮：当进路道岔失去表示时，用于锁闭该咽喉区全部道岔，并与引导按钮配合使用，开放引导信号。

引导总锁闭按钮为加铅封按钮，使用时必须登记《运统-46》。

（6）总人工解锁按钮：用于解锁接近区段有车（红光带）占用的进路。

按压总人工解锁＋进路始端按钮：接车进路、正线发车进路延时3min后解锁，调车进路、到发现发车进路延时30s后解锁。

当开放信号后，因灯丝断丝或轨道区段红光带使信号自复，直接在原进路上补加引导信号接车，列车到达后解锁进路时：按压总人工解锁按钮＋进路始端按钮＋区段事故盘按钮。

当出站信号开放后，因道岔区段轨道电路故障（红光带或道岔无表示等），需取消发车进路时：按压总人工解锁按钮＋区段事故盘按钮。

当控制台停电后来电，解锁控制台光带时：按压总人工解锁按钮＋区段事故盘按钮。

总人工解锁按钮为加铅封按钮，使用时须登记《运统-46》。

（7）总取消按钮：用于取消接近区段没有车占用的进路（按压总取消＋进路始端按钮），取消线路上按钮的稳定表示灯（按压总取消＋该按钮），取消线路上按钮的闪光表示灯（按压总取消按钮）。

（8）接通光带按钮：用于检查该咽喉区的道岔开通情况。按压此按钮，该咽喉区的道岔开通情况以白光带显示出来。在非正常情况下以单操单锁方式准备进路时，可用此按钮检查进路准备是否正确。

（9）接通道岔按钮：用于接通或切断道岔表示灯的显示。

（10）挤岔按钮：当道岔失去表示或发生挤岔时，挤岔电铃振铃，按下此按钮，可切断电铃；道岔修复后，挤岔电铃振铃，再次按下此按钮，恢复设备的正常状态。

（11）闭塞按钮：用于相邻两站办理闭塞（请求闭塞、承认闭塞）。

（12）复原按钮：用于取消原闭塞及列车到达后办理闭塞机复原（开通区间）。

（13）事故按钮：用于办理事故复原。事故按钮为加铅封按钮，使用时必须取得列车调度员的命令准许，登记《运统-46》，在"三确认"（列车没有出发、列车整列到达、区间空闲）后方可破封使用事故按钮办理事故复原。

2. 计算机联锁操作台，TYJL-Ⅱ型计算机联锁

计算机联锁操作台由于设备类型及制式不同，其操作方法也有所不同。下面以铁科院研制的TYJL-Ⅱ型计算机联锁操作台为例，说明其操作使用方法。

（1）显示屏上图形显示

屏幕显示按站场图形布置，平时显示的灰色光带为基本的轨道图形。屏幕图形显示各种颜色的含义如下：

① 轨道区段

灰色光带——基本图形。

白色光带——进路在锁闭状态。

红色光带——轨道区段有车占用或故障。
绿色光带——区段出清后尚未解锁或溜放进路在有车占用后处于进路锁闭状态。
蓝色光带——进路初选状态。
青色光带——接通光带。
② 列车信号
红色——信号关闭。
绿色、单黄、绿黄、双黄及双绿——信号开放。
红色、白色同时显示——引导信号开放。
红色闪光——灯丝断丝。
白色外框（方形）——表明信号处于封闭状态，按钮失效。
③ 调车信号
蓝色——调车信号机关闭。
红色——起阻挡作用的调车信号机关闭（用在某些地方，如专用线入口处）。
白色——调车信号机开放。
红色闪光——表示灯丝断丝。
白色外框（方形）——表明信号处于封状态，按钮失效。
信号机旁边平时不显示名称号，只有在信号开放、灯丝断丝或办理进路时显示。点压"信号名称"按钮可显示信号名称号。
信号名称显示的含义如下：
绿色闪光——办理列车作业，始端或终端按钮按下，进路尚未排通。
黄色闪光——办理调车作业，始端或终端按钮按下，进路尚未排通。
粉红色闪光——办理总取消。
红色闪光——办理总人解，正在延时解锁。
黄色——提示该信号在开放状态或者断丝（断丝时信号复示器为红闪）。
浅灰色——办理总人解时，等待输入口令。
深灰色——按下信号名称按钮，显示全部信号名称。
④ 道岔
道岔岔尖处用缺口表示道岔位置，无缺口的一侧表示道岔开通位置。当道岔无表示时，道岔岔间处闪白色光，挤岔时岔尖闪红色光，同时出现道岔名称。点压"道岔名称"时，道岔岔心处的短绿光带表示定位，短黄光带表示反位。
道岔名称有以下含义：
黄色——道岔正在转换。
红色——道岔单独锁闭。
白色——道岔封闭。
灰色——按下道岔名称按钮，显示全部道岔名称。
道岔单独锁闭的含义是可通过该道岔锁定位置排进路，但不能操纵；道岔封闭是指不能通过该道岔排进路，但道岔可以单独操纵。道岔封闭是专为电务人员维修道岔而设的。
（2）按钮的设置
屏幕上设置的按钮有通用按钮及其他按钮，除信号和道岔按钮外其他按钮平时都隐藏在屏幕内。在屏幕空白处按压鼠标左键，屏幕会出现功能按钮，在屏幕空白处按压鼠标右键可取消这些按钮。屏幕下方虚框为提示框。

① 信号按钮

股道旁的列车信号机作为列车按钮，调车信号机做调车按钮。列车按钮用鼠标右键，调车按钮用左键。列车终端、调车终端、变更按钮为灰色方块。

② 功能按钮

功能按钮包括"总取消""总人解""道岔总定""道岔总反""道岔单锁""道岔单解""封闭""清封闭""区段故障解锁""破封检查"等。办理时，先点压功能按钮，屏幕上出现该功能的提示，再点压有关的道岔或信号按钮。对于铅封按钮需再按口令，点压一次功能按钮，只能有效一次。凡是按压带口令的按钮时，屏幕均有计数器记录使用次数。按下破封检查按钮可依次查看各个铅封按钮的使用次数。按区段故障解锁按钮还需按压区段内的道岔按钮。

③ 道岔按钮

屏幕上道岔岔尖处为道岔按钮，双动道岔两端均为道岔按钮，点压任意一个均可。

④ 上电解锁按钮

开机或人工切换时，出现全场锁闭，只有此时才可以点压"上电解锁"按钮解锁，其他任何时候均不可以按压此按钮。点压此按钮前，必须确认全场列车已停止运行，否则，将可能造成迎面解锁。点压上电解锁按钮必须按照屏幕提示点压口令，使用该按钮后，应登记《运统-46》。

⑤ 信号名称按钮

全场设一个，点压后屏幕上出现所有信号机名称，再点压一次显示消失。

⑥ 道岔名称按钮

全场设一个，点压后屏幕上出现所有道岔名称及道岔所在位置，绿色短光带表示道岔处于定位，黄色短光带表示道岔处于反位，再点压一次显示消失。

⑦ 接通光带按钮

全场设一个，点压后屏幕上沿道岔开通位置用青色光带显示，再点压一次显示消失。

⑧ 清提示按钮

全场设一个，点压后可清除屏幕上提示窗口内不需要的汉字提示。

⑨ 清按钮按钮

对于任何已点压但尚未执行的按钮，可通过点压该按钮取消操作。

⑩ 车次按钮

先点"车次输入"按钮，弹出"车次输入"对话框，然后顺序点击增加和股道号，再依次点压车次号码，最后点压"确定"按钮，即可输入列车车次。点压"取消""股道好"和"确认"按钮，可取消车次号。

⑪ 区段解按钮（即区段故障解锁按钮）

用于轨道区段故障修复后的区段解锁，在屏幕上显示为"区段解"按钮。只对道岔区段有效。办理区段故障解锁必须确认该区段确实没有车占用，并且该区段所在进路的始端和终端均已解锁。办理时，首先按区段解，再按相应道岔区段内的任一道岔按钮，最后按口令"×××"即可，以上每一步操作，屏幕提示窗口均有提示。

⑫ 坡道解锁按钮

当进站信号机外方有超过6‰的下坡道时，办理接车进路需办理延续进路，延续进路需延时3min解锁，当值班员确认列车已完全到达，并停稳后可按下坡道解锁按钮和口令"×××"，延续进路立即解锁。

⑬ 与64D半自动闭塞有关的按钮

闭塞按钮：发车站请求发车或接车站同意接车时，必须点压此按钮。

复原按钮：接车站确认列车完整到达后，点压此按钮，可解除闭塞。在满足取消闭塞的情况下，经双方同意后，由发车站点压此按钮，使双方闭塞复原。

事故按钮：点压此按钮，可办理事故复原。使用时，必须确认区间空闲，取得调度命令准许，登记《运统-46》。

(3) 进路的办理与操作

进路的办理方法如下：

点压"始端"→"终端"——开通基本进路。

点压"始端"→"变更"（或多个变更）→"终端"——开通变更进路。

① 列车进路

先点压始端信号按钮。例如，点压X信号，相应的X信号名称绿色闪光，并在屏幕下端提示"始端—X"。再点压终端信号按钮，例如，点压S1信号，相应的S1信号名称绿闪，屏幕下端提示变为"始端—X—终端—S1"。若满足选路条件，则开始转动道岔、闭塞进路、开放信号。若选路条件不满足，则在上述提示后面加"—按钮不符"或"—选路不通"或"—有区段锁闭"或"—有区段占用"或"—有道岔要点"，等等，并给出道岔或区段名称。

正线通过进路需先点压进站信号机列车按钮，再点压出发咽喉的列车终端按钮。

② 调车进路

调车进路同样点压始端、（变更）、终端按钮办理。

反向单置信号可做调车变更，并置或差置信号可做同向进路变更。变更按钮不受此限。调车进路的办理方法和显示与列车进路相同。

③ 对原铅封按钮的相应办理

为避免误提作，保证接发列车作业安全，相对于原铅封按钮点压后，屏幕将提示输入口令，点压口令后操作才被执行，微机系统自动记录，并且在屏幕提示栏有记录显示。

以总人解X进路为例：先点压"总人解"按钮，再点压X按钮，此时屏幕下方提示"总人解—X—请输入口令—123—"，据此依次点压数字1、2、3，正确后屏幕下方提示"OK"，此时操作被执行。

④ 误办进路的取消

误办的进路，需要变更时，在进路未锁闭前可点压本咽喉的"总人解"或"总取消"按钮取消，然后还需点压清按钮；锁闭后的进路需点压"总取消"或"总人解"按钮和"始端"按钮取消进路；当接近区段有车占用时，必须点压"总人解"按钮和进路始端按钮，延时30s或3min后解锁。

⑤ 进路的故障解锁

由于计算机联锁取消了继电联锁的区段事故解锁盘，而采用始、终端进路故障解锁。共有以下几种故障解锁情况。

a. 尚未使用的进路中某区段故障，出现红光带，此时信号关闭，进路处于锁闭状态，如接近区段无车，点压"总人解"和"始端"按钮及口令，进路自始端至故障区段解锁，若接近区段有车，进路延时 30s 或 3min 解锁。故障区段至终端之间的进路，需点压"总人解"和"终端"按钮及口令，延时 30s 解锁。若故障区段为进路的第一区段，接近区段又有车，则进路无法解锁，应等待设备恢复。

b. 某进路列车已驶入，但由于进路中的某区段故障，在列车驶离后，仍保留红光带，致使此区段到终端的部分进路无法解锁。若故障区段为进路的第一区段，则需点压"总人解"和"始端"按钮及口令，将进路的始端取消，再点压"总人解"和"终端"按钮及口令，将进路解锁。若故障区段不是第一区段，在列车正常驶过第一区段后，第一区段自动解锁，原进路的始端已不存在，待列车驶出该进路后，点压"总人解"和"终端"按钮及口令，故障区段至终端的进路解锁。

为保证自进路终端的故障解锁不会导致列车进路的迎面解锁，必须要求故障区段（红光带）至终端的各区段均被车列占用过又出清后，点压"总人解""终端"按钮才能生效。

c. 进路中某区段轨道电路分路不良，在列车通过后进路不能正常解锁。若进路始端尚存在时，点压"总人解"和"始端"按钮可将整条进路解锁；若第一区段已正常解锁，进路始端消失，或始端信号已作别的进路的始端或始端至未解锁区段间道岔已改变位置，则可用"总人解"和"终端"按钮将进路解锁。如果用终端也不能解或找不到终端时，就要用区段故障解锁的办法来解，即点压区段故障解锁按钮和故障区段中的任一道岔按钮将该区段解锁。

⑥ 列车出清

车列出清道岔区段和股道时先显示绿光带，待进路经 3s 解锁后恢复灰光带。

⑦ 信号恢复的光带显示

进路排通后，因某种原因使轨道继电器瞬间落下，此时信号关闭，该区段屏幕显示由白光带转为绿光带，进路仍处在锁闭状态，点压进路信号始端按钮，信号重复开放，绿光带保持不变。

⑧ 单独操纵和单独锁闭道岔

道岔区段在解锁状态时，允许办理单独操纵道岔。同时点压"总定位（总反位）"按钮和"道岔"按钮，屏幕提示处显示"道岔总定（总反）……C×××"。在道岔转换过程中，屏幕道岔岔尖处闪白光，同时道岔号显示黄色。

点压"单独锁闭"和"道岔"按钮，屏幕提示"单独锁闭……C×××"，同时显示红色道岔号。单锁后不能再单独操纵道岔，但还可通过该道岔排列进路。点压"单独解锁"和"道岔"按钮，该道岔解锁。

⑨ 封闭信号和封闭道岔

先按封闭按钮，再按压信号或道岔按钮，这时信号机外套上白色方框，道岔名显示白色，表明信号机按钮已不能再进行操作，也不能再通过该道岔排进路。

⑩ 清封闭按钮

先按清封闭按钮，再按压信号或道岔按钮，这时信号机外的白色方框消失，白色道岔名消失，表明该信号或道岔的封闭取消。

二、半自动闭塞设备使用特点

半自动闭塞是用出站信号机的开放作为列车占用区间的凭证。出站信号机只能在站间区间或所间区间办妥闭塞后才能开放，当出发列车进入出站方面的轨道电路区段后，出站信号机即自动关闭，闭塞机同时被锁闭；列车全部到达接车站，压上进站方面的轨道电路，并办理复原手续后，闭塞机才能解锁，从而保证了一个区间在同一时间内只有一个列车运行的闭塞要求。

1. 出站信号机的开放条件

（1）单线半自动区间，必须区间空闲，并得到接车站同意接车的闭塞信号。

（2）双线半自动区间，必须正方向区间空闲，并得到接车站办理到达复原信号。

2. 进路的解锁

（1）非集中联锁的车站，出发列车头部压上发车轨道电路后，出站信号机自动关闭，但发车进路只有当列车全部进入发车轨道电路区段后，才能由人工办理解锁。

（2）集中联锁的车站，出发列车头部压上发车轨道电路后，出站信号机即自动关闭，当列车全部越过道岔区段轨道电路后，发车进路即自动解锁。

3. 轨道电路的设置

（1）在电气集中联锁的车站用进站信号机内方（或出站方面）的无岔区段，作为半自动闭塞的轨道电路。通过这段轨道电路，将出站信号机与闭塞机及列车进路之间加以联锁。列车压上轨道电路，车站闭塞机上的有关接、发车表示灯起变化，以此监督列车的出发或到达。

（2）半自动闭塞区间不设轨道电路，接车表示灯与发车表示灯仅表示列车的到达与出发，区间的空闲情况设备不能完全反映，还需由接车人员确认列车整列到达来判断区间的空闲。

三、列车占用区间的行车凭证

1. 正常情况

正常情况下使用半自动闭塞法行车时，列车凭出站信号机或线路所通过信号机显示的允许运行的信号进入区间。

集中联锁的车站采用色灯信号机，允许运行的信号即出站信号机或线路所通过信号机显示的绿色灯光。列车由车站出发，开往次要线路时，行车凭证为出站信号机显示两个绿色灯光。

非集中联锁采用臂板信号机时，允许运行的信号为昼间红色臂板下斜45°，夜间一个绿色灯光。列车由车站出发，开往次要线路时，行车凭证为昼间红色主臂板及辅助臂板下斜45°，夜间一个绿色灯光和一个黄色灯光。

2. 超长列车头部越过出站信号机

（1）遇超长列车头部越过出站信号机而未压出站方面的轨道电路发车时，行车凭证为出站信号机显示的允许运行的信号,并发给司机调度命令。

超长列车头部越过出站信号机而未压出站方面轨道电路时,在办理闭塞手续(或双线为收到前次列车到达信号)后,仍能开放出站信号机。但司机无法确认出站信号机的显示状态。为安全起见,要发给司机准许列车头部越过出站信号机发车的调度命令。交予司机的调度命令格式见表2-11。

表2-11 调度命令

××××年××月××日××时××分第×××××号

受令处所	××站;××转××次司机。	调度员姓名	×××
内容	准许××次列车在××站×道×行出站信号机开放情况下越过出站信号机发车		

(规格 110mm×160mm)受令车站××站车站值班员×××

(2) 遇超长列车头部越过出站信号机并压出站方面的轨道电路发车时,基本闭塞设备不能正常使用,必须取得列车调度员停止基本闭塞法改用电话闭塞法的调度命令后,按电话闭塞办理,其行车凭证为路票。

四、办理闭塞手续

单线继电半自动闭塞由两个车站的值班员共同办理闭塞手续,分为正常办理、取消复原和事故复原三种。

1. 正常办理

所谓正常办理,指两站间列车的正常运行及闭塞机处于正常状态时的办理方法,共有五个步骤。设甲站为发车站,乙站为接车站,办理步骤如下:

(1) 甲站请求发车

甲站要向乙站发车,甲站值班员应先检查控制台上的接、发车表示灯处于灭灯状态,并确认区间空闲后,通过闭塞电话与乙站联系,然后按下闭塞按钮,向乙站发送请求发车信号。此时,乙站电铃鸣响。当甲站值班员松开闭塞按钮后,乙站自动向甲站发送自动回执信号,使甲站发车表示灯亮黄灯,同时电铃鸣响。当发完自动回执信号后,乙站接车表示灯也亮黄灯,这说明甲站办理请求发车的手续已完成。

(2) 乙站同意甲站发车

乙站如果同意甲站发车,乙站值班员在确认接车表示灯亮黄灯后,按下闭塞按钮,向甲站发送同意接车信号。此时,乙站接车表示灯黄灯熄灭,绿灯点亮,甲站发车表示灯黄灯也熄灭,改亮绿灯,同时电铃鸣响。至此,两站间完成了一次列车占用区间的办理闭塞手续。闭塞机处于"区间开通"状态,表示乙站同意甲站发车,甲站至乙站方向区间开通,甲站出站信号机可以开放。

(3) 列车从甲站出发

甲站值班员看到发车表示灯亮绿灯,即可办理发车进路,开放出站信号机。当出发列车驶入出站信号机内方,出站信号机自动关闭。当列车驶入进站信号机内方第一个轨道区段时,使甲站发车表示灯变为点红灯,并自动向乙站发送出发通知信号,使乙站接车表示灯也变点红灯,同时电铃鸣响。至此,双方站的闭塞机均处于"区间闭塞"状态,表明该区间内有一列列车在运行,此时双方站的出站信号机均不能再次开放。

(4) 列车到达乙站

乙站值班员在同意接车后，应准备好列车进路。当接车表示灯由绿变红及电铃鸣响后（说明列车已从邻站开出），应根据列车在区间运行时分的长短，及时建立接车进路，开放进站信号机，准备接车。当列车到达乙站，进入乙站进站信号机内方第一个轨道区段时，乙站的发车表示灯和接车表示灯都亮红灯，表示列车到达。此时，乙站进站信号机自动关闭。

(5) 到达复原

列车全部进入乙站股道后，接车进路解锁。乙站值班员在确认列车完整到达后，按下复原按钮，办理到达复原。此时，乙站接、发车表示灯的红灯均熄灭，同时向甲站发送到达复原信号，使甲站的发车表示灯红灯熄灭，电铃鸣响。至此，两站闭塞机均恢复定位状态。

单线半自动闭塞集中联锁车站办理接发列车作业的简要程序见表2-12。

表2-12 单线半自动闭塞简要程序表

发车站	接车站
1. 车站值班员用闭塞电话向接车站请求发车	2. 车站值班员同意接车
3. 按一下闭塞按钮，发车表示灯亮黄灯，电铃鸣响	4. 接车表示灯亮黄灯，电铃鸣响
	5. 按一下闭塞按钮，接车表示灯变为亮绿灯
6. 发车表示灯变为亮绿灯，电铃鸣响。车站值班员在发车进路准备妥当后开放出站信号机	
7. 列车出发进入发车轨道电路区段，出站信号机自动关闭，发车表示灯变为亮红灯	
	8. 接车表示灯亮红灯，电铃鸣响。在进路准备妥当后，开放进站信号机
	9. 列车进入接车轨道电路区段，接车表示灯和发车表示灯均亮红灯
	10. 确认列车整列到达后，按下复原按钮（或拉出闭塞按钮），接车表示灯和发车表示灯均熄灭，闭塞机复原
11. 发车表示灯红灯熄灭，电铃鸣响	

2. 取消复原

取消复原是指办理闭塞手续后，列车因故不能发车时而采用的取消闭塞的方法。取消复原有以下三种情况：

(1) 发车站请求发车，收到接车站的回执信号后取消复原。

此时，发车站的发车表示灯、接车站的接车表示灯均亮黄灯，如果接车站不同意对方站发车，或发车站需取消发车时，经双方联系后可由发车站值班员按下复原按钮办理取消复原。

(2) 发车站收到对方站的同意接车信号后，但其出站信号机尚未开放以前取消复原。

这时发车站的发车表示灯和接车站的接车表示灯均亮绿灯，如需取消闭塞，也须经两站值班员联系后，由发车站值班员按下复原按钮，办理取消复原。

（3）在电气集中联锁的车站，发车站开放出站信号机后，列车尚未出发之前取消复原。

此时若要取消复原，须经两站值班员电话联系后，确认列车未出发，发车站值班员先办理发车进路的取消或人工解锁（视列车接近的情况）。在出站信号机关闭，发车进路解锁后，再按下复原按钮，办理取消复原。

以上三种情况的取消复原，执行者均为发车站值班员，如由接车站值班员办理取消复原，则是无法实现的。

3. 事故复原

使用事故按钮使闭塞机复原的方法叫事故复原。事故复原是在闭塞机不能正常复原时，所采用的一种特殊复原方法。由于事故复原不检查任何条件，行车安全全靠人为保证，因此，两站车站值班员必须共同确认区间没有被占用（列车没有出发、区间没有车运行、列车整列到达），双方出站信号机均关闭，并应在《行车设备检查登记簿》中登记，申请调度命令准许后由发生故障一方的车站值班员打开铅封，按下事故按钮使闭塞机复原。

在下列情况下，允许使用事故按钮办理事故复原。

（1）闭塞设备断电后重新恢复供电时。

闭塞机停电后，继电器失磁落下。恢复供电时，闭塞机仍在锁闭状态，控制台上显示列车进入区间的红灯点亮，必须使用事故按钮取消点亮的红灯，办理闭塞机复原。

（2）列车到达接车站，因轨道电路故障不能办理到达复原时。

当列车进入接车站，压上接车方面的轨道电路时，由于轨道电路故障或轨道电路分路不良等原因，闭塞机不能正常办理到达复原，必须使用事故按钮，办理闭塞机复原。

（3）列车发车后因故退回原发车站需办理区间复原时。

列车自发车站出发进入区间后，闭塞机已有列车进入区间的红色表示灯点亮。列车因故又退回原发车站时，由于列车未压过接车站进站信号机内方的轨道电路区段，闭塞机没有得到列车的到达信号，所以不能正常办理复原，只能使用事故按钮，办理闭塞机复原。但是应由接车站使用事故按钮，方能使双方站的闭塞都复原。如果由发车站使用事故按钮，则只能复原本站，而不能复原接车站。

使用事故按钮的实质是强行解除前次闭塞，具有再次向区间发出列车的危险。为此，使用故障按钮时应注意以下几点：

（1）区间两端站必须通过《行车日志》等共同确认区间空闲。这是保证安全的关键。

（2）由使用站值班员向列车调度员申请调度命令。列车未出发时，由发车站办理；列车到达接车站（包括因故退回原发车站）时，由接车站办理；停电后恢复供电时，由发生站办理。

（3）使用站值班员应向列车调度员报告使用原因和区间空闲情况，申请准许使用事故按钮的调度命令。列车调度员查明区间空闲后，发布准许使用事故按钮的调度命令。

(4) 车站值班员收到调度命令后，应亲自或指示信号员破封使用事故按钮，在《运统-46》内登记使用区间、原因、使用人、调度命令号、使用时间以及使用后计数器号码，并通知电务部门。

(5) 安全使用半自动闭塞事故按钮的关键：有关区间两端站必须共同确认区间空闲，接车站必须确认列车完整到达。

五、单双线半自动闭塞集中联锁接发列车作业程序与方法

《技规》规定：开放出站信号机或通过信号机前，双线区段必须得到前次列车到达前方站的到达信号；单线区段必须得到车站的同意闭塞信号。

发车站已办理闭塞手续后，列车不能出发时，应将事由通知接车站，取消闭塞。

遇超长列车头部越过出站信号机而未压出站方面的轨道电路发车时，行车凭证为出站信号机显示的进行信号，并发给司机调度命令。

半自动闭塞集中联锁接发列车作业也要经过接发列车作业程序办理，在《接发列车作业标准》TB/T 1500.3—2009 和 TB/T 1500.4—2009 中，对半自动闭塞集中联锁接发列车作业程序做了严格规定。

1. 接发列车作业程序图

(1) 发车作业程序（图 2-7）

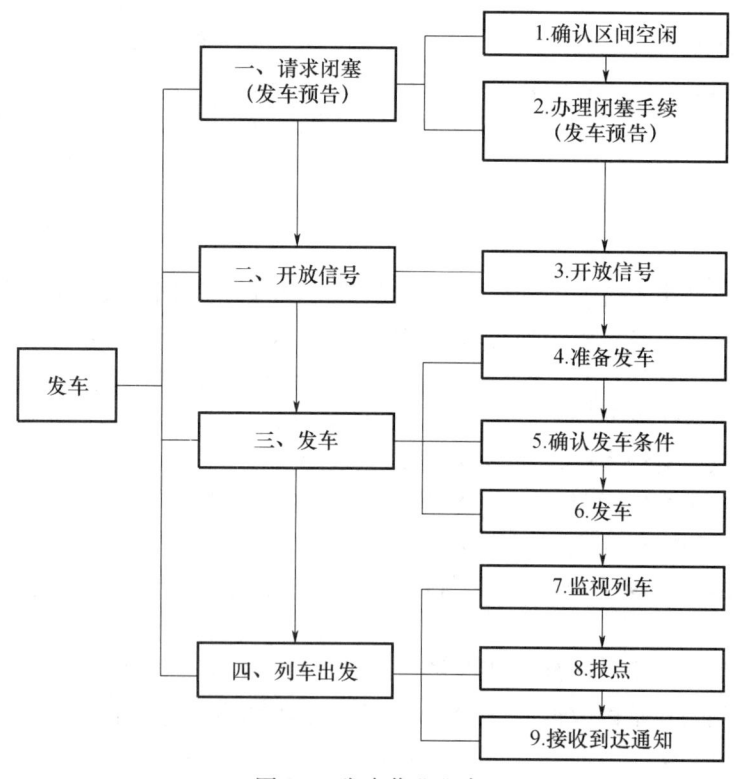

图 2-7 发车作业程序

(2) 接车（通过）作业程序（图 2-8）

项目二 正常情况下接发列车作业

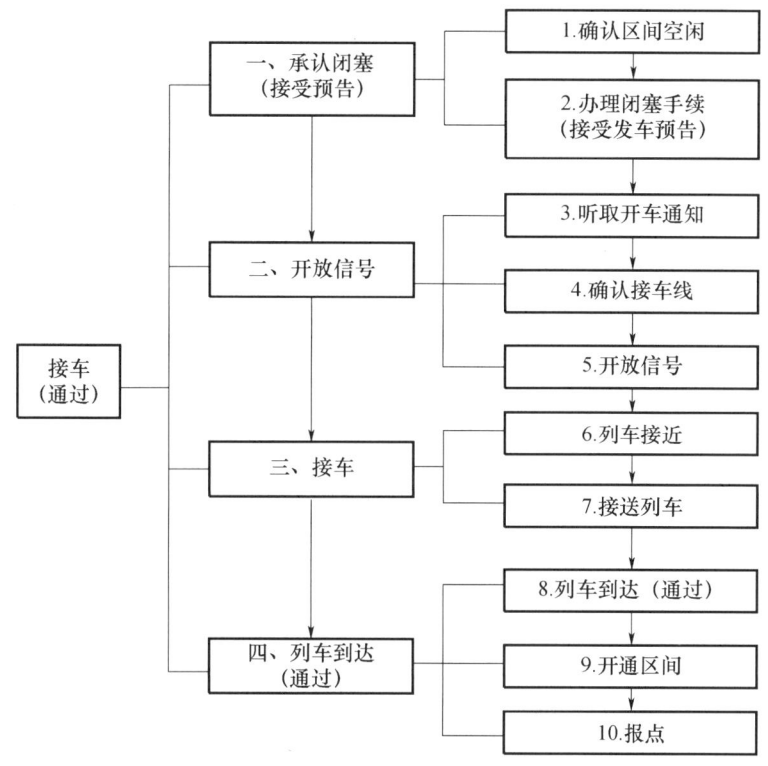

图 2-8 接车（通过）作业程序

2. 单双线半自动闭塞集中联锁（设信号员）接发列车作业步骤及办理方法

（1）发车作业

基于铁道行业标准 TB/T 1500.3—2009 的发车作业步骤与办理方法见表 2-13。

表 2-13 单双线半自动闭塞集中联锁（设信号员）发车作业步骤与办理方法

作业程序		岗位作业技术要求			说明事项
序号	项目	车站值班员	信号员（长）	助理值班员	
一、请求闭塞（发车预告）	1. 确认区间空闲	（1）根据闭塞表示灯、《行车日志》及各种行车表示牌，确认区间空闲。口呼："×（站）区间空闲"			
	2. 办理闭塞手续（发车预告）	（2）请求闭塞："×（次）闭塞"［双线："×（次）预告"］，并听取接车站同意闭塞			遇有超长、超限列车，单机挂车及列尾装置灯光熄灭的列车，应通知接车站。接车站确认区间空闲及其他事项后同意闭塞："同意×（次）闭塞"
		（3）通知信号员（长）："办理×（次）闭塞"，并听取复诵	（4）复诵"办理×（次）闭塞"		双线无此项作业

续表

作业程序		岗位作业技术要求			说明事项
序号	项目	车站值班员	信号员（长）	助理值班员	
一、请求闭塞（发车预告）	2.办理闭塞手续（发车预告）	（6）确认后应答："×（次）闭塞好（了）"	（5）一按闭塞按钮、二听铃响、三看黄灯变绿，口呼："×（次）闭塞好（了）"		一端有两个及其以上列车运行方向时，应以线名或邻站名区别方向。计算机联锁设备用鼠标或光电笔对准应确认的按钮并单击相应的按钮（以下同）
		（7）填写《行车日志》			填写《行车日志》旅客列车使用红笔（以下同）。使用计算机报点系统时，填记"电子《行车日志》"（以下同）
二、开车信号	3.开放信号	（8）通知信号员（长）："停止影响进路的调车作业。"（13）听取信号员（长）的报告后，应答："好（了）"	（9）复诵："停止影响进路的调车作业。"（10）通知调车组："×调×道待避"，并听取复诵（11）确认调车作业停止，听取调车组："×调×道待避好（了）。"的报告并应答："好（了）。"（12）向车站值班员报告："影响进路的调车作业已停止"		停止调车作业时机，按《站细》规定。通知调车组（或调机司机）的用语按铁路局规定执行（如×局规定为"×调×道待避"；×局规定为"调机扣×道"；×局规定为"停止×道调车作业"等）。无影响进路的调车作业时，此项作业省略
		（14）通知信号员（长）："×（次）、×道发车，开放信号"。（16）听取复诵无误后，命令："执行"	（15）复诵："×（次）×道发车，开放信号"		有两个及其以上列车运行方向时，应以线名或邻站名区别方向。有两个及其以上车场或经路时，要讲明车场或经路
		（18）确认信号正确，应答："×道出站信号好（了）"	（17）开放出站信号，眼看、手指、口呼："×道"，按下始端按钮；眼看、手指、口呼："出站"，按下终端按钮。确认光带（表示灯）、信号显示正确，口呼："信号好（了）"。（19）按规定揭戴（扣）安全帽		安全帽的使用各铁路局规定有所不同，具体按铁路局或《站细》规定执行
三、发车	4.准备发车	（20）车机联控。使用列车无线调度通信设备呼叫列车司机："×（次）×道出站（发车进路）信号好（了）"。并听取复诵			列车司机应答："××（次）×道出站（发车进路）信号好（了），司机明白"
		（21）通知助理值班员："×（次）、×道发车"，并听取复诵		（22）复诵："×（次）、×道发车"	助理值班员在室外接发车时，可提前告知发车计划

项目二 正常情况下接发列车作业

续表

作业程序		岗位作业技术要求			说明事项
序号	项目	车站值班员	信号员（长）	助理值班员	
三、发车	5.确认发车条件		（23）通过控制台监视信号及进路表示	（24）发车前，眼看、手指出站信号，确认信号开放正确，口呼："×道出站信号好（了）"	跨越线路时，遵守《安标》的有关规定。动车组发车时，无第（24）项作业。
				（25）确认旅客上下、行包装卸和列检作业及其他作业完了，发车条件完备	其他发车条件的确认按《站细》规定。动车组发车时，无此项作业。
	6.发车			（26）按规定站在适当地点，向司机显示发车信号。[使用列车无线调度通信设备及发车表示器发车时，通知司机："×（次）、×道发车"，并听取复诵无误]	动车组发车时，无此项作业。司机确认发车信号后启动列车。[使用列车无线调度通信设备发车时，司机应答："×（次）、×道发车，司机明白"]。助理值班员不能兼顾时，应先办理发车
四、列车出发	7.监视列车	（27）列车起动，通知接车站："××（次）×（点）×（分）开"，并听取复诵			
		（28）填写《行车日志》		（29）监视列车，于列车尾部越过发车地点，确认列车尾部标志后返回	发现列车有异常等问题时，应立即报告，同时按规定采取安全措施
		（31）确认后应答："好（了）"	（30）通过控制台确认列车整列出站，口呼："×（次）出站"		
	8.报点	（34）向列车调度员报点："×（站）报点，×（次）、×（点）×（分）开"	（32）摘下安全帽。（33）擦（划）掉占线板（簿）记载	（35）擦（划）掉占线板（簿）记载	使用计算机报点系统时，通过系统报点。始发列车应向列车调度员报告列车编组简报、机车号码、司机姓名或代号及晚点原因，摘挂列车还应报告摘挂辆数等
	9.接受到达通知	（37）复诵接车站列车到达通知"×（次）、×（点）×（分）到"	（36）确认闭塞表示灯熄灭		
		（38）填写《行车日志》			使用计算机报点系统时，填记电子《行车日志》

（2）接车（通过）作业

基于铁道行业标准 TB/T 1500.3—2009 的接车（通过）作业步骤与办理方法见表 2-14。

表 2-14　单双线半自动闭塞集中联锁（设信号员）接车（通过）作业步骤与办理方法

作业程序		岗位作业技术要求			说明事项
序号	项目	车站值班员	信号员（长）	助理值班员	
一、承认闭塞（接受预告）	1. 确认区间空闲	（1）听取发车站请求闭塞（双线为发车站预告）			发车确认区间空闲后请求闭塞："×（次）闭塞"
		（2）根据闭塞表示灯、《行车日志》及各种行车表示牌，确认区间空闲。口呼："×（站）区间空"			
		（3）按列车运行计划核对车次、时刻、命令、指示			
	2. 办理闭塞手续（接受发车预告）	（4）同意闭塞："同意×（次）闭塞"［双线复诵："×（次）预告"］			列车闭塞（预告）后，按《站细》规定通知有关人员
		（5）通知信号员（长）："办理×（次）闭塞"［双线"×（次）预告"］，并听取复诵	（6）复诵："办理×（次）闭塞"［双线"×（次）预告"］		有两个及其以上列车运行方向时，应以线名或邻站名区别方向
		（8）确认后应答："×（次）闭塞好（了）"	（7）一听铃响、二看黄灯、三按闭塞按钮、四确认绿色灯光，口呼："×（次）闭塞好（了）"		双线无此项作业
		（9）填写《行车日志》			填写《行车日志》旅客列车使用红笔（以下同）。使用计算机报点系统时，填记"电子《行车日志》"（以下同）
		（10）必要时与列车调度员核对车次，了解列车停、通、会作业时间			按计划或列车调度员指示办理通过时，开始与邻站办理发车作业
		（11）确认接车线。 （12）填写《行车日志》			
		（13）通知信号员（长）："×（次）、×道停车（通过或到开）"，并听取复诵。 （15）通知助理值班员："×（次）、×道停车（通过或到开）"，并听取复诵	（14）复诵："×（次）、×道停车（通过或到开）"，并填写占线（簿）	（16）复诵："×（次）开过来（了）、×道停车（通过或到开）"，并填写占线板（簿）	

项目二　正常情况下接发列车作业

续表

作业程序		岗位作业技术要求			说明事项
序号	项目	车站值班员	信号员（长）	助理值班员	
二、开放信号	3.听取开车通知	（17）复诵发车站开车通知："×（次）、×（点）×（分）开（通过）"			
		（18）填写《行车日志》			
		（19）通知信号员（长）"×（次）开过来（了）"，并听取复诵。 （21）通知助理值班员："×（次）开过来（了）"，并听取复诵	（20）复诵："×（次）开过来（了）"	（22）复诵："×（次）开过来（了）"	
		（23）按《站细》规定通知有关人员			根据车站性质、列车性质及作业性质等，按规定通知有关人员。 例如，"客运：×（次）开过来接×道"；"调车组：×（次）开过来接×道，准备作业"等
	4.确认接车线	（24）确认接车线路空闲。口呼："×道空闲"			
		（25）通知信号员（长）："停止影响进路的调车作业"。 （30）听取信号员（长）的报告后，应答："好（了）"	（26）复诵："停止影响进路的调车作业"。 （27）通知调车组："×调×道待避"，并听取复诵。 （28）确认调车作业停止，听取调车组"×调×道待避好（了）"的报告并应答："好（了）"。 （29）向车站值班员报告："影响进路的调车作业已停止"		停止调车作业时机，按《站细》规定。通知调车组（或调机司机）的用语按铁路局规定执行（如×局规定为"×调×道待避"；×局规定为"调机扣×道"；×局规定为"停止×道调车作业"等）。无影响进路的调车作业时，此项作业省略
	5.开放信号	（31）通知信号员（长）："×（次）、×道停车（通过），开放信号"。 （33）听取复诵无误后，命令："执行"	（32）复诵："×（次）、×道停车（通过），开放信号"		有两个及其以上列车运行方向时，应以线名或邻站名区别方向。有两个及其以上车场或经路时，要讲明车场或经路
		（35）确认信号正确，应答："×道进站信号好（了）"[通过时，应答："×道进、出站信号好（了）"]	（34）开放进站信号。眼看、手指、口呼："进站"，按下始端按钮；眼看、手指、口呼"×道"[正线通过时，口呼："出站"，按下终端按钮。确认光带（表示灯）、信号显示正确，口呼："信号好（了）"。 （36）按规定揭戴（扣）安全帽		办理列车通过时，应先与下一车站办理有关发车作业程序，办妥闭塞后才能开放通过信号。 安全帽的使用各铁路局规定有所不同，具体按铁路局或《站细》规定执行

续表

作业程序		岗位作业技术要求			说明事项
序号	项目	车站值班员	信号员（长）	助理值班员	
三、接车	6. 列车接近	（37）车机联控。听到列车司机呼叫后应答："××（次）××（站）×道停车（通过）。"并听取复诵			列车司机呼叫："××（站）××（次）接近"。司机听到车站值班员应答后，复诵："××（次）×道停车（通过），司机明白"
			（38）通过控制台监视信号及进路表示		
		（40）再次确认信号正确，应答："×（次）接近"	（39）接近铃响、光带（表示灯）变红，再次确认信号开放正确，口呼："×（次）接近"		计算机联锁设备的接近铃响为语音提示
		（41）通知助理值班员："×（次）接近，×道接车"，并听取复诵		（42）复诵："×（次）接近，×道接车"	动车组、特快旅客列车的通知接车时机，按《站细》规定
	7. 接送列车			（43）到《站细》规定地点接车。[接通过列车时，眼看、手指出站信号，确认信号开放正确，口呼："×道出站信号好（了）"]	
四、列车到达（通过）	8. 列车到达（通过）		（44）通过控制台监视进路、信号及列车进（出）站	（45）监视列车进站，于列车停妥后返回。[通过列车，于列车尾部越过接车地点，确认列车尾部标志后返回]	发现列车有异状等问题时，应立即报告，同时按规定采取安全措施
		（47）确认后应答："好（了）"	（46）通过控制台确认列车整列进入（通过）接车线，口呼："×（次）到达（通过）"。（48）对通过列车摘下安全帽。对停车列车摘下始端安全帽	（49）对通过列车擦（划）掉占线板（簿）记载	
		[（51）对通过列车通知接车站："×（次）、×（点）×（分）通过"，并听取复诵]	[（50）对通过列车擦（划）掉占线板（簿）记载]		
		（52）填写《行车日志》			

续表

作业程序		岗位作业技术要求			说明事项
序号	项目	车站值班员	信号员（长）	助理值班员	
四、列车到达（通过）	9.开通区间	（53）通知信号员（长）："开通×（站）区间"，并听取复诵	（54）复诵："开通×（站）区间"		
		（56）确认后应答："好了"	（55）一看闭塞表示灯、二按复原按钮（拉出闭塞按钮）、三确认灯光熄灭，口呼："×（站）区间开通"		
	10.报点	（57）通知发车站："×（次）、×（点）×（分）到"，并听取复诵			
		（58）向车站调度员报点："×（站）报点，×（次）×（点）×（分）到（通过）"			使用计算机报点系统时，通过系统报点

3. 单双线半自动闭塞集中联锁（未设信号员）接发列车作业步骤及办理方法

（1）发车作业

基于铁道行业标准 TB/T 1500.4—2009 的发车作业步骤与办理方法见表 2-15。

表 2-15　单双线半自动闭塞集中联锁（未设信号员）发车作业步骤与办理方法

作业程序		岗位作业技术要求		说明事项
序号	项目	车站值班员	助理值班员	
一、请求闭塞（发车预告）	1.确认区间空闲	（1）根据闭塞表示灯、《行车日志》及各种行车表示牌，确认区间空闲。口呼："×（站）区间空闲"		
	2.办理闭塞手续（发车预告）	（2）请求闭塞："×（次）闭塞"［双线："×（次）预告"］。并听取接车站同意闭塞		遇有超长、超限列车，单机挂车及列尾装置灯光熄灭的列车，应通知接车站。 接车站确认区间空闲及其他事项后同意闭塞："同意×（次）闭塞"
		（3）一按闭塞按钮、二听铃响、三看黄灯变绿，口呼："×（次）闭塞好（了）"	（4）应答："×（次）闭塞好（了）"	双线无此项作业
		（5）填写《行车日志》		填写《行车日志》旅客列车使用红笔（以下同）。 使用计算机报点系统时，填记"电子《行车日志》"（以下同）
二、开车信号	3.开放信号	（6）停止影响进路的调车作业。（通知调车组："×调×道待避"，并听取复诵。）确认停止后，口呼："影响进路的调车作业已停止"		停止调车作业时机，按《站细》规定。 通知调车组（或调机司机）的用语按铁路局规定执行（如×局规定为"×调×道待避"；×局规定为"调机扣×道"；×局规定为"停止×道调车作业"等）。无影响进路的调车作业时，此项作业省略

95

续表

作业程序		岗位作业技术要求		说明事项
序号	项目	车站值班员	助理值班员	
二、开车信号	3. 开放信号	（7）开放出站信号，眼看、手指、口呼："×道"，按下始端按钮；眼看、手指、口呼："出站"，按下终端按钮。确认光带（表示灯）、信号显示正确，口呼："信号好（了）"。 （9）按规定揭戴（扣）安全帽	（8）通过控制台确认信号正确，应答："×道出站信号好（了）"	助理值班员在室外接发列车时第（8）项作业省略。 安全帽的使用各铁路局规定有所不同，具体按铁路局或《站细》规定执行
三、发车	4. 准备发车	（10）车机联控。使用列车无线调度通信设备呼叫列车司机："×（次）×道出站（发车进路）信号好（了）"。并听取复诵		列车司机应答："××（次）×道出站（发车进路）信号好（了），司机明白"
		（11）通知助理值班员："×（次）、×道发车"，并听取复诵	（12）复诵："×（次）、×道发车"。	助理值班员在室外接发车时，可提前告知发车计划
	5. 确认发车条件	（13）通过控制台监视信号机及进路表示	（14）发车前，眼看、手指出站信号，确认信号开放正确，口呼："×道出站信号好（了）"	跨越线路时，遵守《安标》的有关规定。 动车组发车时，无第（14）项作业。
			（15）确认旅客上下、行包装卸和列检作业及其他作业完了，发车条件完备	其他发车条件的确认按《站细》规定。 动车组发车时，无此项作业
	6. 发车		（16）按规定站在适当地点，向司机显示发车信号。[使用列车无线调度通信设备及发车表示器发车时，通知司机："×（次）、×道发车"，并听取复诵无误]	动车组发车时，无此项作业。 司机确认发车信号后起动列车。[使用列车无线调度通信设备发车时，司机应答："×（次）、×道发车，司机明白"]
四、列车出发	7. 监视列车	（17）列车起动，通知接车站："××（次）×（点）×（分）开"，并听取复诵		
		（18）填写《行车日志》		
		（20）通过控制台确认列车整列出站。 （21）列车出站后，摘下安全帽	（19）监视列车，于列车尾部越过发车地点，确认尾部标志后返回	发现列车有异常等问题时，应立即报告，同时按规定采取安全措施
	8. 报点	（23）向列车调度员报点："×（站）报点，×（次）、×（点）×（分）开"	（22）擦（划）掉占线板（簿）记载	使用计算机报点系统时，通过系统报点。 始发列车应向列车调度员报告列车编组简报、机车号码、司机姓名或代号及晚点原因，摘挂列车还应报告摘挂辆数等
	9. 接受到达通知	（24）复诵接车站列车到达通知，并确认闭塞表示灯熄灭		
		（25）填写《行车日志》		

(2) 接车（通过）作业

基于铁道行业标准 TB/T 1500.4—2009 的接车（通过）作业步骤与办理方法见表 2-16。

表 2-16 单双线半自动闭塞集中联锁（未设信号员）接车（通过）作业步骤与办理方法

作业程序		岗位作业技术要求		说明事项
序号	项目	车站值班员	助理值班员	
一、承认闭塞（接受预告）	1. 确认区间空闲	（1）听取发车站请求闭塞（双线为发车站预告）		
		（2）根据闭塞表示灯、《行车日志》及各种行车表示牌，确认区间空闲。口呼："×（站）区间空闲"		
		（3）按列车运行计划核对车次、时刻、命令、指示		
	2. 办理闭塞手续（接受发车预告）	（4）同意闭塞："同意×（次）闭塞"[双线复诵："×（次）预告"]		列车闭塞（预告）后，按《站细》规定通知有关人员
		（5）一听铃响、二看黄灯、三按闭塞按钮、四确认绿色灯光，口呼："×（次）闭塞好（了）"	（6）应答："×（次）闭塞好（了）"	双线无此项作业
		（7）填写《行车日志》		填写《行车日志》旅客列车使用红笔（以下同）。使用计算机报点系统时，填记"电子《行车日志》"
		（8）必要时与列车调度员核对车次，了解列车停、通、会作业时间		按计划或列车调度员指示办理通过时，开始与邻站办理发车作业
		（9）确认接车线。（10）填写《行车日志》		
		（11）通知助理值班员："×（次）、×道停车（通过或到开）"，并听取复诵	（12）复诵："×（次）×道停车（通过或到开）"，并填写占线板（簿）	
二、开放信号	3. 听取开车通知	（13）复诵发车站开车通知："×（次）、×（点）×（分）开（通过）"		
		（14）填写《行车日志》		
		（15）通知助理值班员："×（次）开过来（了）"，并听取复诵	（16）复诵："×（次）开过来（了）"	
		（17）按《站细》规定通知有关人员		根据车站性质、列车性质及作业性质等，按规定通知有关人员。例如，"客运：×（次）开过来接×道"；"调车组：×（次）开过来接×道，准备作业"等

续表

作业程序		岗位作业技术要求		说明事项
序号	项目	车站值班员	助理值班员	
二、开放信号	4.确认接车线	(18) 确认接车线路空闲。口呼:"×道空闲"		
		(19) 停止影响进路的调车作业。通知调车组:"×调×道待避",并听取复诵。确认停止后,口呼:"影响进路的调车作业已停止"		停止调车作业时机,按《站细》规定。通知调车组(或调机司机)的用语按铁路局规定执行(如×局规定为"×调×道待避";×局规定为"调机扣×道";×局规定为"停止×道调车作业"等)。无影响进路的调车作业时,此项作业省略
	5.开放信号	(20) 开放进站信号,眼看、手指、口呼:"进站",按下始端按钮;眼看、手指、口呼"×道"(正线通过时,口呼:"出站"),按下终端按钮。确认光带(表示灯)、信号显示正确,口呼:"信号好(了)"	(21) 通过控制台确认信号正确,应答:"×道进站信号好(了)"[通过时,确认信号正确,应答:"×道进、出站信号好(了)。"]	办理列车通过时,应先与下一车站办理有关发车作业程序,办妥闭塞后才能开放通过信号。助理值班员在室外接发车时,第(21)项作业省略
		(22) 按规定揭戴(扣)安全帽		安全帽的使用各铁路局规定有所不同,具体按铁路局或《站细》规定执行
三、接车	6.列车接近	(23) 车机联控。听到列车司机呼叫后应答:"××(站)××(次)×道停车(通过)。"并听取复诵		列车司机呼叫:"××(站)××(次)接近"。司机听到车站值班员应答后,复诵:"××(次)×道停车(通过),司机明白"
		(24) 通过控制台监视信号进路表示		
		(25) 接近铃响、光带(表示灯)变红时,再次确认信号开放正确		计算机联锁设备的接近铃响为语音提示
		(26) 通知助理值班员:"×(次)接近,×道接车",并听取复诵	(27) 通过控制台再次确认信号正确,复诵:"×(次)接近,×道接车"	动车组、特快旅客列车的通知接车时机,按《站细》规定
	7.接送列车		(28) 到《站细》规定地点接车。[接通过列车时,眼看、手指出站信号,确认信号开放正确,口呼:"×道出站信号好(了)"]	
		(30) 通过控制台监视进路、信号及列车进(出)站	(29) 监视列车进站,于列车停妥后返回。[通过列车,于列车尾部越过接车地点,确认列车尾部标志后返回]	发现列车有异状等问题时,应立即报告,同时按规定采取安全措施
		(31) 通过控制台,确认列车整列进路(通过)接车线		

续表

作业程序		岗位作业技术要求		说明事项
序号	项目	车站值班员	助理值班员	
四、列车到达（通过）	8. 列车到达（通过）	（32）（对通过列车摘下安全帽）。对停车列车摘下始端安全帽		
		（33）[对通过列车，通知接车站："×（次）、×（点）×（分）通过"，并听取复诵]	（34）对通过列车擦（划）掉占线板（簿）记载	
		（35）填写《行车日志》		
	9. 开通区间	（36）开通区间，一看闭塞表示灯、二按复原按钮（拉出闭塞按钮）、三确认灯光熄灭		
		（37）通知发车站："×（次）、×（点）×（分）到"，并听取复诵		
	10. 报点	（38）向车站调度员报点："×（站）报点，×（次）×（点）×（分）到（通过）"		使用计算机报点系统时，通过系统报点

【思考题】

1. 简述半自动闭塞设备的特点。
2. 半自动闭塞机如何保证一个区间同时只有一列列车占用？
3. 单线半自动闭塞正常情况下如何办理闭塞手续？
4. 取消复原按钮和事故复原按钮什么情况下使用？如何使用？
5. 单双线半自动闭塞集中联锁接发列车作业程序及技术要求是什么？

【实训练习】

1. 在熟练接发列车作业程序的基础上，说出半自动闭塞集中联锁设信号员和未设信号员的接发列车作业程序有什么区别。

2. 利用实训室设备，每三人一组（设信号员）或两人一组（未设信号员），配置单线半自动闭塞区段各个车站，分别模拟 A、B 两邻站的车站值班员、助理值班员和信号员，相邻两站配合，按照 TB/T 1500.3—2009 规定的接发列作业程序及技术要求互相接、发列车。（思考：当 A 站有车待发往 B 站，闭塞办理好后，A 站因某原因取消闭塞。应如何处理？）

(1) 已知条件

阶段计划：11321 次 9：10 到，9：30 开。

相邻区间上下行客货列车运行时分均为 10min。

(2) 演练要求

执行接发列车作业标准，办理 11321 次接发列车作业。

任务三　单线自动站间闭塞集中联锁接发列车作业

【任务导入】

随着社会经济的高速发展与科学技术的革新，铁路运输事业面临新的发展机遇与挑战。传统闭塞手段中使用的继电半自动闭塞，在系统的安全性、信息传输效率、作业效率、信息存储、设备维护与使用等方面的缺陷制约着铁路系统的正常运行与良性发展。自动站间闭塞是在 64D 半自动闭塞的基础上加装区间轨道检查设备来构成的，克服了原来功能不足，确保了区间行车的安全。

本任务是基于铁路运输生产接发列车工作实际，在单线自动站间闭塞集中联锁的具体行车设备条件下，相邻两个车站的接发列车工作人员分工协作共同完成接发列车作业。整个作业过程中，严格按照中华人民共和国铁道行业标准——《接发列车作业标准》中 TB/T 1500.7—2009 和 TB/T 1500.8—2009 进行作业，并认真贯彻实行《技规》《行规》《站细》《安标》的有关规定，安全、整点、不间断地完成接发列车作业。

【知识准备】

一、自动站间闭塞设备的使用特点

自动站间闭塞是在半自动闭塞基础上发展起来的闭塞方法，区间两端车站的出站信号机和轨道检查装置构成联锁关系，采用轨道检查装置自动检查区间空闲，列车以站间区间为间隔运行，通过办理发车进路和检查列车出清区间的方式，自动实现区间闭塞和区间开通，即发车站办理发车进路后自动构成站间闭塞。列车到达接车站或返回发车站并出清区间后，自动解除闭塞。

计轴设备：通过设置在区间两端站的计轴磁头，对进入区间和车站的列车轴数进行记录，并经过传输线路将两端站所记录的轴数进行核对，当两端站记录的轴数一致时，即确认列车整列到达，区间空闲，自动开通区间。发出由区间返回的列车时，由发车站自行检查。当计轴设备记录进出区间的列车轴数不一致时，即判定区间占用。当计轴设备发生故障不能正常计轴或判定区间占用时，不能自动解除闭塞。

区间长轨道电路：区间长轨道电路由三个部分组成，包括上下行接近区段轨道电路（双线时为接近和发车区段轨道电路）和中间区段轨道电路，通过轨道电路对区间是否占用、线路是否良好进行检查。在这三段轨道电路都空闲时，排列发车进路，开放出站信号，自动完成闭塞；在列车到达前方站（返回发车站）三段轨道电路都空闲后，自动开通区间。当区间任何一段轨道电路处于占用状态时，不能开放出站信号机、自动办理闭塞；列车虽已到达前方站（返回发车站），但不能解除闭塞开放区间。出站信号机开放后，如果区间轨道电路因故障等原因处于占用状态时，便自动关闭。

二、列车占用区间的行车凭证

使用自动站间闭塞法行车时，列车凭出站信号机或线路所通过信号机显示的允许运行的信号进入区间。自动站间闭塞与集中联锁设备结合使用，集中联锁的车站采用色灯信号机，允许运行的信号即出站信号机或线路所通过信号机显示的绿色灯光。

三、单线自动站间闭塞行车办法

我国高速铁路采用的行车基本闭塞法有自动闭塞、自动站间闭塞两种。其中：自动闭塞以闭塞分区作为列车间隔；自动站间闭塞是以站间（所间）区间作为列车间隔；其列车运行间隔均属于空间间隔法。

首次使用计轴设备时由双方车站值班员确认计轴闭塞区间空闲且为64D继电半自动闭塞方式（计轴停用表示灯点亮），由电务人员打开计轴器电源，同时按压计轴复零按钮，区间轨道继电器吸起，计轴轴数显示器点亮并显示"0000"，车站控制台上计轴停用表示灯闪光，计轴使用电铃鸣响。此时双方车站值班员同时按下计轴使用按钮，车站控制台相应的计轴停用表示灯灭灯，计轴使用表示灯点亮，区间空闲表示灯点亮。自动站间闭塞设备即投入正常使用。

由于自动站间闭塞相关设备在制式上也不完全统一，使用区段的行车组织方式不完全相同，行车组织办法不宜在全路进行统一，因此《技规》规定，自动站间闭塞的具体行车办法，由各铁路局集团有限公司规定。

1. 计轴闭塞设备正常时

计轴设备正常时车站相关作业人员严格按照相关作业标准进行接发列车作业，设信号员的车站使用TB/T 1500.7—2009、未设信号员的使用TB/T 1500.8—2009接发列车作业标准。车站在办理列车预告（闭塞）手续前，须征得列车调度员的同意。车站在办理发车预告（闭塞）前，须确认区间占用表示灯灭灯，区间空闲表示灯点亮，轴数显示器显示"0000"，预告接车站："××（次）预告"，得到接车站同意后，直接排列发车进路，开放出站信号。发车站必须得到接车站列车到达通知后，方可向接车站预告续发列车。

2. 计轴闭塞设备故障时

自动站间闭塞设备故障，不能保证列车按自动站间闭塞方式行车时，应停止使用改按电话闭塞法行车，若还保留有半自动闭塞设备，当计轴设备故障时，可根据调度命令改按半自动闭塞方式行车。

遇计轴设备故障需使用计轴复原按钮复原时，比照半自动闭塞故障按钮的使用要求办理。两端站车站值班员应共同确认区间空闲，由故障站向列车调度员请求，列车调度员在查明区间空闲后，向区间有关两端站的车站值班员同时发布准许使用计轴复原按钮的调度命令。此时，两端站应同时按压计轴复原按钮（先后时差可在13s内）使计轴设备复原（计轴数复零）。

四、单线自动站间闭塞接发列车作业程序与方法

（一）发车作业程序与办理方法

1. 发车作业程序

单线自动站间闭塞集中联锁设备发车作业程序，如图2-9所示。

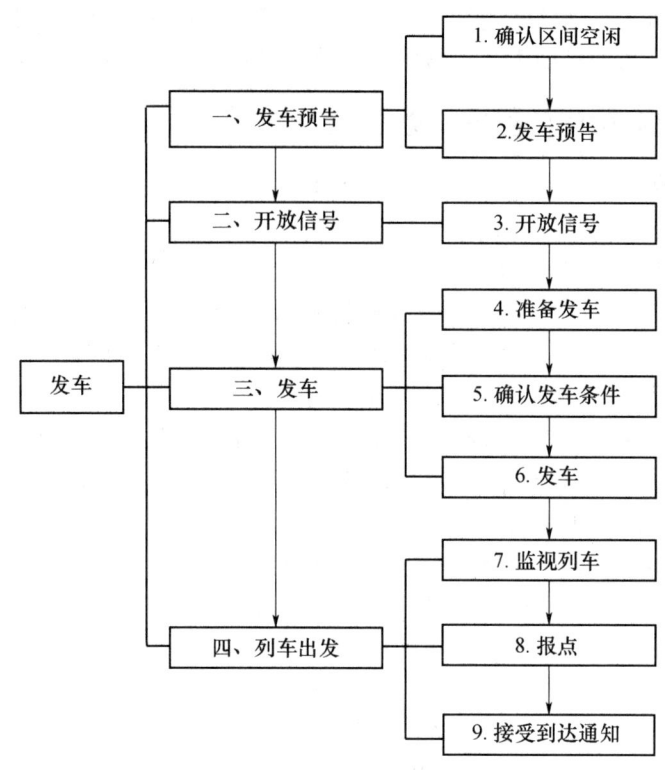

图 2-9 发车作业程序

2. 发车作业

基于铁道行业标准 TB/T 1500.7—2009 自动站间闭塞集中联锁（设信号员）的发车作业步骤与办理方法见表 2-17。

表 2-17　单线自动站间闭塞集中联锁（设信号员）发车作业步骤与方法

作业程序		岗位作业技术要求			说明事项
序号	项目	车站值班员	信号员（长）	助理值班员	
一、发车预告	1.确认区间空闲	（1）根据表示灯、《行车日志》及各种行车表示牌，确认区间空闲。口呼："×（站）区间空闲"			使用计轴设备的应确认计轴计数器显示为 0
	2.发车预告	（2）向接车站发出"×（次）预告"，并听取复诵			一端有两个及其以上列车运行方向时，应以线名或邻站名区别方向。遇有超长、超限列车、单机挂车及列尾装置灯光熄灭的列车，应通知接车站
		（3）填写《行车日志》			旅客列车用红笔，使用计算机报点系统时，填记"电子《行车日志》"（以下同）

102

项目二　正常情况下接发列车作业

续表

作业程序		岗位作业技术要求			说明事项
序号	项目	车站值班员	信号员（长）	助理值班员	
二、开放信号	3.开放信号	（4）通知信号员（长）："停止影响进路的调车作业。" （8）听取信号员（长）的报告后，应答："好（了）"	（5）复诵："停止影响进路的调车作业。" （6）通知调车组："×调×道待避"，并听取复诵 （7）确认调车作业停止，听取调车组："×调×道待避好（了）。"的报告并应答："好（了）"		停止调车作业时机，按《站细》规定。无影响进路的调车作业时，此项作业省略。 通知调车组（或调车司机）的用语按铁路局规定执行
		（9）通知信号员（长）："×（次）、×道发车，开放信号" （11）听取复诵无误后，命令："执行"	（10）复诵："×（次）、×道发车、开放信号"		
		（13）确认信号正确，应答："×道出站信号好（了）"	（12）开放出站信号，眼看、手指、口呼："×道"，按下始端按钮；眼看、手指、口呼："出站"，按下出站按钮。确认光带（表示灯）、信号显示正确，口呼："信号好（了）"。 （14）按规定揭戴（扣）安全帽		安全帽的使用各铁路局规定有所不同，具体按铁路局规定或《站细》规定执行
三、发车	4.准备发车	（15）车机联控。使用列车无线调度通信设备呼叫列车司机："××（次）×道出站（发车进路）信号好（了）"。并听取复诵			列车司机应答："××（次）×道出站（发车进路）信号好（了），司机明白"
		（16）通知助理值班员："×（次）、×道发车"，并听取复诵		（17）复诵："×（次）、×道发车"	助理值班员在室外接发列车时，可提前告知发车计划
	5.确认发车条件		（18）通过控制台监视信号及进路表示	（19）发车前，眼看、手指出站信号，确认信号开放正确，口呼："×道出站信号机好（了）"	跨越线路时，遵守《安标》的有关规定。 动车组发车时，无第（19）项作业
				（20）确认旅客上下车、行包装卸和列检作业及其他作业完了，发车条件完备	其他发车条件的确认按《站细》规定。 动车组发车时无此项作业

续表

作业程序		岗位作业技术要求			说明事项
序号	项目	车站值班员	信号员（长）	助理值班员	
三、发车	6.发车			（21）按规定站在适当地点，向司机显示发车信号。[使用列车无线调度通信设备及发车表示器发车时，通知司机："×（次）、×道发车"，并听取复诵无误]	动车组发车时，无此项作业。 司机确认发车信号后启动列车。[使用列车无线调度通信设备发车时，司机应答："×（次）、×道发车，司机明白"]
四、列车出发	7.监视列车	（22）列车起动，通知接车站："×（次）、×（点）×（分）开"，并听取复诵			
		（23）填写《行车日志》		（24）监视列车，于列车尾部越过发车地点，确认列车尾部标识后返回	发现列车有异常等问题时，应立即报告，同时按规定采取安全措施
		（26）应答："好（了）"	（25）通过控制台确认列车整列出站，口呼："（次）出站"		
	8.报点	（29）向列车调度员报点："×（站）报点，×（次）、×（点）×（分）开"	（27）擦（划）掉占线板（簿）记载	（28）擦（划）掉占线板（簿）记载	使用计算机报点系统时，通过系统报点
	9.接受到达通知	（31）复诵接车站列车到达通知："×（次）、×（点）×（分）到"	（30）确认表示灯熄灭，区间空闲		使用计轴设备的应确认计轴计数器显示归零
		（32）填写《行车日志》			使用计算机报点系统时，填写"电子《行车日志》"

（二）接车作业程序与方法

1. 接车作业程序

单线自动站间闭塞集中联锁设备接车（通过）作业程序，如图 2-10 所示。

项目二 正常情况下接发列车作业

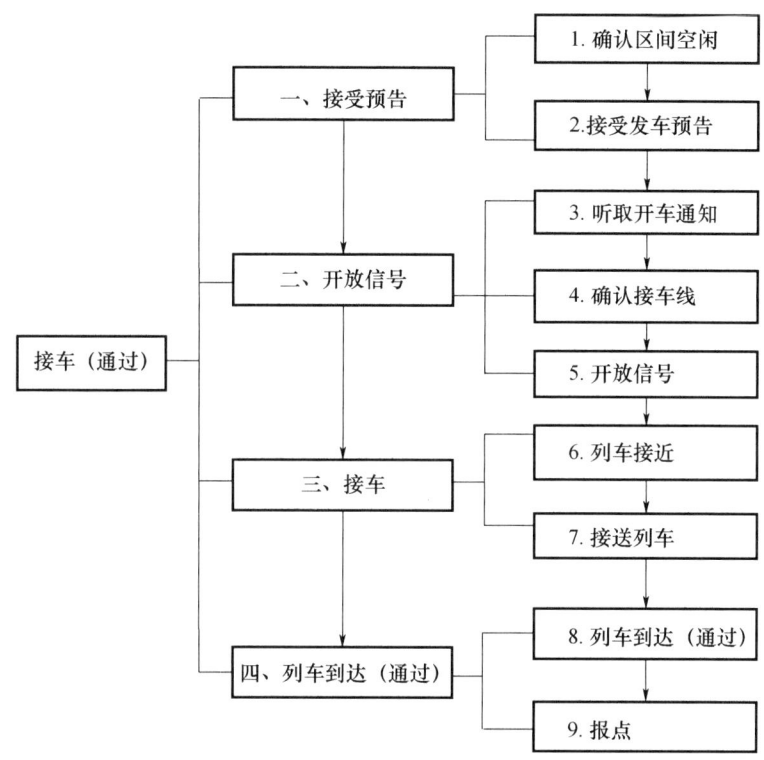

图 2-10 接车（通过）作业程序

2. 接车作业方法

基于铁道行业标准 TB/T 1500.7—2009 自动站间闭塞集中联锁（设信号员）的接车（通过）作业步骤与办理方法见表 2-18。

表 2-18 单线自动站间闭塞集中联锁（设信号员）接车（通过）作业步骤与方法

作业程序		岗位作业技术要求			说明事项
序号	项目	车站值班员	信号员（长）	助理值班员	
一、接受预告	1.确认区间空闲	（1）听取发车站预告			
		（2）根据表示灯、《行车日志》及各种行车表示牌，确认区间空闲。口呼："×（站）区间空闲"			使用计轴设备的应确认计轴计数器显示为 0
		（3）按列车运行计划核对车次、时刻、命令、指示			
	2.接受发车预告	（4）接受发车站预告并复诵："×（次）预告"			列车预告后，按《站细》规定通知有关人员
		（5）填写《行车日志》			使用计算机报点系统时，填记"电子《行车日志》"（以下同）

续表

作业程序		岗位作业技术要求			说明事项
序号	项目	车站值班员	信号员（长）	助理值班员	
一、接受预告	2.接受发车预告	（6）通知信号员（长）："×（次）预告"，并听取复诵	（7）复诵："×（次）预告"		一端有两个及其以上列车运行方向时，应以线名或邻站名区别方向
		（8）必要时与列车调度员核对车次，了解列车停、通、会作业时间等			
		（9）确定接车线。（10）填写《行车日志》			
		（11）通知信号员（长）："×（次），×道停车（通过或到开）"并听取复诵。（13）通知助理值班员："×（次），×道停车（通过或到开）"并听取复诵	（12）复诵："×（次），×道停车（通过或到开）"，并填写占线板（簿）	（14）复诵："×（次），×道停车（通过或到开）"，并填写占线板（簿）	
二、开放信号	3.听取开车通知	（15）复诵发车站开车通知："×（次）、×（点）×（分）开（通过）"			
		（16）填写《行车日志》			使用计算机报点系统时，填写"电子《行车日志》"
		（17）通知信号员（长）："×（次）开过来（了）"，并听取复诵（19）通知助理值班员："×（次）开过来（了）"，并听取复诵	（18）复诵："×（次）开过来（了）"	（20）复诵："×（次）开过来（了）"	
		（21）按《站细》规定通知有关人员			根据车站性质、列车性质及作业性质等，按规定通知有关人员。例如"客运：×（次）开过来接×道"或"调车组：×（次）开过来接×道，准备作业"等

项目二　正常情况下接发列车作业

续表

作业程序		岗位作业技术要求			说明事项
序号	项目	车站值班员	信号员（长）	助理值班员	
二、开放信号	4.确认接车线	（22）确认接车线路空闲，口呼"×道空闲"			停止调车作业时机，按《站细》规定。无影响进路的调车作业时，此项作业省略。 通知调车组（或调车司机）的用语按铁路局规定执行
		（23）通知信号员（长）："停止影响进路的调车作业。" （28）听取信号员（长）的报告后，应答："好（了）"	（24）复诵："停止影响进路的调车作业。" （25）通知调车组："×调×道待避"，并听取复诵 （26）确认调车作业停止，听取调车组："×调×道待避好（了）。"的报告并应答："好（了）" （27）向车站值班员报告："影响进路的调车作业已停止"		
	5.开放信号	（29）通知信号员（长）："×（次）、×道停车（通过），开放信号" （31）听取复诵无误后，命令："执行"	（30）复诵："×（次）、×道停车（通过）、开放信号"		列车通过时，应办理有关发车作业程序。 安全帽的使用各铁路局规定有所不同，具体按铁路局规定或《站细》规定执行
		（33）确认信号正确，应答："×道出信号好（了）"。[通过时，应答："×道进、出站信号好（了）"]	（32）开放进站信号，眼看、手指、口呼："进站"，按下始端按钮；眼看、手指、口呼："×道"，（正线通过时，口呼："出站"），按下终端按钮。确认光带（表示灯）、信号显示正确，口呼："信号好（了）" （34）按规定揭戴（扣）安全帽		
三、接车	6.列车接近	（35）车机联控。使用列车无线调度通信设备呼叫列车司机："××（次）×道出站（发车进路）信号好（了）"。并听取复诵			列车司机应答："××（站）××（次）接近"。司机听到车站值班员应答后，复诵："××（次）×道停车（通过），司机明白"
			（36）通过监视台监视信号及进路表示		
		（38）再次确认信号正确，应答："×（次）接近"	（37）接近铃响、第二（三）接近铃响、光带变红、再次确认信号开放正确，口呼："×（次）接近"		计算机联锁设备的接近铃响为语音提示
		（39）通知助理值班员："×（次）接近，×道接车"，并听取复诵		（40）复诵："×（次）接近，×道接车"	动车组、特快旅客列车的通知接车时机，按《站细》规定

续表

作业程序		岗位作业技术要求			说明事项
序号	项目	车站值班员	信号员（长）	助理值班员	
三、接车	7. 接送列车			（41）到《站细》规定地点接车。[按通过列车时，眼看、手指出站信号机，确认信号开放正确，口呼："×道出站信号好（了）"]	跨越线路时，执行《安标》的有关规定
四、列车到达（通过）	8. 列车到达（通过）		（42）通过控制台监视进路、信号及列车进（出）站	（43）监视列车进站，于列车停妥后返回。（通过列车，于列车尾部越过接车地点，确认列车尾部标志后返回）	发现列车有异状等问题时，应立即报告，同时按规定采取安全措施
		（45）应答："好（了）"	（44）通过控制台确认列车整列进入（通过）接车线、区间空闲，口呼："×（次）到达（通过），×（站）区间空闲"		使用计轴设备的应确认计轴计数器显示归零
			（46）（对通过列车）摘下安全帽。对停车列车摘下始端安全帽		
		（49）[对通过列车通知接车站："×（次）、×（点）×（分）通过"，并听取复诵]	（47）[对通过列车擦（划）掉占线板（簿）记载]	（48）[对通过列车擦（划）掉占线板（簿）记载]	
		（50）填写《行车日志》			使用计算机报点系统时，填写"电子《行车日志》"
	9. 报点	（51）通知发车站："×（次）、×（点）×（分）到"，并听取复诵			
		（52）向列车调度员报点："×（站）报点，×（次）、×（点）×（分）到（通过）"			使用计算机报点系统时，通过系统报点

【思考题】

1. 自动站间闭塞设备使用有哪些特点？
2. 区段长轨道电路由哪几部分组成？
3. 使用自动站间闭塞法行车时，列车占用区间的行车凭证是什么？
4. 计轴设备故障后复零的操作是怎样的？

【实训练习】

已知：某铁路线路采用单线计轴自动站间闭塞计算机联锁。其中甲站为技术站，区间及站内设备正常,其他备品齐全。甲站内1、2、4道空闲,3道1231次待发,5道临时停留等待作业的调车机车。待接乙站开来的41028次列车。

要求:车站值班员、助理值班员、信号员在有关人员配合下,共同办理41028次列车接车作业。

【拓展素材】

单线自动站间集中联锁(未设信号员)发车作业步骤与方法见表2-19。

表2-19 单线自动站间集中联锁(未设信号员)发车作业步骤与方法

作业程序		岗位作业技术要求		说明事项
序号	项目	车站值班员	助理值班员	
一、发车预告	1.确认区间空闲	(1)根据表示灯、《行车日志》及各种行车表示牌,确认区间空闲		使用计轴设备的应确认计轴计数器显示为0
	2.发车预告	(2)向接车站发出"×(次)预告",并听取复诵		一端有两个及其以上列车运行方向时,应以线名或邻站名区别方向。遇有超长、超限列车、单机挂车及列尾装置灯光熄灭的列车,应通知接车站
		(3)填写《行车日志》		旅客列车用红笔,使用计算机报点系统时,填记"电子《行车日志》"(以下同)
二、开放信号	3.开放信号	(4)停止影响进路的调车作业。(通知调车组:"×调×道待避",并听取复诵。)确认停止后,口呼:"影响进路的调车作业已停止"		停止调车作业时机,按《站细》规定。无影响进路的调车作业时,此项作业省略。通知调车组(或调车司机)的用语按铁路局规定执行
		(5)开放出站信号。眼看、手指、口呼:"×道,按下始端按钮,眼看、手指、口呼:"出站",按下终端按钮。确认光带(表示灯)、信号显示正确,口呼:"信号好(了)" (7)按规定揭戴(扣)安全帽	(6)通过控制台确认信号正确,应答:"×道出站信号机好(了)"	助理值班员在室外接发列车时第(6)项作业省略。安全帽的使用各铁路局规定有所不同,具体按铁路局或《站细》规定执行
三、发车	4.准备发车	(8)车机联控。使用列车无线调度通信设备呼叫列车司机:"××(次)×道出站(发车进路)信号好(了)"。并听取复诵		列车司机应答:"××(次)×道出站(发车进路)信号好(了),司机明白"
		(9)通知助理值班员:"×(次)、×道发车",并听取复诵	(10)复诵:"×(次)、×道发车"	助理值班员在室外接发列车时,可提前告知发车计划
	5.确认发车条件	(11)通过控制台监视信号及进路表示	(12)发车前,眼看、手指出站信号,确认信号开放正确,口呼:"×道出站信号机好(了)"	跨越线路时,遵守《安标》的有关规定。动车组发车时,无第(12)项作业
			(13)确认旅客上下车、行包卸和列检作业及其他作业完了,发车条件完备	其他发车条件的确认按《站细》规定。动车组发车时无此项作业

续表

作业程序		岗位作业技术要求		说明事项
序号	项目	车站值班员	助理值班员	
三、发车	6.发车		（14）按规定站在适当地点，向司机显示发车信号。[使用列车无线调度通信设备及发车表示器发车时，通知司机："×（次）、×道发车"，并听取复诵无误]	动车组发车时，无此项作业。司机确认发车信号后启动列车。[使用列车无线调度通信设备发车时，司机应答："×（次）、×道发车，司机明白"]。遇列车同时到发，助理值班员不能兼顾时，应先办理发车
四、列车出发	7.监视列车	（15）列车起动，通知接车站："×（次）、×（点）×（分）开"，并听取复诵		
		（16）填写《行车日志》	（17）监视列车，于列车尾部越过发车地点，确认列车尾部标识后返回	使用计算机报点系统时，填记"电子《行车日志》"。发现列车有异常等问题时，应立即报告，同时按规定采取安全措施
		（18）通过控制台确认列车整列出站。（19）列车出站后，摘下安全帽		
	8.报点	（21）向列车调度员报点："×（站）报点，×（次）、×（点）×（分）开"	（20）擦（划）掉占线板（簿）记载	使用计算机报点系统时，通过系统报点。始发列车应向列车调度员报告列车编组简报、机车号码、司机姓名或代号及晚点原因，摘挂列车还应报告摘挂辆数等
	9.接受到达通知	（22）复诵接车站列车到达通知："×（次）、×（点）×（分）到"。（23）确认表示灯熄灭、区间空闲		使用计轴设备的应确认计轴计数器显示归零
		（24）填写《行车日志》		使用计算机报点系统时，填写"电子《行车日志》"

单线自动闭塞集中联锁（未设信号员）接车（通过）作业步骤与方法见表 2-20。

表 2-20　单线自动闭塞集中联锁（未设信号员）接车（通过）作业步骤与方法

作业程序		岗位作业技术要求		说明事项
序号	项目	车站值班员	助理值班员	
一、接受预告	1.确认区间空闲	（1）听取发车站预告		
		（2）根据表示灯、《行车日志》及各种行车表示牌，确认区间空闲		
		（3）按列车运行计划核对车次、时刻、命令、指示		

项目二　正常情况下接发列车作业

续表

作业程序		岗位作业技术要求		说明事项
序号	项目	车站值班员	助理值班员	
一、接受预告	2.接受发车站预告	（4）接受发车站预告并复诵："×（次）预告"		列车预告后，按《站细》规定通知有关人员
		（5）填写《行车日志》		使用计算机报点系统时，填记"电子《行车日志》"（以下同）
		（6）必要时与列车调度员核对车次，了解列车停、通、会作业等		
		（7）确定接车线。 （8）填写《行车日志》		
		（9）通知助理值班员："×（次）、×道停车（通过或到开）"，并听取复诵	（10）复诵："×（次）、×道停车（通过或到开）"，并填写占线板（簿）	
二、开放信号	3.听取开车通知	（11）复诵发车站开车通知："×（次）、×（点）×（分）开（通过）"		
		（12）填写《行车日志》		使用计算机报点系统时，填写"电子《行车日志》"
		（13）通知助理值班员："×（次）开过来（了），并听取复诵	（14）复诵："×（次）开过来（了）"	
		（15）按《站细》规定通知有关人员		根据车站性质、列车性质及作业性质等，按规定通知有关人员。例如"客运：×（次）开过来接×道"或"调车组：×（次）开过来接×道，准备作业"等
	4.确认接车线	（16）确认接车线路空闲，口呼："×道空闲"		
		（17）停止影响进路的调车作业。通知调车组："×调×道待避"，并听取复诵。确认停止后，口呼："影响进路的调车作业已停止"		停止调车作业时机，按《站细》规定。无影响进路的调车作业时，此项作业省略。 通知调车组（或调车司机）的用语按铁路局规定执行
	5.开放信号	（18）开放出站信号。眼看、手指、口呼："进站"，按下始端按钮，眼看、手指、口呼："×道"（正线通过时，眼看、手指、口呼："出站"）按下终端按钮。确认光带（表示灯）、信号显示正确，口呼："信号好（了）"	（19）通过控制台确认信号正确，应答："×道出站信号机好（了）"。[通过时，确认信号正确，应答："×道进、出站信号机好（了）"]	列车通过时，应办理有关发车作业程序。 助理值班员在室外接发列车时，第（19）项作业省略
		（20）按规定揭戴（扣）安全帽		安全帽的使用各铁路局有所不同，具体按铁路局或《站细》规定执行

111

续表

作业程序		岗位作业技术要求		说明事项
序号	项目	车站值班员	助理值班员	
三、接车	6. 列车接近	（21）车机联控。听到列车司机呼叫后，应答："××（次）×道出站（发车进路）信号好（了）"。并听取复诵		列车司机应答："××（站）××（次）接近"。司机听到车站值班员应答后，复诵："××（次）×道停车（通过），司机明白"
		（22）通过控制台监视信号及进路表示		
		（23）接近铃响、光带（表示灯）变红时，再次确认信号开放正确		计算机联锁设备的接近铃响为语音提示
		（24）通知助理值班员："×（次）接近，×道接车"，并听取复诵	（25）通过监控台再次确认信号正确，复诵："×（次）接近，×道接车"	动车组、特快旅客列车的通知接车时机，按《站细》规定
	7. 接送列车	（26）到《站细》规定地点接车。[按通过列车时，眼看、手指出站信号机，确认信号开放正确，口呼："×道出站信号好（了）"]	跨越线路时，执行《安标》的有关规定	
四、列车到达（通过）	8. 列车到达（通过）	（27）通过控制台监视进路、信号及列车进（出）站	（28）监视列车进站，于列车停妥后返回。（通过列车，于列车尾部越过接车地点，确认列车尾部标志后返回）	发现列车有异常等问题时，应立即报告，同时按规定采取安全措施
		（29）列车控制台，确认列车整列进路（通过）接车线		使用计轴设备的应确认计轴计数器显示归0
		（30）（对通过列车摘下安全帽）。对停车列车摘下始端安全帽		
		[（31）对通过列车通知接车站："×（次）、×（点）×（分）通过"，并通过复诵]	[（32）对通过列车擦（划）掉占线板（簿）记载]	
		（33）填写《行车日志》		使用计算机报点系统时，填写"电子《行车日志》"
	9. 报点	（34）通知发车站："×（次）、×（点）×（分）到"，并听取复诵		
		（35）向列车调度员报点："×（站）报点，×（次）、×（点）×（分）到（通过）"		使用计算机报点系统时，通过系统报点

项目三　非正常情况下接发列车作业

☞项目描述

近年来，我国铁路运输业凭借其舒适快捷、准点率高、安全性强等优点得到快速发展，运营里程不断增加。其中接发列车作业是保证行车安全、提高运输效率的重要环节。在正常条件下，工作人员及硬件设备等都处于良好的状态，接发列车作业可靠性水平很高。然而在非正常条件下，比如设备故障、技术设备施工、自然灾害或列车运行过程中遭遇的各种突发情况时，不能按照正常的运输工作计划来完成既定的运输任务，为保证运输质量，提高作业效率，非正常情况接发列车是重要的行车培训内容之一。

非正常情况接发列车是指因行车设备故障、施工（维修）、停电、运行条件或自然条件发生变化等特殊情况下，为保证运输生产连续不断，而临时采用的行车办法。该项目是基于电话闭塞无联锁（含联锁失效或部分失效）及向封锁区间开行路用列车或救援列车的接发列车作业。在整个接发列车作业过程中，严格按照《技规》和《接标》进行作业。为达到学习目标，可根据铁路运输企业接发列车工作的实际情况，设置工作情境，作为一名接发列车作业人员能与邻站、调度所、司机等密切配合，完成相邻两站的接发列车工作。在学习工程中，能相互配合、分工协作完成接、发列车作业，应加强理论联系实际，学会独立思考、举一反三、学以致用。

☞项目任务书

非正常情况下接发列车作业项目任务书见表3-1。

表3-1　非正常情况下接发列车作业项目任务书

名称		非正常情况下接发列车作业
学习目标	知识目标	掌握各种情况的书面行车凭证及填写方法； 掌握非正常情况下接发列车安全控制图； 掌握电话闭塞的使用时机； 掌握引导接车办法及有关规定； 掌握车机联控的时机及用语； 掌握信号机故障接发列车的有关规定； 掌握轨道电路故障接发列车的有关规定； 了解一切电话中断的行车办法； 掌握反方向或双线改按单线行车办法； 理解站内无空闲线路接车办法； 掌握接发特殊列车的办法； 掌握列车分部运行及列车退行办法； 掌握封锁区间开行路用列车的办法； 掌握封锁区间开行救援列车的办法

续表

名称		非正常情况下接发列车作业
学习目标	技能目标	会填写各种行车凭证； 能在无联锁（或联锁失效）情况下准备列车进路； 能确认顺向道岔、对向道岔及防护道岔； 能在无联锁（或联锁失效）情况下人工准备进路（手摇道岔）； 能使用钩锁器对道岔进行加锁及解锁； 会检查与确认接发列车进路； 能按非正常情况接发列车安全控制图办理各项作业； 能按照 TB/T 1500.6—2009 熟练办理电话闭塞无联锁接发列车作业； 能办理进展信号机故障接车作业； 能办理出站信号机故障发车作业； 能办理轨道电路故障接发列车作业； 能办理双线反方向或双线改按单线接发列车作业； 能在线路施工（维修）时接发路用列车； 会正确填写"运统-46"
	素质目标	具有积极向上的学习态度和良好的学习习惯； 具有很强的时间观念和遵章守纪意识； 具有流畅的语言表达能力和较高的团队协调沟通能力； 树立大局观及安全责任意识
学习内容		任务一　非正常情况接发列车的行车凭证 任务二　电话闭塞法行车 任务三　引导接车 任务四　设备故障时的接发列车作业 任务五　一切电话中断时的接发列车 任务六　运行条件变化时的接发列车 任务七　施工维修时的接发列车

任务一　非正常情况接发列车的行车凭证

【任务导入】

　　长期以来，广大铁路职工在长期的生产实践中，摸索总结出确保接发列车安全的宝贵经验。这就是"严三控"（自控、互控、他控），"把三关"（闭塞关、进路关、信号凭证关）和"达四标"（上标准岗、干标准活、用标准语、交标准班）。在"把三关"中，其中把好"信号凭证关"，就是要求车站行车人员在正常情况下接发列车时，严格按照《站细》规定的时机正确及时地开闭信号；在非正常情况下接发列车时，正确及时地填写、交接行车凭证，确保各种情况下接发列车的行车安全。

【知识准备】

　　接发列车时，铁路行车凭证可分为两大类：一类是正常情况下采用的基本行车凭证；另一类是非正常情况下所采用的书面行车凭证。

　　非正常情况下接发列车使用的书面行车凭证如下：

　　（1）路票（《技规》附件1）——使用电话闭塞法行车时列车进入区间的行车凭证。

　　（2）绿色许可证（《技规》附件2）——用于自动闭塞区段，当出站或进路信号机不能按正常要求开放或在未设出站信号机的线路上发出列车时，列车进入出站方面第一闭塞分区的行车凭证。

（3）红色许可证（《技规》附件3）——用于一切电话中断时（自动闭塞设备作用良好除外），列车进入区间的行车凭证。

（4）调度命令（《技规》附件4）——用于向封锁区间开行救援列车或路用列车时，列车进入封锁区间的行车凭证。

（5）出站跟踪调车通知书（《技规》附件5）——用于出站、跟踪调车时，调车车列越出站界进入区间的行车凭证。该行车凭证虽然不是列车占用区间，但和列车占用区间的性质是一样的。因此，要求车站值班员在使用时应与填发列车的行车凭证一样对待。

一、路票

1. 路票的使用

《技规》第321条规定："使用电话闭塞法行车时，列车占用区间的行车凭证为路票。当挂有由区间返回的后部补机时，另发给补机司机路票副页。"因此，无论是自动闭塞、自动站间闭塞还是半自动闭塞，无论是单线区段还是双线区段，只要基本闭塞法停止使用，改用电话闭塞法行车，列车进入区间的行车凭证一律为路票。当发出挂有由区间返回后部补机的列车时，除交给本务司机路票外，还应另外填写一张路票并加盖"副"字戳记后交给后部补机司机，作为由区间返回车站的行车凭证。

路票分为常用路票（表3-2）和备用路票。备用路票除未印刷区间和站名外，其他均与《技规》规定的格式一致。

路票统一由车务段按规定的格式编号印刷下发各车站，各站收到路票后应按路票起讫号张数登记，由专人保管、发放。车务段下发各站的路票应按起讫号、张数逐站登记造册。

路票存放箱不用时必须加锁，钥匙由车站值班员或填写路票人员保管、交接。路票存放箱按一个区间一个设置。

车站值班员或填写路票人员交接班时，应将路票起讫号、张数登记在交接班簿内，接班者应进行核对，相互签名交接。

2. 路票的填写

（1）填写要求

使用路票前应首先确认列车的车次、开往的区间正确，电话记录号码不能漏填、站名印不能漏盖填写时，列车车次和电话记录号码必须字迹工整、不得涂改，站名印清晰可辨。

表3-2 路票

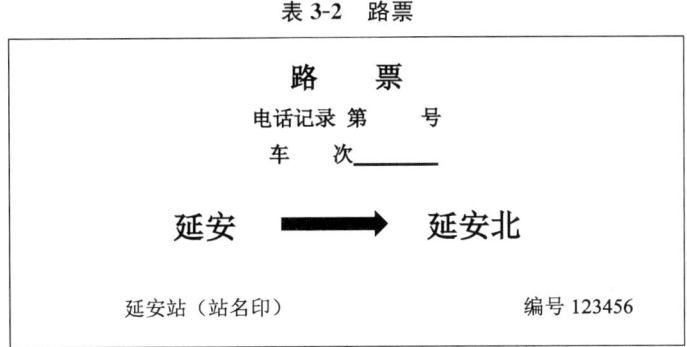

注：1.路票为预先印好区间（即站名）和编号的硬卡片； （规格75 mm×88 mm）
2.加盖副字戳记者，为路票副页。

路票填写的正确与否，直接关系列车运行的安全和正点。为了防止出现错误，《技规》第 323 条规定："路票应由车站值班员或指定的助理值班员填写。对于填写的路票，车站值班员应根据《行车日志》的记录，进行认真核对，确认无误，并加盖站名印后，方可送交司机。"

遇特殊情况，车站常用路票用完又暂时无法补充或区间设立临时线路所时（事故救援除外），由车站值班员或填写路票人员取出备用路票，填好区间和站名，并加盖站名印（临时线路所可不加盖站名印）。备用路票的使用方法与常用路票相同。

（2）填写依据

车站值班员应根据《行车日志》的记录认真填写路票。车次源于《行车日志》、阶段计划。电话记录号码源于《行车日志》的记载。即单线或双线反方向发车（正方向首列发车）取得接车站承认的电话记录号码；双线正方向发车根据收到的前次发出的列车到达的电话记录号码。

3. 路票的填发与接递

（1）填发时机

车站值班员应严格遵守《技规》规定，无论是单线或双线反方向发车还是双线正方向发车，必须在发车进路准备妥当后，方可填发路票。必须坚持先准备好发车进路，后填发路票的作业程序。

（2）路票的复核

复核是指复诵和核对。车站值班员与助理值班员、助理值班员与机车乘务员在路票填妥后与交付时都应认真执行"复诵""核对"制度。其目的是保证凭证的正确性，避免错填、漏填、错交行车凭证。对于填写的路票，如果是车站值班员亲自填写的，填完后首先要自核，对照《行车日志》上记载的列车车次、电话记录号码、占用的区间，用笔点读进行核对。交与助理值班员后由助理值班员念读，值班员与《行车日志》上的记载进行核对。确认无误后，加盖站名印。车站值班员不亲自填写路票的或无助理值班员的，路票交付司机前的核对办法在《站细》中规定。

双线反方向行车时，应在路票上加盖"反方向行车"印章，见表 3-3。

双线、多线区间使用路票时，应在路票上加盖"××线行车"印章。

发出需由区间返回的列车使用的路票，应在路票上加盖"区间返回"印章，见表 3-4。并且在此基础上各铁路局还做出了其他规定，如在成都局的《行规》中规定："发出需由区间返回的列车时，除发给司机路票外，必须发给司机区间停车地点、返回车次、时间及安全注意事项的调度命令，并在发给司机路票的最下边注上'区间折返'字样"。

双线改单线时，使用常用路票，并在路票下方注上："双线改单线，经上（下）行线运行"字样。

发出区间返回后部补机的车站，应另发给补机司机在右上角加盖"副"字戳的路票，作为区间返回时的行车凭证。

表 3-3　反方向行车路票填写

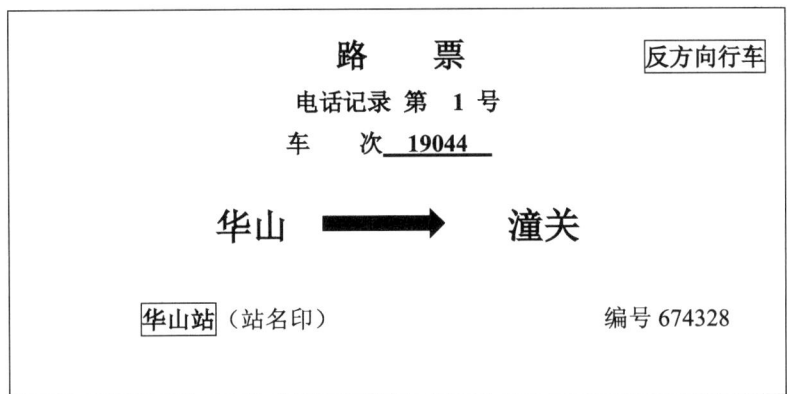

注：1.路票为预先印好区间（即站名）和编号的硬卡片；（规格 75 mm×88 mm）
　　2.加盖⑪字戳记者，为路票副页。

表 3-4　区间返回列车使用的路票

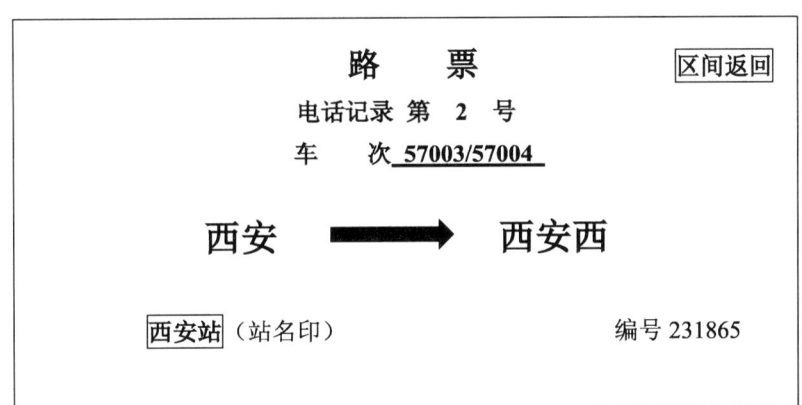

注：1.路票为预先印好区间（即站名）和编号的硬卡片；（规格 75 mm×88 mm）
　　2.加盖⑪字戳记者，为路票副页。

（3）路票的接递

为了保证人身及行车安全，便于路票的回收与交递，接递时要使用行车凭证携带器，原则上应停车接递，必须不停车接递时，应采用两人接递的方式，一人接收，一人交递，在列车运行速度不超过 20km/h 的情况下，接车人员应面向来车方向，先接后递，两人站立前后位置不应少于 50m。接递路票时身体不要侵入限界，接递完毕迅速回到安全位置。

4.路票的收回与作废

接车站收到的路票，应进行确认，然后画"×"作废。按施工特定行车办法办理行车时，在列车到达邻站、区间开通后，车站对该次列车的路票画"×"作废。作废路票的保管单位和时间由各铁路局规定。

对于动车组路票的作废，各铁路局在《行规》中均有规定，如成都局的《行规》规定："接车站确认动车组到达本站、区间开通后，通过列车无线调度通信设备通知司机对路票画'×'作废，司机退勤时交回机务段派班室保管一个月。"

对填错的路票和因计划变更暂时不开的列车，要及时收回路票，并在票面上画"×"作废，以防肇事，见表3-5。

表3-5 收回及作废路票

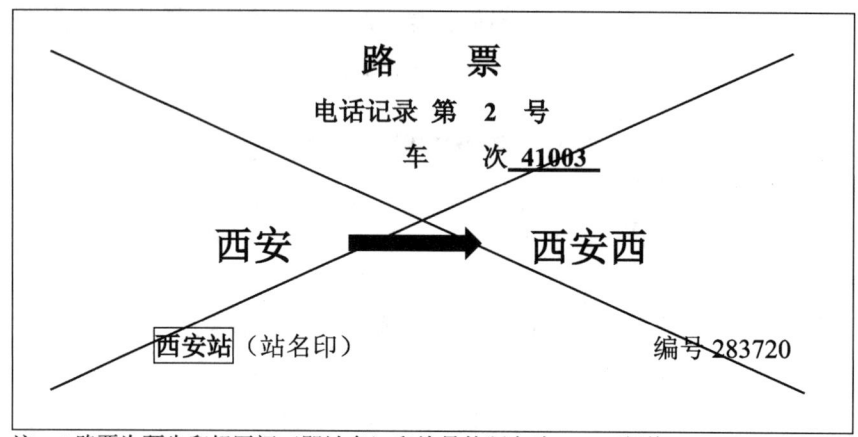

注：1.路票为预先印好区间（即站名）和编号的硬卡片； （规格 75 mm×88 mm）
　　2.加盖副字戳记者，为路票副页。

二、绿色许可证

绿色许可证（表3-6）是自动闭塞区间列车由车站（车场）出发进入出站（出场）方面第一闭塞分区的书面行车凭证。它仅仅指示列车可以由车站（车场）出发运行到次一架通过信号机前。也就是说，它的历史使命是只管出站（出场）方面第一闭塞分区，当列车运行到防护第二闭塞分区的通过信号机前，应按其显示要求执行。

表3-6 绿色许可证

```
              许 可 证
                        第_____号
   在出站（进路）信号机故障、未设出站信号机、列车头部越过出站（进
路）信号机的情况下，准许第_____次列车由_____线上发车。



                   站（站名印）车站值班员（签名）
                         年    月    日填发
```

注：1.绿色纸，复写一式两份，司机一份，存根一份；　（规格 90 mm×130 mm）
　　2.不用的字句抹消。

1.《技规》关于自动闭塞区段使用绿色许可证的规定
自动闭塞区段使用绿色许可证的情况见表3-7。

项目三 非正常情况下接发列车作业

表 3-7 自动闭塞区段使用绿色许可证的情况

列车出发情况	行车凭证	发给行车凭证的依据	附带条件
1. 出站信号机故障时发出列车	绿色许可证	1. 监督器表示第一个闭塞分区空闲,不表示时为接到前次列车到达邻站的通知或前次列车发出后不少于 10min 的时间 2. 确认道岔位置正确及进路空闲 3. 单线须取得对方站确认区间内无迎面列车的电话记录号码	从监督器上不能确认第一个闭塞分区空闲时,车站应发给司机书面通知(《技规》附件8),司机以在瞭望距离内能随时停车的速度,最高不超过 20km/h,运行到第一架通过信号机,按其显示的要求执行
2. 由未设出站信号机的线路上发出列车			
3. 超长列车头部越过出站信号机发出列车			
4. 发车进路信号机发生故障时发出列车		确认道岔位置正确及进路空闲	列车到达次一信号机按其显示的要求执行
5. 超长列车头部越过发车进路信号机发出列车			

注:在四显示区段,因设备不同,执行上述条款困难的,可按铁路局规定办理。

2. 绿色许可证的填写样张

(1) 出站信号机故障时发出列车时,绿色许可证填写样张见表 3-8。

表 3-8 绿色许可证填写样张

<pre>
               许 可 证
                            第   1   号
   在出站 (进路) 信号机故障、未设出站信号机、列车头部越过出站(进
 路) 信号机的情况下,准许第 Z50 次列车由 7 线上发车。

              成都站 站(站名印)车站值班员(签名)徐飞
                       2019 年 6 月 1 日填发
</pre>

注:1.绿色纸,复写一式两份,司机一份,存根一份;　　(规格 90 mm×130 mm)
　　2.不用的字句抹消。

(2) 由未设出站信号机的线路上发出列车,绿色许可证填写样张见表 3-9。同时向司机递交非到发线发车的调度命令,填写样张见表 3-10,该调度命令也可使用语音记录装置良好的列车无线调度通信设备向司机发布、转达。

表 3-9 绿色许可证填写样张

<pre>
               许 可 证
                            第   2   号
   在出站(进路)信号机故障、未设出站信号机、列车头部越过出站(进
 路) 信号机的情况下,准许第 Z50 次列车由 5 线上发车。

              龙潭寺站 站(站名印)车站值班员(签名)徐飞
                       2019 年 6 月 1 日填发
</pre>

注:1.绿色纸,复写一式两份,司机一份,存根一份;　　(规格 90 mm×130 mm)
　　2.不用的字句抹消。

表 3-10　调度命令填写样张

调度命令

2019 年 6 月 1 日 14 时 30 分第 4511 号

受令处所	龙潭寺站、并交 Z50 次司机	调度员姓名	秦天
内容	准许 Z50 次列车在龙潭寺站非到发线 5 道发车。		

（规格 110mm×160mm）　　　　　　　　　　　　受令车站 龙潭寺站 车站值班员徐飞

（3）超长列车头部越过出站信号机发出列车，绿色许可证填写样张见表 3-11。

表 3-11　绿色许可证填写样张

许 可 证　　　　　第　3　号

在出站（进路）信号机故障、未设出站信号机、列车头部越过出站（进路）信号机的情况下，准许第　41802　次列车由　3　线上发车。

成都北 站（站名印）车站值班员（签名）张亚

2019 年 6 月 1 日填发

注：1.绿色纸，复写一式两份，司机一份，存根一份；　　（规格 90 mm×130 mm）
　　2.不用的字句抹消。

（4）发车进路信号机发生故障时发出列车，绿色许可证填写样张见表 3-12。

表 3-12　绿色许可证填写样张

许 可 证　　　　　第　4　号

在出站（进路）信号机故障、未设出站信号机、列车头部越过出站（进路）信号机的情况下，准许第　41804　次列车由　4　线上发车。

成都北 站（站名印）车站值班员（签名）张亚

2019 年 6 月 1 日填发

注：1.绿色纸，复写一式两份，司机一份，存根一份；　　（规格 90 mm×130 mm）
　　2.不用的字句抹消。

(5)超长列车头部越过发车进路信号机发出列车,绿色许可证填写样张见表3-13。

表 3-13 绿色许可证填写样张

许 可 证

第 __5__ 号

在<u>出站(进路)</u>信号机故障、<u>未设出站信号机</u>、<u>列车头部越过出站(进路)信号机</u>的情况下,准许第 __42084__ 次列车由 __5__ 线上发车。

<u>成都北</u> 站(站名印)车站值班员(签名)张亚

2019 年 6 月 1 日填发

注:1.绿色纸,复写一式两份,司机一份,存根一份;　　(规格 90 mm×130 mm)
　　2.不用的字句抹消。

3. 绿色许可证的填写注意事项

(1)绿色许可证原则上由车站值班员填写,由于设备或业务量的关系,可由《站细》指定的助理值班员填写。填写完毕必须经过车站值班员和助理值班员二人共同核对。

(2)填写的绿色许可证必须字迹清楚、内容齐全、印章清晰、不得涂改、填写错误,应划"×"作废。

(3)填写绿色许可证应一式两份,司机一份、存根一份。遇有补机时,应增加一份交给补机司机。

(4)不用的字句一定要抹消,留下的字句要文理通顺、表达准确,不能使人产生误解。

(5)要保证凭证中保留对象的唯一性。例如,信号机是"出站"还是"进路",两者只能保留一个删去另一个;另外信号机是故障、是未设出站信号机,还是列车头部越过出站信号机,三者只取其一。自动闭塞区段,遇出站信号机及发车进路信号机均为故障停用,准许一次发给司机一张绿色许可证,此时,绿色许可证中的出站(进路)字样均不抹消。遇进路上有两架及其以上发车进路信号机故障时,应按发车方向由近及远依次填写故障信号机名称。

(6)不要漏填、错填。许可证中的"第号"是本班使用的顺序号,由车站值班员自己编写填记,和值班员签名一样不可遗漏。车次、到发线、日期不可错填、漏填。

三、红色许可证

《技规》第324条规定:"车站行车室内一切电话中断,单线行车按书面联络法,双线行车按时间间隔法,列车进入区间的行车凭证均为红色许可证。"红色许可证见表3-14。

表 3-14　红色许可证

```
                    许 可 证
                              第_____号
    现在一切电话中断，准许第_____次列车自_____站至_____站，本列
车前于_____时_____分发出的第_____次列车，邻站到达通知 已/未 收到。

                    通 知 书
    1. 第_____次列车到达你站后，准接你站发出的列车。
    2. 于_____时_____分发出第_____次列车，并于_____时_____分再
发出第_____次列车。

                        站（站名印）车站值班员（签名）
                              年    月    日填发
```

注：1. 红色纸，复写一式两份，司机一份，存根一份；　（规格 90 mm×130 mm）
　　2. 不用的字句抹消。

1. 红色许可证的作用

红色许可证包括许可证和通知书两部分，其作用如下：

许可证部分是一切电话中断时列车进入区间的行车凭证。它首先告知司机、运转车长"现在一切电话中断"，准许本次列车进入的区间。其次通知在本次列车前，曾向该区间发出列车的开车时间及是否到达邻站，使本次列车司机了解其运行前方区间是否空闲。如邻站到达通知未收到时，提醒本次列车司机应加强瞭望，防止与前发列车发生追尾。

通知书部分是发车站与接车站确定次一列车占用区间的书面联络书。第一项是发车权的转换，通知接车站"本次列车到达你站后，准接你站发出的列车"。第二项是本次列车后再开续行列车的预告。如果本次列车在区间被迫停车，必须立即通知跟踪列车司机并对本次列车尾部进行防护，防止追尾事故发生。

凭证的红颜色具有提醒司机注意的警示作用。

2. 红色许可证填写样张

（1）已办妥闭塞而尚未发出的列车发车时，可采用两种方式：

① 对持有书面行车凭证的列车除向司机递交已办妥的书面行车凭证外，为了记明下次发车权，还应递交红色许可证的通知书。填写的样张见表 3-15、表 3-16。

表 3-15　路票填写样张

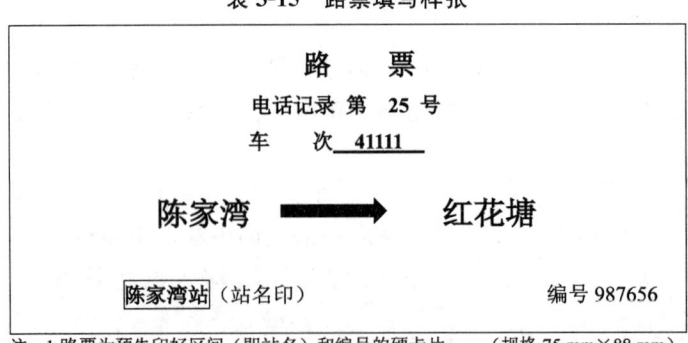

注：1. 路票为预先印好区间（即站名）和编号的硬卡片；　（规格 75 mm×88 mm）
　　2. 加盖 副 字戳记者，为路票副页。

表 3-16　红色许可证填写样张

许　可　证

第　1　号

~~现在一切电话中断，准许第＿＿＿次列车自＿＿＿站至＿＿＿站，本列车前于＿＿＿时＿＿＿分发出的第＿＿＿次列车，邻站到达通知已未收到。~~

通　知　书

1.第　41111　次列车到达你站后，准接你站发出的列车。

~~2.于＿＿＿时＿＿＿分发出第＿＿＿次列车，并于＿＿＿时＿＿＿分再发出第＿＿＿次列车。~~

陈家湾站（站（站名印）车站值班员（签名）张三

2019 年 5 月 30 日填发

注：1.红色纸，复写一式两份，司机一份，存根一份；　　（规格 90 mm×130 mm）

2.不用的字句抹消。

② 收回路票或关闭出站信号后，直接用红色许可证发车，填写样张见表 3-17。

表 3-17　红色许可证填写样张

许　可　证

第　2　号

现在一切电话中断，准许第 41111 次列车自陈家湾站至 红花塘站，~~本列车前于＿＿＿时＿＿＿分发出的第＿＿＿次列车，邻站到达通知已未收到。~~

通　知　书

1.第　41111 次列车到达你站后，准接你站发出的列车。

~~2.于＿＿＿时＿＿＿分发出第＿＿＿次列车，并于＿＿＿时＿＿＿分再发出第＿＿＿次列车。~~

陈家湾站（站（站名印）车站值班员（签名）张三

2019 年 5 月 30 日填发

注：1.红色纸，复写一式两份，司机一份，存根一份；　　（规格 90 mm×130 mm）

2.不用的字句抹消。

（2）未办妥闭塞的单线区间开下行列车的车站优先发车，红色许可证填写样张见表 3-18。

表 3-18　红色许可证填写样张

$$
\begin{array}{c}
\textbf{许 可 证} \\
\end{array}
$$

第　3　号

现在一切电话中断，准许第 41113 次列车自 五凤溪 站至 灵仙庙 站，本列车前于　　时　　分发出的第　　次列车，邻站到达通知 已/未 收到。

通 知 书

1. 第 41113 次列车到达你站后，准接你站发出的列车。

2. 于　　时　　分发出第　　次列车，并于　　时　　分再发出第　　次列车。

五凤溪站 站（站名印）车站值班员（签名）李四

2019 年 4 月 15 日填发

注：1.红色纸，复写一式两份，司机一份，存根一份；　　（规格 90 mm×130 mm）
　　2.不用的字句抹消。

（3）连续发出同一方向的列车时，两列车的间隔时间，应按区间规定的运行时间另加 3min，但不得少于 13min。

注意：如果前次列车在区间被迫停车，根据《技规》第 368 条的规定，应于停车后，立即从列车后方按线路最大速度等级规定的列车紧急制动距离位置处放置响墩防护，以防后次列车追尾。

① 提醒本次列车后还要再开续行列车，红色许可证填写样张见表 3-19。

表 3-19　红色许可证填写样张

$$
\begin{array}{c}
\textbf{许 可 证} \\
\end{array}
$$

第　1　号

现在一切电话中断，准许第 42105 次列车自 广顺场 站至 荣昌 站，本列车前于　　时　　分发出的第　　次列车，邻站到达通知 已/未 收到。

通 知 书

1. 第　　次列车到达你站后，准接你站发出的列车。

2. 于 12 时 44 分发出第 42105 次列车，并于 13 时 05 分再发出第 22093 次列车。

广顺场站 站（站名印）车站值班员（签名）王五

2019 年 4 月 20 日填发

注：1.红色纸，复写一式两份，司机一份，存根一份；　　（规格 90 mm×130 mm）
　　2.不用的字句抹消。

② 同方向开行续行列车，提醒本次列车司机，前发列车邻站到达通知未收到，红色许可证填写样张见表 3-20。

表 3-20　红色许可证填写样张

许　可　证

第　2　号

现在一切电话中断，准许第 22093 次列车自 广顺场 站至荣昌站，本列车前于 12 时 44 分发出的 42105 次列车，邻站到达通知 已/未 收到。

通　知　书

1. 第 22093 次列车到达你站后，准接你站发出的列车。
2. 于＿＿时＿＿分发出第＿＿次列车，并于＿＿时＿＿分再发出第＿＿次列车。

　　　　　广顺场站 站（站名印）　车站值班员（签名）王五

　　　　　　　　　　　　　　　2019 年 4 月 20 日填发

注：1. 红色纸，复写一式两份，司机一份，存根一份；　　（规格 90 mm×130 mm）
　　2. 不用的字句抹消。

持有红色许可证注明"邻站到达通知未收到"的列车司机，应提高警惕、加强瞭望，不准超速运行。当预告信号机未开放或压响墩无人防护时应停车确认，以不超过铁路局规定的速度运行。

（4）优先发车站无待发列车时填写的通知书。

① 优先发车站无待发列车，以单机或重型轨道车向非优先发车站传递红色许可证中的通知书时，红色许可证填写样张见表 3-21。

表 3-21　红色许可证填写样张

许　可　证

第　1　号

现在一切电话中断，准许第 53001 次列车自 双石桥 站至永川站，本列车前于＿＿时＿＿分发出的＿＿次列车，邻站到达通知 已/未 收到。

通　知　书

1. 第 53001 次列车到达你站后，准接你站发出的列车。
2. 于＿＿时＿＿分发出第＿＿次列车，并于＿＿时＿＿分再发出第＿＿次列车。

　　　　　双石桥站 站（站名印）　车站值班员（签名）张天

　　　　　　　　　　　　　　　2019 年 3 月 12 日填发

注：1. 红色纸，复写一式两份，司机一份，存根一份；　　（规格 90 mm×130 mm）
　　2. 不用的字句抹消。

② 优先发车站无待发列车，又无单机或重型轨道车时，车站值班员应指派胜任人员利用一切交通工具或徒步向非优先发车站传递红色许可证中的通知书，红色许可证填写样张见表3-22。

表3-22 红色许可证填写样张

许 可 证　　　　　　　　　　　第　1　号

现在一切电话中断，准许第_____次列车自_____站至_____站，本列车前于_____时_____分发出的第_____次列车，邻站到达通知 $\frac{已}{未}$ 收到。

通 知 书

1. 第_____次列车到达你站后，准接你站发出的列车。
2. 于_____时_____分发出第_____次列车，并于_____时_____分再发出第_____次列车。

双石桥站 站（站名印）车站值班员（签名）张天

2019年6月5日填发

注：1.红色纸，复写一式两份，司机一份，存根一份；　　（规格 90 mm×130 mm）
　　2.不用的字句抹消。

3. 填写红色许可证时应注意的事项

（1）填写一式两份，一份交司机、一份留存根。
（2）填写时必须字迹工整，不得涂改，不用的字必须抹消。填写错误，应画"×"作废。
（3）填写完毕，确认无误后加盖站名印。
（4）必须坚持二人复诵核对制度。
（5）必须坚持发车进路准备妥当后，方准填写红色许可证。

四、调度命令

调度命令，是列车调度员带有约束性的指令。行车有关部门、单位和人员都必须服从行车调度的调度命令，严格按照调度命令的具体要求进行工作。

（一）《铁路技术管理规程》与《铁路运输调度规则》关于发布调度命令的规定（摘录）

1. 铁路运输调度工作实行分级管理、集中统一指挥

中国国家铁路集团有限公司设调度部，铁路局设调度所，技术站设调度室（调度车间）。

铁路局调度所应设综合、安全、技术教育、分析、统计室，计划、行车、高铁、客运、货运、特运、机车、车辆、供电、工务、电务调度室，施工办公室。

2. 行车工作单一指挥原则

中国国家铁路集团有限公司、铁路局调度应及时正确发布与运输有关的调度命令，下级调度以及行车有关人员必须坚决执行。

列车调度员是一个调度区段行车的统一指挥者，有关行车人员必须执行列车调度员的命令、指示，不得违反。

3. 发布调度命令的基本规定

（1）调度命令发布前，应详细了解现场情况，听取有关人员的意见，命令内容、受令处所必须正确、完整、清晰。

（2）使用计算机、传真机、调度命令无线传送系统发布调度命令时，必须严格遵守"一拟写、二审核（按规定需监控人审核的）、三签发（按规定需领导、值班主任签发的）、四发布、五确认签收"的发布程序。命令接受人员确认无误后应及时反馈回执。

（3）使用电话发布调度命令时，必须严格遵守"一拟写、二审核（按规定需监控人审核的）、三签发（按规定需领导、值班主任或值班副主任签发的）、四发布、五复诵核对、六下达命令号码和时间"的发布程序。使用电话发收调度命令时，应填记《调度命令登记簿》（列车调度员使用调度命令系统记录时除外），指定受令人员中一人复诵，并记明发收人员姓名及时刻。

（4）已发布的调度命令遇有错、漏或变化时，尚未开始执行的，必须取消前发命令，重新发布调度命令；已开始执行的，应立即停止执行错误或变化内容，并及时发布调度命令进行修正。

（5）调度命令书写不正确时，应重新书写。

（6）发布有关线路、道岔限速的调度命令，必须注明具体地点、起止里程及限速值。

（7）发布救援调度命令，必须注明被救援列车或车列的救援端里程。

（8）使用常用行车调度命令模板（《调规》附件2）、常用运行揭示调度命令模板（《调规》附件3）拟写调度命令时，可根据需要对命令模板内容进行增加或删减。

4. 铁路局列车调度员发布行车调度命令时，应遵守以下规定

（1）指挥列车运行的命令（运行揭示调度命令除外）和口头指示，只能由列车调度员发布。列车调度员在发布命令之前，应详细了解现场情况，并听取有关人员意见。

（2）发布行车调度命令，要一事一令，不得发布无关内容。一事一令是指对一个独立事件发布一个命令，该独立事件包括单因素事件和多因素事件两类。单因素事件是指不与其他工作发生关联的简单事件；多因素事件是指涉及两项及其以上工作内容，且因此及彼、因果相关、时间相连的复杂事件，可发布一个调度命令。

（3）设有双线双向闭塞设备且作用良好的区间，需要连续反方向行车时，可发布一个调度命令。

（4）交付调度命令的规定：

① 具备调度命令无线传送系统的，列车调度员（车站值班员）应使用调度命令无线传送系统向值乘司机发布（转达）调度命令。

② 语音记录装置良好条件下，符合使用列车无线调度通信设备发布、转达调度命令内容的，列车调度员（车站值班员）可使用列车无线调度通信设备向列车司机发布（转达）调度命令。

③ 不具备上述条件时，本区段有停车站，列车调度员指定车站值班员在列车进入关系地点前的停车站交付调度命令；本区段无停车站或来不及时，在列车进入关系地点

前的车站停车交付调度命令。

5. 对跨局（调度台）的列车，接车铁路局（调度台）列车调度员可委托发车铁路局（调度台）列车调度员发布调度命令。接车铁路局（调度台）要将需转发的调度命令号码和内容发给邻局（调度台），邻局（调度台）在时间允许情况下，不得拒绝委托，并将受令情况向接车铁路局（调度台）列车调度员通报。更换机车或变更限速条件时，应由有关铁路局列车调度员重新发给相关调度命令。途中乘务人员换班时，应将调度命令内容交接清楚。

6. 发布行车调度命令时，涉及限速内容应一并下达（司机已有限速调度命令除外）。

7. 中国国家铁路集团有限公司规定的"常用行车调度命令模板"以外确需发布行车调度命令的事项，由铁路局制定"补充常用行车调度命令模板"。

（二）需要发布调度命令的项目

遇表3-23、表3-24所列情况，须发布调度命令。

表3-23 普速线路行车调度命令项目表

顺序	命令项目	受令者	
		司机	车站值班员
1	封锁、开通区间		○
2	向封锁区间开行救援列车、路用列车	○	○
3	临时变更或恢复原行车闭塞法	○	○
4	双线反方向行车、由双线改为单线或恢复双线行车	○	○
5	变更列车径路	○	○
6	发出在区间内停车或由区间返回的列车	○	○
7	开往区间内岔线的列车	○	○
8	发出临时由区间内返回后部补机的列车	○	○
9	列车需临时降弓运行	○	○
10	因行车设备故障、灾害或施工，以及列车中挂有限速的机车车辆等，需要使列车临时限速运行（纳入运行揭示调度命令或本务机车、动车组自身设备原因限速时除外）	○	○
11	动车组列车空调失效需打开部分车门限速运行	○	○
12	车站使用故障按钮、总辅助按钮		○
13	超长列车或列车挂有装载超限货物的车辆	○	○
14	单机附挂车辆	○	○
15	半自动闭塞区间，超长列车头部越过出站信号机（未压上出站方面的轨道电路）发车	○	○

项目三 非正常情况下接发列车作业

续表

顺序	命令项目	受令者 司机	受令者 车站值班员
16	在非到发线上接发列车	○	○
17	调度日（班）计划以外，临时加开或停运列车（单机除外）	○	○
18	双线区间在区间内进行跨线装卸作业时，对开入邻线的列车	○	○
19	双线区间在区间内有除雪机、起重机工作时，对开入其邻线的列车	○	○
20	双线区间在区间内发生冲突、脱轨、火灾、爆炸事故，对开入其邻线的列车	○	○
21	列尾装置故障（丢失）的货物列车继续运行	○	○
22	改按天气恶劣难以辨认信号的办法行车或恢复正常行车	○	○
23	动车组列车转入或退出隔离模式（被救援时除外）	○	○
24	动车组列车在列控车载设备控车和列车运行监控装置控车之间人工转换	○	○
25	临时利用本务机车调车作业	○	○
26	利用天窗施工、维修作业		○
27	施工、维修作业较指定时间延迟结束		○
28	运行揭示调度命令与实际限速、行车方式或设备不符时	○	○
29	正线、到发线接触网停电或送电（接触网倒闸、跳闸后试送电、向中性区送电或弓网故障排查除外）		○
30	正线、到发线接触网停电后准许登顶作业	○	○
31	双管供风旅客列车运行途中改为单管供风	○	○
32	列车调度员认为有必要记录的上述以外的命令	有关人员	

注：1. 画○者为受令人员。
　　2. 天窗维修作业在指定的时间内完成并销记后，列车调度员不再发布维修作业结束恢复行车的调度命令。
　　3. 动车组列车改按列车运行监控装置方式运行需将列控车载设备隔离时，列车调度员仅发布改按列车运行监控装置方式行车的调度命令。
　　4. 因调车作业动车组控车模式转换，不发布调度命令。自动站间闭塞法行车转为半自动闭塞法行车及转回的调度命令，可不发给司机。

表 3-24　高速线路行车调度命令项目表

顺序	命令项目	受令者 司机	受令者 车站值班员
1	封锁、开通区间		○
2	向封锁区间开行救援列车、路用列车	○	○
3	临时变更或恢复原行车闭塞法		○
4	停止使用基本闭塞法发出列车	○	○

续表

顺序	命令项目	受令者 司机	受令者 车站值班员
5	双线反方向行车、由双线改为单线或恢复双线行车	○	○
6	变更列车径路	○	○
7	动车组列车在区间被迫停车后返回（退回）后方站	○	○
8	向区间发出停车作业的列车	○	○
9	在车站、区间临时停车上、下人员	○	○
10	列车需临时降弓运行	○	○
11	因行车设备故障、灾害或施工，以及列车中挂有限速的机车车辆等，需要使列车临时限速运行（纳入运行揭示调度命令或本务机车、动车组自身设备原因限速时除外）	○	○
12	动车组列车空调失效需打开部分车门限速运行	○	○
13	车站使用总辅助按钮		○
14	准许列车越过故障的进站、出站、进路信号机或线路所通过信号机（能开放引导信号时除外）	○	○
15	调度日计划以外，临时加开或停运列车（单机除外）	○	○
16	按地面信号显示运行的列车改按天气恶劣难以辨认信号的办法行车或恢复正常行车	○	○
17	动车组列车转入或退出隔离模式（被救援时除外）	○	○
18	动车组列车在列控车载设备控车和LKJ控车之间人工转换	○	○
19	越出站界调车	○	○
20	利用天窗施工、维修作业		○
21	施工、维修作业较指定时间延迟结束		○
22	运行揭示调度命令与实际限速、行车方式或设备不符时	○	○
23	正线、到发线接触网停电或送电（接触网倒闸、跳闸后试送电、向中性区送电或弓网故障排查除外）		○
24	正线、到发线接触网停电后准许登顶作业	○	○
25	动车组列车按隔离模式运行需以不超过80km/h的速度越过接触网分相	○	
26	双管供风旅客列车运行途中改为单管供风	○	○
27	列车调度员认为有必要记录的上述以外的命令	有关人员	

注：1. 画○者为受令人员。
2. 受令者为车站值班员的调度命令，不发给集控站车务应急值守人员；集控站转为车站控制由车站值班员指挥行车时应发给车站值班员，并须将前发有关调度命令一并发给车站值班员。
3. 动车组列车改按LKJ方式运行需将列控车载设备隔离时，列车调度员仅发布改按LKJ方式行车的调度命令。
4. 仅发给车站值班员的命令只涉及集控站时不发布（转为车站控制时除外）。因调车作业动车组控车模式转换，不发布调度命令。

(三)作为行车凭证的调度命令

1. 在调度集中区段,由列车调度员办理接发列车,遇基本闭塞法停用或出站、进站(进路)信号机故障停用时,以调度命令作为行车凭证,列车调度员须确认发给行车凭证的依据及附带条件。

2. 向封锁区间开行救援列车

《技规》第374条规定:"向封锁区间发出救援列车时,不办理行车闭塞手续,以列车调度员的命令,作为进入封锁区间的许可。"

(1)向封锁区间开行救援列车(含救援单机)的调度命令填写样张见表3-25。

表3-25 调度命令

调度命令

＿＿＿年＿＿月＿＿日＿＿时＿＿分 第＿＿号

受令处所		调度员姓名	
内容	(自接令时起,＿＿＿站至＿＿＿站间＿＿＿行线区间封锁。) 准许＿＿＿站(利用＿＿＿机车)开＿＿＿次列车,进入＿＿＿站至＿＿＿站间＿＿＿行线封锁区间＿＿＿km＿＿＿m处进行救援,将＿＿＿次列车推进(拉回)至＿＿＿站(返回开＿＿＿次列车)(按救援负责人的指挥办理)		

(规格 110mm×160mm)　　　　　　　　　　　　　　　　受令车站＿＿＿＿＿车站值班员＿＿＿＿＿

(2)列车分部运行封锁区间,利用原列机车返回封锁区间挂取遗留车辆的调度命令填写样张见表3-26。

表3-26 调度命令

调度命令

＿＿＿年＿＿月＿＿日＿＿时＿＿分 第＿＿号

受令处所		调度员姓名	
内容	根据＿＿＿站报告,＿＿＿次列车因＿＿＿,自接令时起＿＿＿站至＿＿＿站间＿＿＿行线区间封锁。 准许＿＿＿站利用＿＿＿机车开行＿＿＿次列车进入封锁区间＿＿＿km＿＿＿m处挂取遗留车辆,将＿＿＿次列车推进(拉回)至＿＿＿站(返回开＿＿＿次列车)		

(规格 110mm×160mm)　　　　　　　　　　　　　　　　受令车站＿＿＿＿＿车站值班员＿＿＿＿＿

3. 向封锁区间开行路用列车

《技规》第382条规定:"向施工封锁区间开行路用列车时,列车进入封锁区间的行车凭证为调度命令。该命令中应包括列车车次、停车地点、到达车站的时刻等有关事项,需限速运行时在命令中一并注明。"

封锁区间并向封锁区间开行路用列车(适用每端各进一列)的调度命令填写样张见表3-27。

表 3-27　调度命令

调度命令

　　　　年　　月　　日　　时　　分　第　　号

受令处所		调度员姓名	
内容	____站至____站间____行线因施工，自___时___分（___次列车到___站）起区间封锁，限___时___分施工完毕。 （1）准许工务部门在____km____m至____km____m处施工。 （2）准许供电部门在____km____m至____km____m处施工。 （3）准许____部门在____km____m至____km____m处施工。 准许___站开___次列车，进入封锁区间___km___m处停车，按施工负责人的指示进行作业，（返回开___次列车，）限___时___分前到达___站。 准许___站开___次列车，进入封锁区间___km___m处停车，按施工负责人的指示进行作业，（返回开___次列车，）限___时___分前到达___站		

（规格 110mm×160mm）　　　　　　　　　　　　　　　受令车站_____车站值班员_____

（四）申请、接受调度命令应注意的事项

1. 车站值班员向列车调度员申请发布封锁区间的命令必须要有根据。例如，施工计划及施工负责人在车站行车室（信号楼）《行车设备检查（施工）登记簿》（简称《运统-46》）中的施工请求；区间机车乘务员的事故救援请求；工务、供电、电务部门有关人员的险情报告等。

2. 双线、多线区间线别要准确。施工或事故救援地点要核实清楚，不得有误。

3. 向封锁区间开行救援列车或路用列车时，调度命令中的区间、车次（往返）限制速度、停车地点要准确无误。接车方式要明确，是开放进站信号接车还是引导接车；是人工引导接车还是开放引导信号接车。路用列车应明确到达车站（是到达前方站还是返回本站）的时刻。

4. 命令内容齐全正确、字迹工整、不得涂改、不用的字要抹消。不能出现错别字，不能出现自造字，更不能使人产生误解。

5. 增强法制观念，千万不可捏造调度命令。

五、出站（跟踪）调车通知书

由于业务量的关系，一些中间站未设牵出线，往往要利用正线进行调车作业。当调车车列（含机车）的长度大于最外方道岔尖轨尖端与进站信号机或站界标的距离时，调车车列势必进入区间才能完成调车作业，这就需要越出站界调车或跟踪出站调车。此时，调车车列进入区间的凭证就是出站（跟踪）调车通知书。

1. 越出站界调车

利用列车运行间隙，使调车车列越过进站信号机或站界标进入区间的调车，称为越出站界调车。

《技规》第 30 条规定："越出站界调车时，双线区间正方向，必须区间（自动闭塞区间为第一个闭塞分区）空闲；单线自动闭塞区间，闭塞系统必须在发车位置，第一个闭塞分区空闲，经车站值班员口头准许并通知司机后，方可出站调车。单线半自动闭塞

区间和双线反方向出站调车时，须有停止基本闭塞法的调度命令，与邻站办理闭塞手续，并发给司机出站调车通知书"。

在越出站界调车时应注意以下规定：

(1)《出站调车通知书》应由车站值班员填发交给司机。如机车距车站值班员室较远，可由车站值班员指定的调车指挥人按照车站值班员的指示填写，确认无误后交给司机。

(2) 越出站界调车时，《出站调车通知书》按时间计算，一批作业尚未终了而回站待避列车时，应收回通知书注销。如需继续出站调车时，应重新办理手续。

(3) 两端站的车站值班员于办理出站调车手续后，应揭挂"越出站界调车"表示牌。调车完毕后，调车指挥人须向司机收回通知书，并注销保管，然后方可报告车站值班员办理区间开通手续，摘除表示牌。凭口头通知越出站界调车完了后，调车指挥人须立即向车站值班员汇报。

(4) 越出站界调车时，不准将车辆停放在区间。

(5) 调度集中区段，在车站调车操作方式下，正方向越出站界调车时，车站必须提前向列车调度员提出调车作业申请，经列车调度员同意后方可办理。

(6) 越出站界调车最远不得越过站界 700m。

(7) 机车（包括除轻型车外的各种动车）挂车到区间装卸作业时，或向区间岔线取送车，不得按越站调车办理。

(8) 越出站界调车凭证的补充规定

① 设有越站调车按钮的单线自动闭塞区段，车站值班员应确认第一闭塞分区空闲后，按下越站调车按钮，确认闭塞系统在发车位置，经车站值班员口头准许并通知司机后，方可出站调车。

② 未设越站调车按钮的单线自动闭塞、单线半自动闭塞、自动站间闭塞区段及双线区间反方向越出站界调车时，须得到停止基本闭塞法的调度命令，确认区间空闲，与邻站办理电话记录并发给司机出站调车通知书后，方可出站调车。

③ 无论单线或双线，在区间已改为电话闭塞法行车的情况下，越出站界调车时须经列车调度员口头准许，在确认区间空闲，与邻站办理闭塞手续取得占用区间的权限，发给司机出站调车通知书后，方可出站调车。

④ 按电话记录办理出站调车的区间两端站，均应将电话记录号码和起止时刻记录在《行车日志》上。

⑤ 单线自动闭塞区段越站调车按钮设置情况应纳入《站细》。

(9) 在 CTCS-2/3 区段，动车组凭调车信号机的显示越出站界调车时，按列控车载设备 CTCS-2 级调车模式调车作业（若动车组头部越过进站信号机处应答器组触发制动，停车后按列控车载设备 CTCS-2 级调车模式继续运行）。

(10) 动车组利用正线调车作业时，按越出站界调车方式办理。

(11) 路用列车及机车、自轮运转特种设备需在高速场与普速场间转场时，可按越站调车方式办理，凭开放的进站（引导）信号进入邻场。

2. 跟踪出站调车

列车由车站出发后尚未到达前方站，间隔一定的距离或时间，调车车列跟随出站列车后面越过进站信号机或站界标进入区间的调车作业，称为跟踪出站调车。

跟踪出站调车的优点是在同一区间内，组织列车运行与调车车列平行作业，充分利用区间通过能力，压缩调车等待时间。缺点是在同一区间、同一时间内有调车车列和列车同时运行，容易诱发冲突事故。为了防患未然，《技规》第303条做了一系列的限制：

（1）只准许在单线区间及双线正方向线路上办理。双线反方向不准办理跟踪出站调车。

（2）为保证跟踪出站调车的车列与前行列车保持一定距离，需等先发列车尾部越过预告、接近信号机（或靠近车站的第一个预告标）或《站细》规定的间隔时间后，方可跟踪出站调车，但最远不得越出站界500m。

（3）出站方向区间内有瞭望不良的地形、有连续长大上坡道的车站（站名由铁路局公布），禁止办理跟踪出站调车。

（4）遇先发列车须由区间返回，或挂有由区间返回的后部补机时，禁止跟踪出站调车。

（5）遇一切电话中断、降雾、暴风雨雪时，禁止跟踪出站调车。

（6）动车组调车作业时，禁止跟踪出站调车。

除此之外，跟踪出站调车时还应注意以下规定：

（1）《跟踪调车通知书》应由车站值班员填发交给司机。如机车距车站值班员室较远，可由车站值班员指定的调车指挥人按照车站值班员的指示填写，确认无误后交给司机。

（2）跟踪出站调车须在《跟踪调车通知书》指定时间内进行。

（3）跟踪出站调车时，应揭挂表示牌。

（4）调度集中区段，在CTC分散自律控制模式下，双线正方向办理跟踪出站调车时，须转为车站控制模式。

（5）待收回"跟踪调车通知书"后，应立即发出电话记录号码通知前方站，双方均应将电话记录号码和起止时刻登记在《行车日志》上。

（6）跟踪出站调车，应通告前发列车司机。前发列车在区间停车后不得后退。特殊情况必须后退时，未得到后方站值班员的准许，不得退入预告信号机或预告标内方。

（7）跟踪调车，前发列车虽已到达前方站，在未得到后方站跟踪调车完毕的电话记录前，单线自动闭塞区间，禁止变更发车方向；其他闭塞区间，禁止办理区间开通手续。

3. 出站（跟踪）调车通知书填写样张。

（1）双线反方向出站调车通知书填写样张见表3-28。

表3-28 出站/跟踪调车通知书

```
                出站
                    调车通知书
                跟踪
        对方站承认的号码第_____1_____号， 反方向

        准许 自 2 时 13 分 起
             至    40   止  41102 机车由车站向 德阳 区间  出站  调车。
                                                      跟踪


        广汉站 站（站名印）车站值班（扳道）员（签名）李建
                                        2019年5月 2日填发
```

注：不用的字句抹消。　　　　　　　　　　　　　（规格 90 mm×130 mm）

(2) 双线车站跟踪调车通知书填写样张见表 3-29。

表 3-29　出站/跟踪调车通知书

```
                出站
                    调车通知书
                跟踪
     对方站承认的号码第_____1_____号，

                 自 3 时 18 起                              出站
     准许                       411.01 机车由车站向 三合场 区间      调车。
                 至    时 33 分止                             跟踪


     江油站 站（站名印）车站值班（扳道）员（签名）李小军
                                    2019 年 5 月 2 日填发
```

注：不用的字句抹消。　　　　　　　　　　　　　　（规格 90 mm×130 mm）

(3) 单线车站出站调车通知书填写样张见表 3-30。

表 3-30　出站/跟踪调车通知书

```
                出站
                    调车通知书
                跟踪
     对方站承认的号码第_____1_____号，

                 自 12 时 27 起                              出站
     准许                       421.03 机车由车站向 燕岗 区间      调车。
                 至    时 39 分止                             跟踪


     峨眉站 站（站名印）车站值班（扳道）员（签名）康一
                                    2019 年 5 月 2 日填发
```

注：不用的字句抹消。　　　　　　　　　　　　　　（规格 90 mm×130 mm）

4. 出站（跟踪）调车通知书使用注意事项。

(1) 单线半自动闭塞区间和双线反方向出站调车时，必须有停止基本闭塞法的调度命令。

(2) 必须与邻站办理闭塞手续。与邻站办理闭塞手续，就是取得邻站承认本站调车车列占用区间的许可。邻站承认的依据就是其发出的电话记录号码。根据邻站承认的电话记录号码填写"出站（跟踪）调车通知书"。

(3) 与邻站办妥闭塞手续，应及时在控制台上进站信号机的列车按钮或出站方面的终端按钮上加挂"出站调车"或"跟踪调车"表示牌。

(4) 遇邻站有对向列车开来、区间不空闲时，严禁预填将"出站（跟踪）调车通知书"交给调车司机。

(5) 填写"出站（跟踪）调车通知书"时，应区间准确，并做到内容齐全：有电话记录号码、有站名印、有车站值班员签名、有起止时分、有作业列车车次、有年月日。字迹工整、不得涂改、不用的字句抹消。

(6) 当越出站界的调车车列回站待避列车后，如需要继续越出站界调车时，应重新办理手续，不得使用原出站调车凭证。

（7）调车车列返回站内、调车作业完毕，应通知调车指挥人及时收回"出站（跟踪）调车通知书"，以防肇事。越出站界的调车车列未返回车站、"出站（跟踪）调车通知书"未收回，严禁办理区间开通手续。

（8）严禁捏造调度命令和对方站承认的电话记录号码。

【思考题】

1. 《技规》中关于何时填发路票是如何规定的？
2. 路票与绿色许可证在使用中有何区别？
3. 简述红色许可证的作用。
4. 在哪些情况下调度命令作为行车凭证？
5. 出站调车和跟踪调车有何区别？

【实训练习】

1. 在沙坝—米易区间使用电话闭塞时，填写 42009 次列车的行车凭证（表 3-31）。（米易站承认的电话记录号码自拟。）

表 3-31 42009 次列车路票填写样张

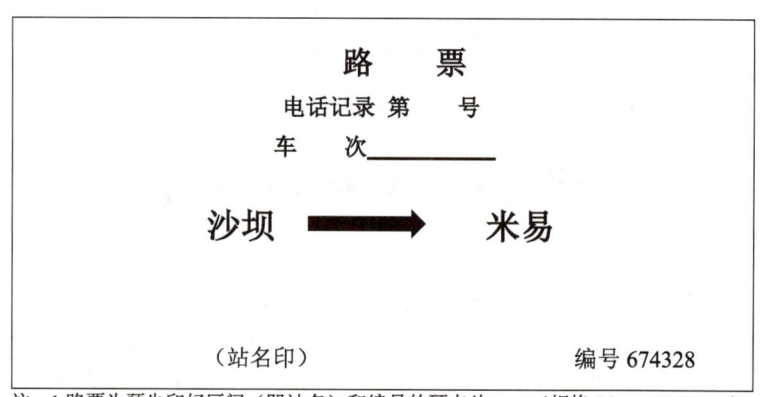

注：1. 路票为预先印好区间（即站名）和编号的硬卡片；（规格 75 mm×88 mm）
　　2. 加盖㊙字戳记者，为路票副页。

2. 沙坝站出站信号机故障时发由 5 道发出 42009 次列车，填写行车凭证（表 3-32）。

表 3-32 42009 次列车绿色许可证填写样张

许　可　证　　第_____号

在出站（进路）信号机故障、未设出站信号机、列车头部越过出站（进路）信号机的情况下，准许第_____次列车由_____线上发车。

站（站名印）车站值班员（签名）

年　月　日填发

注：1. 绿色纸，复写一式两份，司机一份，存根一份；（规格 90 mm×130 mm）
　　2. 不用的字句抹消。

项目三　非正常情况下接发列车作业

3. 龙海站准许 41001 次在龙海站非到发线 6 道发车，填写行车凭证（表 3-33）。

表 3-33　41001 次列车绿色许可证填写样张

```
                   许 可 证
                              第_____号
    在出站（进路）信号机故障、未设出站信号机、列车头部越过出站（进
路）信号机的情况下，准许第_____次列车由_____线上发车。



              站（站名印）车站值班员（签名）
                              年    月    日填发
```

注：1. 绿色纸，复写一式两份，司机一份，存根一份；　　（规格 90 mm×130 mm）
　　2. 不用的字句抹消。

调度命令填写样张见表 3-34。

表 3-34　调度命令填写样张
调度命令
　　　　年　　月　　日　　时　　分　第　　号

受令处所		调度员姓名	
内容			

（规格 110mm×160mm）　　　　　　　　　　　　　受令车站_____车站值班员_____

4. 一切电话中断时，连续向青龙场—彭山区间发出列车，15 时 40 分发出第 32005 次列车（表 3-35），15 时 56 分发出第 41007 次列车。填写行车凭证（表 3-36）。

表 3-35　32005 次列车红色许可证填写样张

```
                   许 可 证
                              第_____号
    现在一切电话中断，准许第_____次列车自_____站至_____站，本列
车前于_____时_____分发出的第_____次列车，邻站到达通知 已/未 收到。

                   通 知 书
    1. 第_____次列车到达你站后，准接你站发出的列车。
    2. 于_____时_____分发出第_____次列车，并于_____时_____分再
发出第_____次列车。


              站（站名印）车站值班员（签名）
                              年    月    日填发
```

注：1. 红色纸，复写一式两份，司机一份，存根一份；　　（规格 90 mm×130 mm）
　　2. 不用的字句抹消。

表 3-36　41007 次列车红色许可证填写样张

<table>
<tr><td>

许　可　证　　　　　第_____号

　　现在一切电话中断，准许第_____次列车自_____站至_____站，本列车前于_____时_____分发出的第_____次列车，邻站到达通知 已/未 收到。

通　知　书

　1. 第_____次列车到达你站后，准接你站发出的列车。

　2. 于_____时_____分发出第_____次列车，并于_____时_____分再发出第_____次列车。

　　　　　　　　　　　　　　　站（站名印）车站值班员（签名）

　　　　　　　　　　　　　　　　　　　年　　月　　日填发

</td></tr>
</table>

注：1. 红色纸，复写一式两份，司机一份，存根一份；　　（规格 90 mm×130 mm）
　　2. 不用的字句抹消。

任务二　电话闭塞法行车

【任务导入】

电话闭塞法是当基本闭塞设备不能使用时，根据列车调度员的命令所采用的代用闭塞法。在没有设备控制的条件下，仅凭闭塞电话联系，以电话记录号码为依据来实现同一区间、同一时间、只准一趟列车运行的行车方法。它的优点是在基本闭塞设备故障或因施工、停电不能使用时，能保持车站不间断地接发列车；缺点是安全性相对较差。使用电话闭塞法行车时，由于基本闭塞设备不能使用，所以它属于非正常情况下的接发列车。

【知识准备】

一、使用电话闭塞法行车的情况

根据《技规》第 311 条的规定，遇下列情况，应停止使用基本闭塞法，改用电话闭塞法行车：

（1）基本闭塞设备发生故障导致基本闭塞法不能使用、自动闭塞区间内两架及以上通过信号机故障或灯光熄灭时。

自动闭塞设备发生故障，不能正常办理行车，所以要停止使用，改电话闭塞法行车。例如：自动闭塞电源停电，区间所有通过色灯信号机灭灯，列车没有进入闭塞分区的行车凭证。

自动闭塞区间内如果有两架及以上通过信号机故障或灯光熄灭，势必造成每趟列车都须在两架及以上通过信号机前停车、等候确认，再以不超过限速的速度运行。这样既降低了列车的运行速度，而且有进入不空闲闭塞分区的危险。既降低了行车效率，又难以保证安全，停机改电是最好的解决方案。

半自动和自动站间闭塞设备发生故障的情况：未办或办理闭塞时，闭塞机表示灯显示错误；列车进入区间或到达车站时，因轨道电路故障，造成闭塞表示灯显示错误；出站信号机故障或灯光熄灭；使用故障按钮不能办理复原等。这些都不能构成半自动控制，都不能以出站信号机的进行信号作为列车占用区间的凭证，所以应当停止使用。

（2）无双向闭塞设备的双线区间反方向发车或改按单线行车时。

双线区间有的未设双向闭塞设备，所以无论是反方向发车，还是改按单线行车，发车站都无反方向的出站信号机，列车进入区间无凭证，必须使用电话闭塞法行车，发给司机路票作为行车凭证。

当双线改按单线行车时，由于未设双向闭塞设备，原反方向发车站必须改用电话闭塞法。对于该区间原定正方向的车站来说，即使能用基本闭塞发出列车，也不允许使用。因为在同一区间、同一条正线上，电话闭塞法和基本闭塞法交替使用，容易造成对向列车进入同一区间，发生严重后果。

（3）发出由区间返回的列车，或发出挂有由区间返回后部补机的列车时。

发出由区间返回的列车时，不能从设备上保证列车未返回发车站前不再向该区间发出列车。为防止车站错误办理，向占用区间再发出列车，造成严重后果，所以必须停止基本闭塞法改按电话闭塞法行车。

发出挂有由区间返回的后部补机的列车时，列车到达前方站，而补机尚未返回发车站，两邻站可以办理区间开通手续，这样容易造成向占用区间发出列车。

（4）自动站间闭塞、半自动闭塞区间，由未设出站信号机的线路上发车，或超长列车头部越过出站信号机并压上出站方面轨道电路发车时。

自动站间闭塞、半自动闭塞区间，列车占用区间的凭证为出站信号机的允许运行的信号。由未设出站信号机的线路上发车，或超长列车头部越过出站信号机并压出站方面的轨道电路时，前者因未设出站信号机，列车进入区间无凭证；后者因发车方面轨道电路已被超长列车头部占用，无法办理闭塞、开放不了出站信号，均需停止使用。

（5）在夜间或遇降雾、暴风雨雪，为消除线路故障或执行特殊任务，开行轻型车辆时。

正常情况下，在设有轨道电路的线路或道岔上运行的轻型车辆要求装有绝缘车轴，以不影响闭塞和接发列车。由于绝缘车轴，不能通过轨道电路确定其位置，为确保安全，轻型车辆仅限昼间封锁施工作业时使用，此时不按列车办理。同样为确保安全，在夜间或遇降雾、暴风雨雪等天气不良瞭望条件不好的情况下，为消除线路故障或执行特殊任务须使用轻型车辆时，要求按列车办理，而由于装有绝缘车轴使轨道电路不起作用，因此基本闭塞设备不能使用，须改用电话闭塞。

另外，自动站间闭塞设备故障，半自动闭塞设备良好时，可根据调度命令改按半自动闭塞法行车。

部分自动站间闭塞是在半自动闭塞的基础上，增加了计轴设备自动检查区间空闲，从而实现了自动站间闭塞，此时，仅计轴设备故障停用，半自动闭塞设备仍作用良好时，可根据调度命令改按半自动闭塞法行车。当半自动闭塞法也不能使用时根据调度命令改用电话闭塞法行车。

二、电话记录号码

电话记录号码不仅是填写路票的重要条件之一，也是区间两端站办理行车闭塞事项的重要依据。采用电话闭塞法行车时，车站在发出电话记录的同时还要编以电话记录号码，以明确办理的事项和责任。

根据《技规》322条的规定，办理电话闭塞时，下列各项应发出电话记录号码，并记入《行车日志》：

（1）承认闭塞；

（2）列车到达，补机返回；

（3）取消闭塞；

（4）单线或双线反方向越出站界调车。

电话记录号码自每日0时起至24时止，按日循环编号，编号办法由铁路局规定。

下面以成都铁路局《行规》为例，电话记录号码编号及使用办法规定如下：

（1）中间站本站发出的电话记录号码，按上、下行分别从每日0时由1号起顺序编号，一日一轮换；编组（区段）站本站发出的电话记录号码，可以不分区间、上下行从每日0时由1号起顺序编号，一日一轮换。

（2）按规定须发出电话记录号码的，双方均应将号码记入《行车日志》的"电话记录号码"栏相应的项目内。

（3）须发出电话记录号码的项目和用语标准规定见表3-37。

表3-37 须发出电话记录号码的项目和用语标准

顺号	作业项目	标准用语
1	承认闭塞	×号，×（时）×（分）同意××（次）闭塞
2	列车到达	×号，××（次）×（时）×（分）到
3	取消闭塞	×号，××（次）取消闭塞（简要说明原因）
4	承认闭塞（挂有途中返回的后部补机时）	×号，×（时）×（分）同意××（次）闭塞，后部挂有途中返回的补机
5	途中折返的补机返回	×号，××（次）后部补机×（时）×（分）已返回
6	承认途中返回的列车闭塞	×号，×（时）×（分）同意××（次）闭塞，途中返回××（次）
7	列车返回	×号，××次×（时）×（分）已返回
8	同意邻站出站调车	×号，×（时）×（分）同意××站××次（机车）出站调车到×（时）×（分）
9	出站调车完毕	×号，××站×（时）×（分）出站调车完毕
10	同意邻站跟踪出站调车	×号，×（时）×（分）同意××站××（次）发出后跟踪出站调车
11	跟踪出站调车完毕	×号，××站×（时）×（分）跟踪出站调车完毕
12	封锁区间（调度电话不通时）	×号，××站××站间从×（时）×（分）起区间封锁（口头简要说明原因）

续表

顺号	作业项目	标准用语
13	开通区间（调度电话不通时）	×号，××站××站间从×（时）×（分）起区间开通
14	改变或恢复基本闭塞法（调度电话不通时）	×号，××站至××站间从×（时）×（分）起停止使用基本闭塞法，改用电话闭塞法（或×号、××站至××站间从×（时）×（分）起恢复使用基本闭塞法）
15	确认区间无迎面列车	×号，××站至××站间无迎面列车

三、单双线电话闭塞无联锁接发列车作业程序

单双线电话闭塞无联锁设备（联锁设备失效）车站的接发列车作业程序、岗位作业技术要求如下：

1. 接发列车作业程序

（1）接车（通过）作业程序（图3-1）

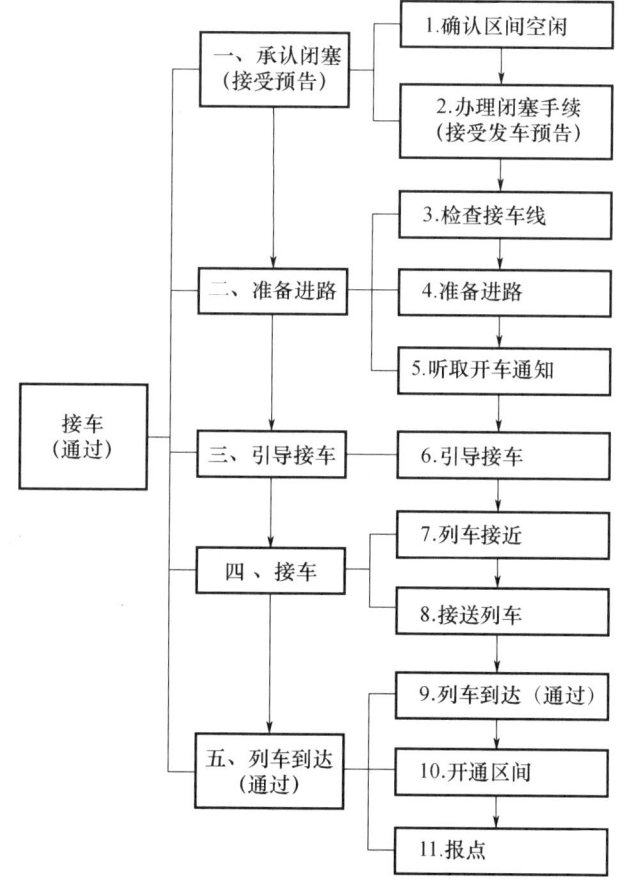

图3-1 接车（通过）作业程序

（2）发车作业程序（图3-2）

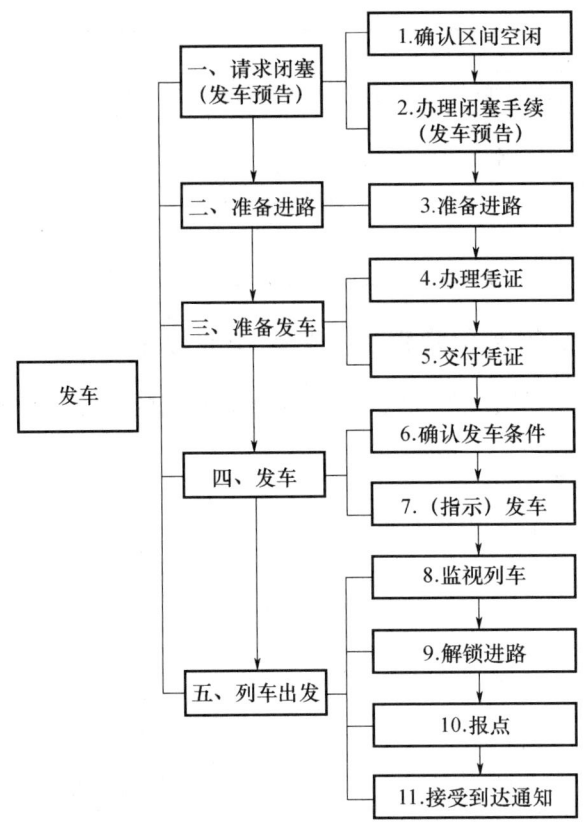

图 3-2 发车作业程序

2. 非正常情况下接发列车安全控制图

在联锁设备故障、施工维修、运行条件变化等非正常情况下接发列车时，接发列车安全控制流程如图 3-3 所示。

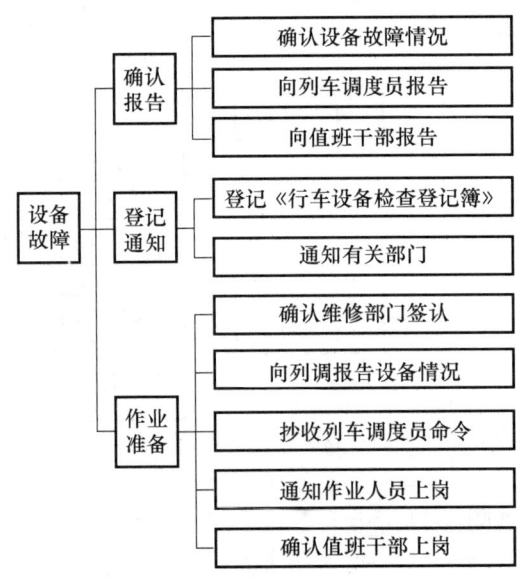

项目三 非正常情况下接发列车作业

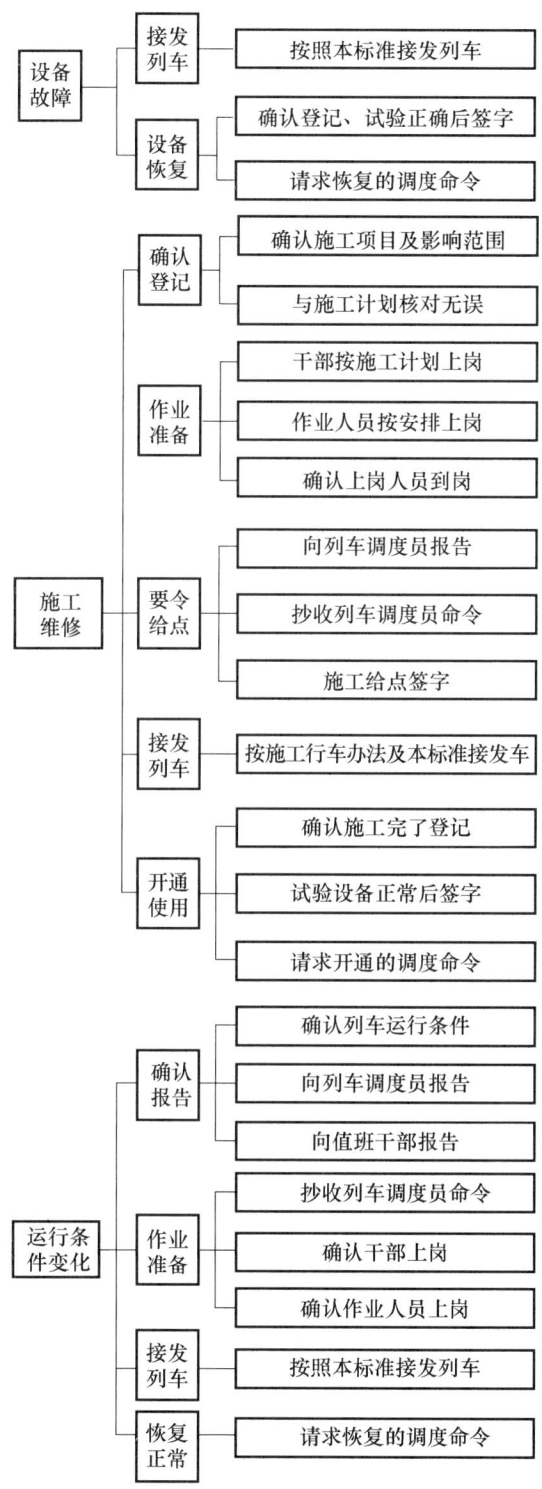

图 3-3 非正常情况下接发列车安全控制

四、电话闭塞的办理手续

1. 电话闭塞接车（通过）作业（表 3-38）

表 3-38　电话闭塞接车（通过）作业程序

作业程序		岗位作业技术要求				说明事项
程序	项目	车站值班员	助理值班员	扳道员（长）	引导员	
一、承认闭塞（接受预告）	1. 确认区间空闲	（1）听取发车站请求闭塞（双线除首列外，为听取发车站预告）				首列使用电话闭塞法时，核对由基本闭塞法改用电话闭塞法的调度命令
		（2）根据《行车日志》及各种行车表示牌，确认区间空闲				
		（3）按列车运行计划核对车次、时刻、命令、指示				
	2. 办理闭塞手续（接受发车预告）	（4）发出电话记录："×号，×（点）×（分），同意×（次）闭塞"［双线除首列外复诵："×（次）预告"］				列车闭塞（预告）后，按《站细》规定通知有关人员
		（5）填写《行车日志》				使用计算机报点系统时，填记"电子《行车日志》"
		（6）口呼："×（次）闭塞（预告）好（了）"。揭挂"区间占用"表示牌	（1）应答："×（次）闭塞（预告）好（了）"			
		（7）必要时与列车调度员核对车次，了解列车停、通、会作业时间等				
		（8）确定接车线				
二、准备进路	3. 检查接车线	（9）通知助理值班员、有关扳道员（长）："×号、×号，×（次）闭塞（预告），检查×道"，并听取复诵	（2）复诵："×（次）闭塞（预告），检查×道"	（1）复诵："×号，×（次）闭塞（预告），检查×道"		
			（3）现场检查	（2）现场检查		
		（10）应答："×道空闲"	（4）向车站值班员报告："×道空闲"，并填写占线板（簿）	（3）向车站值班员报告："×号，×道空闲"，并填写占线板（簿）		

项目三　非正常情况下接发列车作业

续表

作业程序		岗位作业技术要求				说明事项
程序	项目	车站值班员	助理值班员	扳道员（长）	引导员	
二、准备进路	4.准备进路	（11）通知扳道员（长）："×号，停止影响进路的调车作业"，并听取报告		（4）复诵："×号，停止影响进路的调车作业"。确认停止后报告："×号，影响进路的调车作业已停止"		停止调车作业时机，按《站细》规定。无影响进路的调车作业时，此项作业省略
		（12）通知有关扳道员（长）："×号、×号、×（次）、×道停车（通过或到开），准备进路"。听取复诵无误后，命令："执行"		（5）进路上的扳道员（长）复诵："×号、×（次）、×道停车（通过或到开），准备进路"。接停车列车时，接车线末端及有关扳道员（长）回答："×号，知道（了）"		
				（6）正确及时地准备进路，并将进路上的有关对向道岔及邻线上的防护道岔加锁		进路上的分动外锁闭道岔（无论对向或顺向）均应对密贴尖轨、斥离尖轨和可动心轨加锁
		（13）听取扳道员（长）报告后，应答："好（了）"		（7）报告："×号，×道接车进路好（了）"［列车通过或到开时，发车端扳道员（长）报告："×号，×道发车进路好（了）"］		
		（14）通知引导员："确认×道进路"。听取复诵无误后，命令："执行"			（1）复诵："确认×道进路"	设进路检查人员时检查确认办法按《站细》规定
		（15）听取引导员报告后，应答："好（了）"			（2）确认进路正确，报告："×道进路确认好（了）"	扳道员兼引导员或引导人员确认进路有困难时，由扳道（长）再次检查，确认正确后报告。接通过列车时，发车端扳道员（长）再次确认正确后报告
	5.听取开车通知	（16）复诵发车站开车通知："×（次）、×（点）×（分）开"				
		（17）填写《行车日志》				使用计算机报点系统时，填记电子《行车日志》

续表

作业程序		岗位作业技术要求				说明事项
程序	项目	车站值班员	助理值班员	扳道员（长）	引导员	
二、准备进路	5.听取开车通知	（18）通知助理值班员、扳道员（长）："×号、×号，（次）开过来（了）"，并听取复诵	（5）复诵："×（次）开过来（了）"	（8）复诵："×（次）开过来（了）"		
		（19）按《站细》规定通知有关人员				
三、引导接车	6.引导接车	（20）通知引导员："×（次）、×（点）×（分）开过来（了），引导接车"。听取复诵无误后，命令："执行"			（3）复诵："×（次）、×（点）×（分）开过来（了），引导接车"	列车通过时，应办理有关发车作业程序
				（9）监视列车接近	（4）到规定地点，显示引导手信号	
四、接车	7.列车接近			（10）列车到达预告信号机（标），向车站值班员报告："×号、×（次）接近"		因地形限制或扳道员（长）兼任引导员不能报告时，按《站细》规定
		（21）听取扳道员（长）列车接近报告后，通知助理值班员及有关扳道员（长）："×号、×号、×（次）接近，×道接车"，并听取复诵	（6）复诵："×（次）接近，×道接车"	（11）进路上的扳道员（长）复诵："×号，×（次）接近，×道接车"。接停车列车时，接车线末端及有关扳道员（长）回答："×号，知道（了）"		
			（7）再次确认接车线路空闲，到《站细》规定地点接车	（12）再次确认接车线路空闲，到《站细》规定地点接车		
	8.接送列车		（8）监视列车进站，收回占用区间凭证，列车停妥后返回。通过列车，于列车头部进入接车线前，显示通过手信号，接递占用区间凭证，列车头部越过接车地点，收回通过手信号，于列车尾部越过接车地点，确认尾部标志，按规定显示互检信号后返回	（13）监视列车进（出）站，确认列车尾部标志，按规定显示互检信号；停车列车，内方扳道员（长）需确认列车尾部过标，按规定显示过标信号后返回	（5）待列车头部越过引导地点后，收回引导手信号	对动车组以及按施工特定行车办法行车的列车，不回收书面行车凭证

项目三 非正常情况下接发列车作业

续表

作业程序		岗位作业技术要求				说明事项
程序	项目	车站值班员	助理值班员	扳道员（长）	引导员	
五、列车到达（通过）	9. 列车到达（通过）			（14）报告："×号，×（次）到达"。通过列车发车端扳道员（长）报告："×号，×（次）出站"		
		（22）听取列车到达（出站）报告，应答："好（了）"				
		（23）对通过列车通知接车站："×（次）、（×点）×（分）通过"，并听取复诵	（9）对通过列车，擦（划）掉占线板（簿）记载	（15）对通过列车，擦（划）掉占线板（簿）记载		
	10. 开通区间			（16）将加锁的道岔解锁。将道岔恢复定位		连续使用同一进路接发列车时除外
		（24）向发车站发出电话记录："×号，×（次）、×（点）×（分）到"，并听取复诵				
		（25）填写《行车日志》				使用计算机报点系统时，填记"电子《行车日志》"
		（26）摘下"区间占用"表示牌				
		（27）接收到达的路票，按规定处理	（10）将收回的路票交车站值班员			对动车组及按施工特定行车办法行车的列车，无此项作业
	11. 报点	（28）向列车调度员报点："×（站）报点，×（次）、（×点）×（分）到（通过）"				使用计算机报点系统时，通过系统报点

2. 电话闭塞发车作业（表3-39）

表3-39 电话闭塞发车作业程序

作业程序		岗位作业技术要求			说明事项
程序	项目	车站值班员	助理值班员	扳道员（长）	
一、请求闭塞（发车预告）	1. 确认区间空闲	（1）根据《行车日志》及各种行车表示牌，确认区间空闲			首列使用电话闭塞法时，核对由基本闭塞法改用电话闭塞法的调度命令
		（2）按列车运行计划核对车次、时刻、命令、指示（接车时已核对的除外）			
	2. 办理闭塞手续（发车预告）	（3）单线及双线反方向（正方向首列）请求闭塞："×（次）闭塞"［双线正方向除首列外："×（次）预告"］			
		（4）复诵接车站发出的电话记录			双线正方向发车时，除首列外无此项作业
		（5）填写《行车日志》			使用计算机报点系统时，填记"电子《行车日志》"
		（6）口呼："×（次）闭塞（预告）好（了）"。揭挂"区间占用"表示牌	（1）应答："×（次）闭塞（预告）好（了）"		
二、准备进路	3. 准备进路	（7）通知扳道员（长）："×号，停止影响进路的调车作业，"并听取报告		（1）复诵："×号，停止影响进路的调车作业"。确认停止后报告："×号，影响进路的调车作业已停止"	停止调车作业时机，按《站细》规定。无影响进路的调车作业时，此项作业省略
		（8）通知有关扳道员（长）："×号、×号，×（次）、×道发车，准备进路"。听取复诵无误后，命令："执行"		（2）进路上的扳道员（长）复诵："×号，×（次）、×道发车，准备进路"。有关扳道员（长）回答："×号，知道（了）"	
				（3）正确及时地准备进路，并将进路上的有关对向道岔及邻线上的防护道岔加锁	进路上的分动外锁闭道岔（无论对向或顺向）均应对密贴尖轨、斥离尖轨和可动心轨加锁
		（9）听取扳道员（长）报告后，应答："好（了）"		（4）报告："×号，×道发车进路好（了）"	

项目三 非正常情况下接发列车作业

续表

作业程序		岗位作业技术要求			说明事项
程序	项目	车站值班员	助理值班员	扳道员（长）	
二、准备进路	3.准备进路	（10）通知扳道员（长）："×号，确认×道进路"。听取复诵无误后，命令："执行"		（5）复诵："×号，确认×道进路"	
		（11）听取扳道员（长）报告，应答："好（了）"		（6）再次确认正确，报告："×号，×道进路确认好（了）"	
三、准备发车	4.办理凭证	（12）核对车次、区间，电话记录号码，填写路票			双线正方向发车，电话记录号码为：首列为接车站承认的电话记录号码；次一列及以后的列车，为前次发出的列车到达的电话记录号码
		（13）与助理值班员核对路票	（2）与车站值班员核对路票		
	5.交付凭证	（14）通知助理值班员："×（次）、×道发车"，并听取复诵	（3）复诵："×（次）、×道发车"		
			（4）与扳道员对道	（7）与助理值班员对道	
			（5）与司机核对路票，确认正确后交付司机		
四、发车	6.确认发车条件		（6）确认旅客上下、行包装卸和列检作业完了		其他发车条件的确认，按《站细》规定。动车组发车时，无此项作业
	7.（指示）发车		（7）按规定站在适当地点，显示发车信号或向运转车长显示发车指示信号并应依式中转发车信号（使用列车无线调度通信设备发车时除外）		动车组发车时，无此项作业
五、列车出发	8.监视列车	（15）列车起动，通知接车站："×（次）、（×点）×（分）开"，并听取复诵			
		（16）填写《行车日志》			使用计算机报点系统时，填记"电子《行车日志》"
			（8）监视列车，于列车尾部越过发车地点，确认列车尾部标志，按规定显示互检信号后返回	（8）监视列车，确认列车尾部标志，外方扳道员（长）按规定显示互检信号，于列车尾部越过最外方道岔后返回	

续表

作业程序		岗位作业技术要求			说明事项
程序	项目	车站值班员	助理值班员	扳道员（长）	
五、列车出发	9.解锁进路	（17）应答："好（了）"	（9）擦（划）掉占线板（簿）记载	（9）外方扳道员（长）向车站值班员报告："×号，×（次）出站"	
				（10）擦（划）掉占线板（簿）记载	
				（11）将加锁的道岔解锁。将道岔恢复定位	连续使用同一进路接发列车时除外
	10.报点	（18）向列车调度员报点："×（站）报点，×（次）、（×点）×（分）开"			使用计算机报点系统时，通过系统报点
	11.接受到达通知	（19）复诵接车站列车到达电话记录			
		（20）填写《行车日志》			使用计算机报点系统时，填记"电子《行车日志》"
		（21）摘下"区间占用"表示牌			

五、人工准备进路

1. 无联锁人工扳动道岔制度

无联锁人工扳动道岔准备进路时，执行"眼看、手指、口呼"及执行"一看、二扳、三确认、四显示"制度。

"一看"：在扳动道岔前，看道岔的位置是否需要扳动；看接车线是否空闲；看机车车辆是否越过警冲标；扳联动道岔时，还要看机车车辆是否越过另一端道岔。

"二扳"：将道岔扳到所需位置。

"三确认"：确认道岔开通位置是否正确；闭止块是否落槽；尖轨与基本轨是否密贴；进路有关道岔位置是否正确；准备接发列车进路时，还要确认影响进路的调车作业是否停止。

"四显示"：确认无误后，向车站值班员汇报进路准备妥当或向要道人员显示股道号码和进路开通信号。

2. 集中联锁停电手摇道岔制度

集中联锁车站在停电或故障时，需使用手摇把就地人工操纵道岔。操纵道岔时，应认真执行"眼看、手指、口呼"及执行"一看、二摇（锁）、三确认、四呼唤（显示）"制度。

"一看"：在手摇道岔前应先看进路是否空闲、看机车车辆是否越过警冲标、看机车车辆是否越过联动道岔、影响进路的调车作业是否停止、看道岔的开通方向、确认是否需要手摇等。

"二摇（锁）"：将道岔手摇到所需位置；对应加锁的道岔按规定加锁。

"三确认"：确认道岔开通位置是否正确，尖轨与基本轨是否密贴，应加锁的道岔是否已加锁。

"四呼唤（显示）"：逐一确认无误后，向车站值班员报告"×道接车（发车）准备好（了）"，或向要道人员显示股道号码和进路准备妥当手信号。

3．手摇道岔的方法

电动转辙机钥匙及手摇把应在《站细》规定的地点存放，实行统一编号，集中管理，平时由电务信号工区加锁，由《站细》规定的车站值班员、扳道员或道岔清扫员保管。需要使用时，要认真执行登记签认制度。遇集中联锁设备故障时，为保证不间断接发列车，应在车站值班员指示下，由扳道人员就地手摇道岔。

手摇道岔时，将钥匙孔盖上的锁打开使钥匙盖向下方转动，露出手摇把孔。将手摇把插入孔内，手摇转动36～38圈，听到"咔嚓"的声音后，即表示道岔已手摇到位，尖轨被锁闭。由于"咔嚓"的声音很小，加上现场声音嘈杂，必须注意观察，切不可未手摇到位即抽出手摇把。对应加锁的道岔，即使摇到位，听到"咔嚓"的声音，也必须加锁，以确保进路安全。

经过手摇的道岔，不能自动恢复集中操纵。转辙机底壳内的安全接点是非自复式的，由于抽出手摇把后安全接点也不能接通，钥匙孔盖也不能恢复原来的位置，电动转辙机还处于断电状态。即便恢复供电，该道岔的电动转辙机仍不能动作，使人工转换后的道岔不改变其开通方向，保证进路的正确。

电气集中设备恢复正常，停止手摇道岔，在接车时，列车全部进入警冲标内方，发车时，出发列车应整列出站，再由电务人员使用专用钥匙打开电动转辙机机盖，经确认设备处于正常状态，接通安全接点，钥匙孔盖恢复原来位置，手摇把插孔被覆盖，人工转换停止。此时，对电动转辙机及钥匙孔盖加锁，当道岔操纵电路恢复后，即列入集中操纵。

为了适应列车提速的需要，许多区段都安装了分动外锁闭可动心轨道岔。这种道岔是由交流液压电动转辙机操纵的，转辙机内无齿轮传动装置。若手工摇岔时，转数不固定，在200转以上，摇动期间不能停顿，停动后又要从头摇动。因此，对手工摇岔有一定难度。同时，由于道岔的两尖轨是分别动作的，一尖轨与基本轨密贴后，另一尖轨方开始动作，必须两尖轨动作均到位后，才能停止摇动。有的道岔是由两组液压转辙机操纵，在摇动时还要注意另一转辙机的动作。外锁闭道岔的锁闭力可在60t以上，而内锁闭道岔的锁闭力仅在5t左右。因而外锁闭道岔对列车提速后产生的较大冲击力，有着良好的适应作用。但在人工手摇道岔时，由于人员的疏忽错误开通道岔方向时，列车很难冲开密贴的尖轨与基本轨，很可能造成列车出轨事故。分动外锁闭可动心轨道岔在进行人工转换时必须确保两尖轨都转换到位，同时还必须确保心轨与尖轨开通方向一致。铁路局应在《行规》中明确规定。

4．手摇把及钥匙的使用管理

《技规》第237条规定，道岔加锁的钥匙、电动转辙机手摇把管理办法，均应在

《站细》内规定。电动转辙机手摇把,要实行统一编号、集中管理,建立登记签认制度。手摇把及钥匙的使用管理办法由铁路局规定。例如,成都铁路局规定如下:

(1) 车站电动转辙机钥匙、手摇把由电务部门配备,车务部门集中保管,按规定存放在车务站段统一制作的手摇把箱内。手摇把由电务统一编号,手摇把箱由车站加锁、电务加封。

(2) 使用手摇把前,使用单位应在《行车设备检查登记簿》内登记申请,经车站值班员(调车区长)签认后方可领取(施工维修可在计划开始时间前60min领取)。

(3) 手摇把使用完毕后,使用单位应及时归还、销记。车站、电务共同确认手摇把数量、编号正确后,由车站加锁、电务加封。

(4) 电锁器钥匙由电务部门配备、车务部门保管。非车务单位使用时须在《行车设备检查登记簿》内登记,经车站值班员签认后方可领取。

5. 无联锁(联锁失效)接发列车进路上道岔的加锁

在无联锁(包括联锁失效)的线路上接发列车时,车站值班员除严格按接发列车手续办理外,还应将进路上无联锁的有关对向道岔及邻线上防护道岔加锁。进路上无联锁的分动外锁闭道岔无论对向或顺向,均应对密贴尖轨、斥离尖轨和可动心轨加锁。具体加锁办法,由铁路局规定。

(1) 对向道岔、防护道岔的确认

道岔的对向与顺向,是根据列车(车列)的运行方向不同而予以区别。

所谓"对向道岔",是指列车(车列)由道岔尖轨向辙叉方向运行时,该道岔即为进路上的"对向道岔";而当列车(车列)经辙叉心向道岔尖轨尖端方向运行时,该道岔则称为进路上的"顺向道岔"。

"防护道岔"是指接发列车进路上衔接的能将邻线隔开的道岔。即能将本线进路与邻线接发车进路隔开的道岔,称为防护道岔。

当进路上顺向道岔开通位置错误时,可能造成挤岔事故。

当对向道岔开通位置错误时,则可能使列车进入不该进入的线路,与该线内的机车、车辆发生冲突,其后果严重。因此,为保证接发车的安全,对进路上对向道岔,除须确认其开通位置正确外,还须加锁。

当防护道岔开通位置错误时,可能造成邻线上的机车车辆闯入接发列车进路。因此,要求邻线上的防护道岔亦须开通正确位置并加锁。

以图3-4为例:

当上行列车由6道正方向发车时:

顺向道岔为23、21、13、9号道岔;

对向道岔为5、3号道岔;

防护道岔为15、11、7、1号道岔。

当下行列车进Ⅰ道时:

顺向道岔为11号道岔;对向道岔为1、17号道岔;防护道岔为3、9号道岔。

(2) 道岔加锁基本办法

在无联锁线路上接发列车时,进路上对向道岔及邻线防护道岔的基本加锁办法如下:

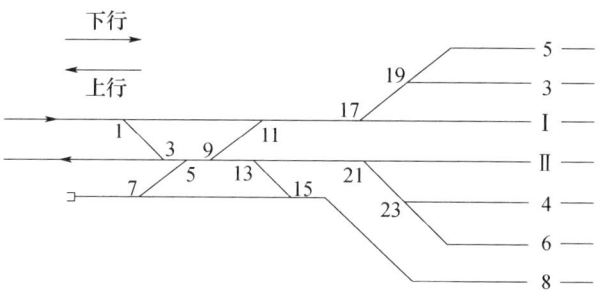

图 3-4　某站咽喉示意图

非集中联锁的车站，道岔转换是人工就地操纵通过转辙器动作实现的。对渡线（联动）道岔，只要人工加锁一端道岔则整组道岔不能扳动。以图 3-4 为例，如 1、5、9、13 号道岔需加锁时，也可对 3、7、11、15 号道岔进行加锁，但必须对另一端道岔安全状况进行检查确认。以图 3-4 为例，当上行列车由 6 道正方向发车时，需加锁的道岔：13/15、9/11、5/7、1/3 号道岔；Ⅰ道接入下行列车时，需加锁的道岔：1/3、9/11、17 号道岔。

电气集中联锁的道岔，道岔尖轨的转动是电动转辙机带动的，渡线道岔两端由两组电动机单独带动，当由集中操纵改为就地操纵时，接发车人员需用手摇把分别操纵渡线两端道岔，加锁时也要对防护道岔和对向道岔分别加锁。以图 3-4 为例，当上行列车由 6 道正方向发车时，需加锁的道岔是：5、3 号（对向道岔）和 15、11、7、1 号（防护道岔）；Ⅰ道接入下行列车时，需加锁的道岔是：1、17 号（对向道岔）和 3、9 号（防护道岔）。

① 密贴尖轨钩锁器的加锁位置。

a. 单转辙机的道岔，在转辙机牵引点处的轨枕盒内加锁。

b. 双转辙机的道岔，在转辙机第 1 牵引点处的轨枕盒内加锁。

c. 有 3 台转辙机的道岔，在第 1、2 牵引点处的轨枕盒内加锁。

d. 有 4 台转辙机及以上多转辙机的道岔，除在第 1、2 牵引点处的轨枕盒内加锁外，自第 4 牵引点开始，每隔 1 个牵引点，在牵引点处的轨枕盒内加锁。

② 2 台转辙机及以下的可动心轨，在第 1 牵引点适当位置加装钩锁器。3 台转辙机及以上的可动心轨，在第 1、2 牵引点适当位置加装钩锁器。

③ 3 台转辙机及以下的分动外锁闭道岔，在第 1 牵引点对应处的轨枕盒内，加装斥离尖轨钩锁器。4 台转辙机及以上的分动外锁闭道岔，在第 1、2 牵引点对应处的轨枕盒内，加装斥离尖轨钩锁器。

④ 规定在牵引点处轨枕盒加锁的钩锁器，遇牵引点处轨枕盒不能安装时，可锁于牵引点后的轨枕盒内。

⑤ 分动外锁闭道岔无联锁条件下手摇及加锁办法

a. 手摇道岔时先摇心轨，后摇尖轨，经确认尖轨、心轨密贴于基本轨，道岔位置正确后，按规定加锁。

b. 无可动心轨道岔钩锁器的安装与拆卸均按"斥离尖轨→密贴尖轨"的顺序进行；可动心轨道岔钩锁器的安装与拆卸均按"心轨→斥离尖轨→密贴尖轨"顺序进行。

c. 当道岔尖轨（含心轨）与基本轨不密贴或不能锁闭时，如需手摇道岔准备进路办理行车作业，车站必须等工务、电务人员到达后，由工务人员负责对密贴轨采取安全防护措施，以锁闭装置加锁；由电务人员负责对斥离轨采取安全防护措施；由车站负责确认道岔开通位置正确后，按上述规定加锁。

【思考题】

1. 《技规》规定哪些情况下应使用电话闭塞法行车？
2. 办理电话闭塞时，哪些情况应发出电话记录号码？
3. 简述无联锁人工扳动道岔制度。
4. 简述集中联锁停电手摇道岔制度。
5. 手摇把及钥匙的使用管理是如何规定的？

【实训练习】

1. 双线自动闭塞区段办理电话闭塞行车。

（1）已知条件

08:30～14:30 乙站"电码化"施工。

08:29 列车调度员发布 905 号令，甲—乙区间自动闭塞停用，改为电话闭塞法行车。

09:58 甲站向乙站发出 11311 次货物列车。

区间货列车运行时分为 10min。

（2）演练要求

执行接发列车作业标准，办理 11311 次接发列车作业。

任务三　引导接车

【任务导入】

在正常情况下，我们通过控制台办理一条接车进路，联锁设备会检查一系列联锁条件，只有满足规定的联锁条件，信号才能够开放。而当进站信号机不能使用时，是不可能开放信号接车的。还有一种情况是双线区段由反方向开来列车而无进站信号机时，也是不可能开放信号接车的。信号没有开放，列车将在信号机外停车，如果机外停车时间过长，势必会影响运行秩序，所以为了避免列车长时间机外停车，必须绕过或部分绕过这些联锁条件将列车接入站内，这就是引导接车。

【知识准备】

一、引导接车的概念

引导接车是指凡进站或接车进路信号机不能正常使用或双线反方向无进站信号机时，以引导信号或引导手信号接车的办法。引导接车不再靠设备去检查联锁条件，为保证接车安全，联锁条件必须靠人工去控制，即所谓"人工联锁"。因此，从本质上看，引导接车与使用书面凭证发车是一样的。

引导接车须报请列车调度员发布调度命令，并使用列车无线调度通信设备通知司机。

二、使用引导接车的情况

（1）进站或接车进路信号机不能正常使用时（包括信号机故障、联锁失效、轨道电路故障导致信号机不能正常开放等）；

（2）车站停电或信号机维修施工停用时；

（3）向进站或接车进路信号机联锁范围以外的线路（非到发线）接车时；

（4）无双向闭塞设备的双线区段反方向接车时。

三、引导接车的方式

引导接车可分为信号机引导和人工引导两类。

信号机引导即使用进站或接车进路信号机显示的引导信号接车，根据使用情况又可分为引导进路锁闭方式引导和总锁闭方式引导两种。

引导信号不能开放或无进站信号机时，使用人工引导手信号接车。

（一）使用信号机引导接车

1. 引导进路锁闭接车

（1）适用范围

当进站、接车进路信号机发生故障不能开放允许信号或接车进路上（含延续进路）某一轨道区段发生红光带故障（不改变红光带区段道岔位置）时，采用引导进路锁闭方式接车。

（2）作业过程

① 确认接车进路空闲。派人现场检查，确认进路空闲，对出现红光带的轨道区段，必须派人现场检查有无机车车辆占用，报告列车调度员，通知站长（或值班干部，以下同）到岗，按规定登记《行车设备检查登记簿》（以下简称《运统-46》），通知工务、电务部门处理。

② 准备接车进路

采用排列调车进路（排列后取消）或单独操纵道岔的方式，将道岔转换至所需要的位置，遇进路上道岔区段发生红光带故障，且该道岔的位置就是准备进路时所需要的位置，经过现场确认空闲后，应对该道岔实行单独锁闭。

③ 确认接车进路正确

确认接车进路正确，关键是确认进路上的道岔开通位置。6502继电集中联锁应按压该咽喉区的接通光带按钮或通过道岔定、反位表示灯，确认进路开通正确。计算机联锁设备直接从显示屏上站场基本图形中道岔岔尖缺口位置，确认进路开通正确。

④ 开放引导信号

登记《运统-46》、6502继电联锁破封（计算机联锁输入口令）、按压该咽喉区引导信号按钮。控制台接车进路亮白光带（故障轨道区段仍亮红光带），进站（接车进路）信号机的引导信号开放（图3-5）。

图3-5 引导信号

⑤ 列车到达后解锁进路

当列车第一轮对越过进站（接车进路）信号机后，引导信号自动关闭。列车按进路方向对轨道区段逐段占用（亮红光带）、逐段出清（红光带熄灭）。列车经过后，亮红光带的故障轨道区段在工务、电务人员没有修复以前始终亮红光带。列车整列到达接车线警冲标内方后，控制台上接车进路仍亮白光带，说明进路还在锁闭状态。

解锁进路的方法是同时按压该咽喉区的"总人解"按钮和接车进路的始端按钮，不经延时白光带立即熄灭，进路解锁。

注意：列车到站后，在办理解锁接车进路的过程中，进路若出现重复锁闭，则上述办法不能解锁进路。例如，在信号机正常使用时已经建立了一条接车进路，白光带点亮，信号开放正确（进路第一次锁闭）。假如进路上某一轨道区段突然出现红光带，进站信号恢复红灯，但接车进路上仍有白光带保留，现场确认故障区段空闲后，按压引导信号按钮，开放引导信号（进路第二次锁闭）。这时列车到站后的进路解锁用上述办法就不能解锁，应采取区段故障解锁的方式实行逐段故障解锁。

2. 引导总锁闭接车

（1）适用范围

当接车进路上某一组道岔失去表示（道岔被挤除外），接车进路上（含延续进路）某一轨道区段发生红光带故障（需改变红光带区段道岔位置）或向非信号机所属线路接车时，采用引导总锁闭方式接车。

（2）作业过程

① 确认接车进路空闲

派人到现场检查确认接车进路空闲、失去表示的道岔无病害。报告列车调度员，通知站长到岗，登记《运统-46》，通知工务、电务部门处理。

② 准备接车进路

对控制台上有表示的道岔通过排列调车进路或单操道岔将其转换至所需位置。对失去表示的道岔，派人现场确认开通位置，根据需要手摇至所需位置，确认尖轨与基本轨密贴，按规定加锁。

③ 确认敌对进路未建立

使用引导总锁闭接车，开放引导信号既不检查敌对进路，也不锁闭敌对信号。因此，车站值班员、信号员要认真检查确认无敌对进路建立，并采取相应措施（例如在控制台上对敌对信号机加帽、卡或挂牌对进路末端的分歧道岔开通邻线并进行单锁），以防误办。

④ 确认接车进路正确

6502继电联锁应按压该咽喉区接通光带按钮（仅能确认有表示的道岔位），确认进路开通是否正确。计算机联锁直接从显示屏上站场基本图形中道岔岔尖缺口位置，确认进路开通正确。对于失去表示的道岔，必须派人到现场确认道岔位置开通正确。手摇道岔应认真执行二人确认制度，确认道岔位置开通正确、尖轨与基本轨密贴，并按规定人工加锁。

⑤ 开放引导信号

破封（输入口令）按压该咽喉区引导总锁闭按钮（该咽喉区道岔实现全部锁闭），

锁闭接车进路。破封（输入口令）按压引导信号按钮，进站（接车进路）信号机的引导信号开放，接车进路在控制台上无白光带显示。

⑥ 列车到达后解锁进路

列车第一轮对越过进站（接车进路）信号机后，引导信号自动关闭，列车按进路方向对轨道区段逐段占用（亮红光带）、逐段出清（红光带熄灭）。但失去表示的道岔区段，始终没有光带显示。确认列车整列到达后，拉出该咽喉区的引导总锁闭按钮，全咽喉区道岔解锁，完成进路解锁。

注意：有的车站因电路设计原因，完成进路解锁后，会出现该咽喉区的出站信号开放不了的现象。这时可同时按压总人工解锁按钮和列车进路的始端按钮，完成电路复原，出站信号机即可开放。

使用引导进路锁闭和引导总锁闭两种方式接车时，遇进站、接车进路信号机内方第一轨道区段出现红光带，开放的引导信号都不保留。6502继电联锁必须一直按压引导信号按钮不松手，直至列车头部越过进站（接车进路）信号机进入信号机内方第二轨道区段（或听取报告）。计算机联锁应在延时×秒内（屏幕有信号保留的倒计时提示，比如有的联锁系统为15s），不断按压引导信号按钮，保持引导信号一直处于开放状态。

（二）引导手信号接车

（1）适用范围

当进站、接车进路信号机红灯熄灭；无双向闭塞设备的双线区间有反方向开来列车而无进站信号机或施工、停电等情况时，采用引导手信号接车。

（2）作业过程

① 确认进路空闲

检查、确认接车进路空闲，报告列车调度员，通知站长（或值班干部，以下同）到岗，按规定登记"运统-46"，通知电务部门处理。

② 准备接车进路

采用排列调车进路（调车进路不能完全锁闭整个进路时，其他道岔单独操纵并单独锁闭）或单独操纵进路上的道岔（含防护道岔）的方式，将道岔转换至所需要的位置。

③ 确认接车进路正确

6502继电集中联锁应按压该咽喉区的接通光带按钮或通过道岔定、反位表示灯，确认进路开通正确。计算机联锁设备直接从显示屏上站场基本图形中道岔岔尖缺口位置，确认进路开通正确。

④ 派引导员显示引导手信号

由引导人员接车时，应在引导员接车地点标处（未设的，引导人员应在进站信号机、进路信号机或站界标外方），显示引导手信号接车。如图3-6所示，图（a）为昼间的显示方法，图（b）为夜间的显示方法。

⑤ 列车到达后解锁进路

列车全部进入接车线警冲标内方后，将进路上的单独锁闭道岔解锁。

(a)　　　　　　　　　(b)

图 3-6　引导手信号

(a) 昼间；(b) 夜间

【思考题】

1. 何谓引导接车？在哪些情况下需要使用引导接车？
2. 引导接车包括哪些方式？
3. 什么情况下采用引导进路锁闭接车？
4. 简述引导进路锁闭接车的作业过程。
5. 什么情况下采用引导总锁闭接车？
6. 简述引导总锁闭接车的作业过程。
7. 什么情况下采用引导手信号接车？
8. 简述引导手信号接车的作业过程。

【实训练习】

1. 双线自动闭塞进站信号机故障接车。

(1) 已知条件

阶段计划：31002 次 11:00 到。

(2) 演练要求

执行接发列车作业标准，办理 31002 次接车作业。

故障设置：31002 次接车开放进站信号后，进站信号机故障。

2. 双线自动闭塞道岔无表示接车。

(1) 已知条件

阶段计划：27002 次 21:30 到。

(2) 演练要求

执行接发列车作业标准，办理 27002 次列车接车作业。

故障设置：27002 次进站信号开放后，进路上的道岔失去表示。

任务四　设备故障时的接发列车作业

【任务导入】

作为接发列车工作人员，除了能在正常情况下完成接发列车作业以外，还要能够进行行车设备故障情况下进行接发列车作业。行车设备故障主要有进出站信号机故障、轨道电路故障、道岔失去表示、区间通过信号机故障、车站停电等情况。故障不同，处理的流程和环节有所不同，接发列车的作业方法也随之不同。行车工作人员需熟练掌握设备故障时的接发列车作业程序和方法。

【知识准备】

一、行车设备故障处理程序

行车设备故障是导致联锁关系失效的直接原因。行车设备故障主要有进站（进路）信号机故障、出站信号机故障、轨道电路故障、道岔失去表示、区间通过信号机故障、停电、一切电话中断等情况。发生行车设备故障后，必然涉及设备部门的检查、维修等，所以车站值班员应清楚设备故障处理程序及程序中所涉及的用语、《行车设备检查登记簿》（以下简称《运统-46》）的填写、调度命令的请求与接收，并判断接发列车作业的依据及确定作业方法。

无论何时发生行车设备故障，车站作业人员均应及时报告车站值班员。车站值班员应根据行车设备故障情况做出初步判断，并及时进行应变处理。

行车设备故障处理程序如图 3-7 所示。

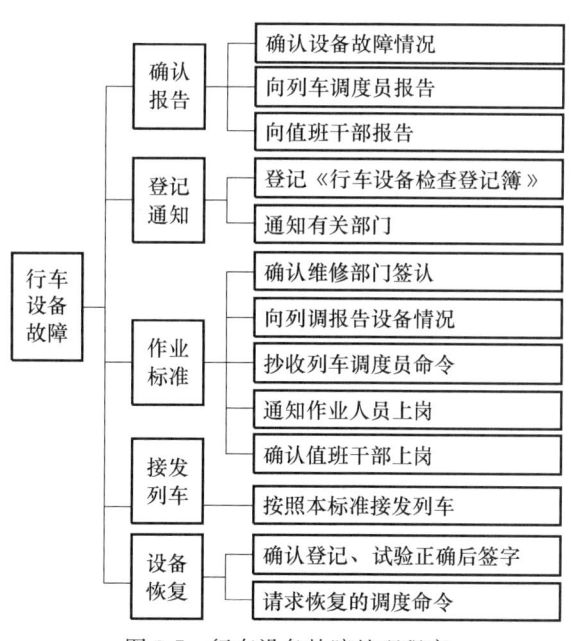

图 3-7　行车设备故障处理程序

1. 确认报告

车站值班员主要是通过信号员、助理值班员等确认故障的地点、现象及有无影响行车安全的障碍物等。及时报告列车调度员、干部，以便他们了解现场情况，组织故障处理及指挥列车运行。

2. 登记通知

发生行车设备故障后，为及时修复设备，以保证车站接发列车及调车作业的安全，要求车站值班员应及时通知工务、电务、供电等设备相关部门，并在《运统-46》上进行登记，登记事项包括登记的时间、地点、现象、职务、姓名、通知时间、设备部门及人员姓名。

《运统-46》是行车与设备部门对设备不良情况的记录，格式见表3-40。

表3-40 行车设备检查登记簿（车站登记）

月/日	时:分	检查试验结果，所发现的不良及破损程度	通知时间		通知的办法（用电报、电话、书面或口头）
			月/日	时:分	
9/10	14:05	4道下行出站信号机不能开放	9/10	14:06	电话通知
					车站值班员王××
					电务张××
					供电王××

3. 作业准备

相关设备部门人员到达车站后对设备进行检查，把检查结果登记在"运统-46"上，见表3-41。

表3-41 行车设备检查登记簿（设备部门登记）

到达时间			消除不良及破损的时分及盖章		
月/日	时:分	该段工作人员到达后盖章	月/日	时:分	破损及不良的原因，采用何种办法进行修理的，工作人员及车站值班员盖章
9/10	14:10	供电王××	9/10	14:15	供电设备正常，不影响行车安全
					供电王××
					车站值班员李××
9/10	14:11	电务张××	9/10	14:20	4道下行出站信号机因××，一时难以修复
					电务张××
					车站值班员王××

车站值班员确认工务、电务检查结果，报告列车调度员并请求及接收调度命令。列车调度员根据车站值班员的请求，下达调度命令。车站值班员将调度命令登记在附件《运统-46》上，见表3-42。根据需要再誊抄在附件四调度命令上，见表3-43，或在TDCS系统上接收后直接打印，见表3-44。通知作业人员上岗，确定接发列车作业方法（多方向车站要核对列车运行计划）。

表 3-42 调度命令登记簿

月/日	发出时刻（时：分）	命令			复诵人姓名	接收命令人姓名	调度员姓名	阅读时刻签名
		号码	受令及抄知处所	内容				
5/1	12:20	4943	××站并抄收××次司机、车长	根据×站报告×站进站信号机内方第一轨道电路区段故障，一时难以修复，自接令时起，准许××次列车凭引导信号运行	张××	张××	王××	

表 3-43 调度命令

___年___月___日___时___分　　　　　　　　　　　　　　　　　　　　第___×___号

受令处所	×站、××次司机（车长）	调度员姓名	张××
内容	根据×站报告，因×站×原因，自接令时起，××次列车凭引导信号运行		

表 3-44 电子调度命令

命令号码：第4943号20××年1月5日12时20分　　　　　　　　　　　　　　发令人：张××

受令处所	×站、并抄收××次司机、车长	受令情况
内容	根据×站报告，因×站下行进站信号机内方第一轨道电路区段故障，自接令时起，准许×次列车凭引导信号运行	

4. 接发列车

车站值班员根据确定的接发列车作业方法，行车设备故障的时机、影响，按接发列车作业程序继续完成接车或发车作业。各非正常情况接发列车的具体办法后面详述。

5. 设备恢复

设备部门人员将设备维修好后，再一次在《运统-46》上登记。车站值班员确认登记结果，对设备进行试验后签字，再报告列车调度员，有必要时请求恢复正常接发列车作业的调度命令。

二、轨道电路故障接发列车

（一）轨道电路故障的典型类型

1. 轨道电路故障红光带

（1）接近或离去区段轨道电路故障红光带。

（2）进站信号机内方第一轨道电路（简称"一轨"）故障红光带。

（3）道岔区段轨道电路故障红光带（包括道岔位置正确和道岔位置不正确两种情况）。

（4）无岔区段轨道电路故障红光带。

（5）站内股道（含正线、到发线）轨道电路故障红光带。

2. 道岔无表示

（1）道岔定位失去表示。

（2）道岔反位失去表示。

(3) 道岔定反位均失去表示。

(二) 故障现象及处理

1. 轨道电路红光带

(1) 故障现象

集中联锁设备通常以光带来反映轨道区段的空闲、有车占用或故障等现象。在正常情况下,当轨道区段空闲并未建立进路时,轨道区段无光带显示;当轨道区段空闲并排列有进路时,轨道区段以白光带显示,表示进路处于空闲锁闭状态;当轨道区段有机车车辆占用时,轨道区段以红光带显示,表示该区段处于有车占用锁闭状态。

当轨道区段无机车车辆占用而出现红光带时,是常见的故障现象。产生这种现象的原因,除了外在的短路因素外,主要是轨道电路故障或钢轨断裂所致。

接发列车进路上的轨道电路出现红光带时,导致列车进路不能正常排列,出站信号机、进站信号机不能正常开放。

(2) 处理方法

1) 确认报告

① 确认设备故障情况

当站内轨道电路出现红光带时,首先应派胜任人员到现场检查确认,查明确无机车车辆占用或其他障碍物侵入,确认设备故障情况以及设备故障影响的范围。

② 向列车调度员报告

车站值班员确认设备故障情况后,应及时向列车调度员报告故障情况及影响范围,以便列车调度员了解现场情况,调整运行计划,组织指挥列车运行。

③ 向值班干部报告

设备故障对行车安全及效率影响很大,为保证设备故障情况下的接发列车作业安全有序,车站值班员应及时车站值班干部报告,以便值班干部到岗监控,组织故障处理及相关人员上岗作业。

2) 登记通知

车站值班员确认设备故障情况后,应按有关规定登记《运统-46》,并及时通知工务、电务等设备相关部门进行现场检查维修。

相关设备部门人员到达车站后对设备进行检查,并在《运统-46》上登记签认。

3) 作业准备

① 确认维修部门签认

车站值班员必须在得到工务人员线路(轨道)正常的报告,并在《运统-46》上销记;电务人员确认故障处理完毕交付使用并在《运统-46》上销记,或电务人员确认是轨道电路故障暂时不能修复并在《运统-46》上登记签认后,方可按规定办理接发列车作业。

《运统-46》的填写要求及格式规范,各铁路局(公司)的规定有所不同。

② 向列车调度员报告设备情况

车站值班员根据工电部门的检查及签认结果,再次向列车调度员报告设备情况。设备暂不能正常使用时,向列车调度员请求有关调度命令。

③ 抄收列车调度员命令

列车调度员根据车站的报告及请求,发布有关调度命令,车站值班员抄收并复诵列车调度员命令，按列车调度员的指示准备接发列车。

当列车进路上的轨道电路红光带时，办理接车作业必须取得"引导接车"的调度命令；半自动闭塞及自动站间闭塞办理发车作业必须取得"停止基本闭塞法改用电话闭塞法行车"的调度抄收停止基本闭塞法改用电话闭塞法行车的调度命令后，在控制台上揭挂"停止基闭"表示牌。

④ 通知作业人员上岗

当轨道电路故障红光带道岔位置不正确接发列车时，需组织人员担当扳道员。车站值班员与有关人员共同办理使用手摇把手续，登记《运统-46》，通知扳道员等有关人员上岗。

当进站或接车进路信号机不能显示引导信号时，需组织人员担当引导员，并通知有关作业人员上岗。

⑤ 确认值班干部上岗

车站值班员确认值班干部及有关作业人员到岗后，准备办理接发车作业。

⑥ 作业中出现故障取消原进路及原闭塞的方法

单线半自动闭塞集中联锁车站，办理好闭塞和发车进路后，发现轨道电路故障需取消进路及原闭塞方式，不同的故障时机其办理的方法不同，常见的几种处理方法见表3-45。

表3-45 单线半自动集中联锁取消进路及原闭塞的方法

故障种类	故障出现时机	取消进路及取消原闭塞的处理方法
轨道电路故障（"一轨"以外的道岔区段、无岔区段红光带）	办理开放出站信号之前（进路尚无白光带）	通知邻站，按复原按钮办理闭塞复原，填记《行车日志》
	办理开放出站信号之后（进路有了白光带）	登记《运统-46》，使用总人工解锁按钮＋区段故障解锁盘有关按钮解锁进路白光带，然后通知邻站，按复原按钮办理闭塞复原，填记《行车日志》
轨道电路故障（"一轨"区段红光带）	办理开放出站信号之后（进路有了白光带）	在故障排除之前进路解锁不了；请求使用故障按钮的调度命令，登记《运统-46》，通知邻站，"三确认"后使用故障按钮办理闭塞复原，填记《行车日志》
轨道电路故障（道岔无表示）	办理开放出站信号之前（进路尚无白光带）	通知邻站，按复原按钮办理闭塞复原，填记《行车日志》
	办理开放出站信号之后（进路有了白光带）	登记《运统-46》，使用总人工解锁按钮＋区段故障解锁盘有关按钮解锁进路白光带，然后通知邻站，按复原按钮办理闭塞复原，填记《行车日志》

自动闭塞、自动站间闭塞集中联锁车站，已向接车站预告，因轨道电路故障列车暂不能发时，发车站须通知接车站取消预告，并填记《行车日志》。开放出站信号之后出现故障需取消原进路时，应登记《运统-46》，使用总人工解锁按钮＋区段故障解锁盘有关按钮解锁进路白光带。

4）设备恢复

轨道电路红光带故障修复后，电务人员应在《运统-46》上销记签认，车站值班员试验正确后签字，恢复正常使用。

车站值班员向列车调度员报告设备故障恢复情况，请求"恢复信号机原显示方式行车"的调度命令；半自动闭塞及自动站间闭塞车站，请求"恢复基本闭塞法行车"的调度命令。

列车调度员根据车站的报告及请求，发布有关调度命令，车站值班员抄收并复诵列车调度员命令。

恢复基本闭塞法行车后，摘下控制台上的"停止基闭"表示牌，恢复正常行车。

2. 道岔无表示

（1）故障现象

道岔无表示故障在6502电气集中联锁设备控制台上表现为道岔定位表示灯失去表示，或者道岔反位表示灯失去表示，或者道岔定位、反位表示灯均失去表示。在计算机联锁设备控制台上表现为直岔开通的位置不明，即道岔开通的位置无相应的光带表示。

造成道岔无表示的原因可能是轨道电路故障，也可能是当道岔故障、道岔被挤岔或者异物阻碍等导致道岔在转换过程中不能转换到位、道岔四开或道岔尖轨与基本轨不密贴等，此时6502控制台挤岔按钮一般会显示红灯并发出挤岔铃报警，计算机联锁设备会发出语音提示报警。当接发列车进路上的道岔出现无表示故障时，导致进路不能正常排列，出站信号机、进站信号机不能正常开放。

（2）处理方法

1）确认报告

① 确认设备故障情况

当控制台出现道岔无表示故障，挤岔铃报警时，作业人员应先按下挤岔按钮，切断报警铃的电源，计算机联锁设备应进行"清报警"操作。然后应派胜任人员到现场检查确认，查明是否挤岔或尖轨不密贴、道岔四开或有异物阻碍、道岔是否完好等，确认设备故障情况。

② 向列车调度员报告

确认设备故障情况后，车站值班员应及时向列车调度员报告故障情况及影响范围，以便列车调度员了解现场情况，调整运行计划，组织指挥列车运行。

③ 向值班干部报告

道岔无表示故障情况下接发列车，需人工手摇道岔准备进路，车站值班员确认设备故障情况后，应及时向车站值班干部报告，以便值班干部到岗监控，组织故障处理及相关人员上岗作业。

2）登记通知

车站值班员确认设备故障情况后，应按有关规定登记《运统-46》，根据故障的实际情况及时通知工务、电务等设备相关部门进行现场检查维修。

相关设备部门人员到达车站后对设备进行检查，并在《运统-46》上登记签认。

3) 作业准备

① 确认维修部门签认

对于道岔故障、道岔挤岔、四开或尖轨不密贴等故障情况，车站值班员必须在得到工电人员处理故障完毕并在《运统-46》上销记确认后方可按规定办理接发列车作业。对于道岔完好，轨道电路故障导致的道岔无表示，车站值班员应在电务人员确认是轨道电路故障暂时不能修复并在《运统-46》上登记签认后，方可按非正常情况办理接发列车作业。

② 向列车调度员报告设备情况

车站值班员根据工电部门的检查及签认结果，再次向列车调度员报告设备情况。设备暂不能正常使用时，向列车调度员请求有关调度命令。

③ 抄收列车调度员命令

列车调度员根据车站的报告及请求，发布有关调度命令，车站值班员抄收并复诵列车调度员命令，按列车调度员的指示准备接发列车。

当列车进路上的道岔无表示时，办理接车作业必须取得"引导接车"的调度命令；半自动闭塞及自动站间闭塞办理发车作业必须取得"停止基本闭塞法改用电话闭塞法行车"的调度命令。

抄收停止基本闭塞法改用电话闭塞法行车的调度命令后，在控制台上揭挂"停止基闭"表示牌。

④ 通知作业人员上岗

道岔无表示故障接发列车时，需组织人员担当扳道员。车站值班员与有关人员共同办理使用手摇把手续，登记《运统-46》，通知扳道员等有关人员上岗。

当进站或接车进路信号机不能显示引导信号时，需组织人员担当引导员，并通知有关作业人员上岗。

⑤ 确认值班干部上岗

车站值班员确认值班干部及有关作业人员到岗后，准备办理接发车作业。

4) 设备恢复

道岔无表示故障修复后，电务人员应在《运统-46》上销记签认，车站值班员试验正确后签字，恢复正常使用。

车站值班员向列车调度员报告设备故障恢复情况，请求"恢复信号机原显示方式行车"的调度命令；半自动闭塞及自动站间闭塞车站，请求"恢复基本闭塞法行车"的调度命令。

列车调度员根据车站的报告及请求，发布有关调度命令，车站值班员抄收并复诵列车调度命令。

恢复基本闭塞法行车后，摘下控制台上的"停止基闭"表示牌，恢复正常行车。

三、信号机故障接发列车

(一)《技规》关于信号机故障时行车的有关规定

进站、出站、进路和通过信号机的灯光熄灭、显示不明或显示不正确时，均视为停车信号。

接近信号机的灯光熄灭、显示不明或显示不正确时，均视为进站信号机为关闭状态。进站、出站、进路及线路所通过信号机发生故障时，应置于关闭状态。进站信号机及线路所通过信号机灭灯或因发生不能关闭的故障时，应将灯光熄灭或遮住。在将灯光熄灭或遮住和信号机灭灯时，于夜间应在信号机柱距钢轨顶面不低于2m处，加挂信号灯，向区间方面显示红色灯光。这样便于司机掌握信号机位置，避免冒进信号。

进站信号机发生故障不能开放时，按前述要求，开放引导信号或采用引导手信号接车。

出站信号机故障后，进站信号机不能显示通过信号。为避免列车在出站信号机前停车，对通过列车应事先预告司机，车站值班员除按规定递交行车凭证外，还应显示通过手信号（昼间展开的绿色信号旗；夜间绿色灯光），使列车不停车通过车站。来不及向司机预告时，可使通过列车在车站停车，司机收到凭证后发车。

装有发车进路表示器、反方向发车表示器或发车线路表示器的出站信号机，当表示器显示不良时，由办理发车人员通知司机后，列车可凭出站信号机的显示出发。

（二）出站信号机故障发车

1. 故障现象

集中联锁设备出站信号机故障通常表现为出站信号机不能显示允许运行的信号，控制台复示器无显示或者显示片刻后自复，同时控制台上灯丝断丝电铃报警、表示灯亮红灯。

2. 处理方法

（1）确认报告

当集中联锁控制台出站信号机不能开放或开放片刻后自复，车站作业人员应再次补办信号检查确认，控制台上灯丝断丝电铃报警时应按下灯丝报警按钮，确认设备故障。

确认设备故障后应及时向列车调度员报告故障情况及影响范围，以便列车调度员了解现场情况，调整运行计划，组织指挥列车运行。同时，车站值班员应及时向车站值班干部报告，以便值班干部到岗监控作业。

（2）登记通知

车站值班员确认设备故障情况后，应按有关规定登记《运统-46》，并及时通知电务部门进行现场检查维修。电务部门人员到达车站后对设备进行检查，并在《运统-46》上登记签认。

（3）作业准备

① 车站值班员确认维修部门签认。电务人员确认故障处理完毕交付使用并在《运统-46》上销记，方可按规定办理接发列车作业。故障暂时不能修复时，电务人员在《运统-46》上登记签认后，车站方可按非正常情况办理接发列车作业。

② 车站值班员根据电务电部门的检查及签认结果，再次向列车调度员报告设备情况。设备暂不能正常使用时，半自动闭塞及自动站间闭塞区段须向列车调度员请求停止基本闭塞改用电话闭塞行车的调度命令。

③ 列车调度员根据车站的报告及请求，发布调度命令，车站值班员抄收并复诵列车调度员命令，按列车调度员的指示准备接发列车。

④ 抄收停止基本闭塞法改用电话闭塞法行车的调度命令后,在控制台上揭挂"停止基闭"表示牌。

⑤ 车站值班员确认作业人员及值班干部上岗后,准备办理接发车作业。

(4) 设备恢复

出站信号机故障修复后,电务人员应在《运统-46》上销记签认,车站值班员试验正确后签字,恢复正常使用。

车站值班员向列车调度员报告设备故障恢复情况,半自动闭塞及自动站间闭塞车站,请求"恢复基本闭塞法行车"的调度命令。

列车调度员根据车站的报告及请求,发布调度命令,车站值班员抄送并复诵列车调度员命令。

恢复基本闭塞法行车后,摘下控制台上的"停止基闭"表示牌,恢复正常行车。

(三) 进站信号机故障接车

1. 故障现象

集中联锁设备进站信号机故障通常表现为进站信号机不能显示进行信号,控制台复示器不能显示进行信号或显示片刻后自复,同时控制台上灯丝断丝电铃报警、表示灯亮红灯。

(1) 进站信号机灯泡灯丝"断单丝"时,控制台上灯丝断表示灯点亮红灯,同时灯丝断丝电铃报警。在这种情况下,进站信号机能够开放,可以正常接车。

(2) 进站信号机允许灯光灯泡"断双丝"时,进站信号机绿、绿黄、黄、双黄信号不能正常开放,进站信号机自动点红灯,控制台进站信号复示器也点红灯,同时控制台上灯丝断丝表示灯点亮红灯,灯丝断丝电铃报警。在这种情况下,进站信号机可以开放引导信号接车。

(3) 进站信号机红灯熄灭,控制台进站信号复示器闪红灯,导致进站信号机不能显示进行信号和引导信号。在这种情况下,只能人工引导接车。

2. 处理方法

(1) 确认报告

当控制台上灯丝断丝电铃报警时,应通过控制台确认上述故障现象,按下灯丝报警按钮,切断报警电铃鸣响。

确认设备故障后应及时向列车调度员报告故障情况及影响范围,以便列车调度员了解现场情况,调整运行计划,组织指挥列车运行。同时,车站值班员应及时向车站值班干部报告,以便值班干部到岗监控作业。

(2) 登记通知

车站值班员确认设备故障情况后,应按有关规定登记《运统-46》,并及时通知电务部门进行现场检查维修。电务部门人员到达车站后对设备进行检查,并在《运统-46》上登记签认。

(3) 作业准备

① 车站值班员确认维修部门签认。电务人员确认设备故障,暂时不能修复时,在《运统-46》上登记签认后,车站方可按非正常情况办理接发列车作业。电务人员故障处理完毕交付使用并在《运统-46》上销记,方可恢复正常接发列车作业。

② 车站值班员根据电务电部门的检查及签认结果，再次向列车调度员报告设备情况。设备暂不能正常使用时，须向列车调度员请求引导接车的调度命令。

③ 列车调度员根据车站的报告及请求，发布调度命令，车站值班员抄收并复诵列车调度员命令，按列车调度员的指示准备接发列车。

④ 抄收停止基本闭塞法改用电话闭塞法行车的调度命令后，在控制台上揭挂"停止基闭"表示牌。

⑤ 车站值班员确认作业人员及值班干部上岗后，准备办理接发车作业。

（4）设备恢复

进站信号机故障修复后，电务人员应在《运统-46》上销记签认，车站值班员试验正确后签字，恢复正常使用。

车站值班员向列车调度员报告设备故障恢复情况，请求"恢复信号机原显示方式行车"的调度命令。列车调度员根据车站的报告及请求，发布调度命令。车站值班员抄收并复诵列车调度员命令，恢复正常行车。

【思考题】

1. 简述行车设备故障的处理程序。
2. 轨道电路故障的典型类型有哪些？
3. 轨道电路红光带故障该如何处理？
4. 道岔无表示时该如何处理？
5. 简述出站信号机故障时的处理方法。
6. 进站信号机故障包括哪些现象？
7. 进站信号机故障时该如何处理？

【实训练习】

1. 单线半自动闭塞轨道电路与出站信号机故障接发列车。

（1）已知条件

阶段计划：41003 次 8:30 到，8:40 开。

相邻区间上下行客货列车运行时分均为 10min。

（2）演练要求

执行接发列车作业标准，办理 41003 次接发列车作业。

故障设置：开放 41003 次进站信号后，1G 出现红光带；4100 次办理闭塞前出站信号机故障。

任务五 一切电话中断时的接发列车

【任务导入】

车站在办理闭塞和接发列车时，都要通过电话与邻站及列车调度员进行联系。由于自然灾害或其他原因，造成车站行车室内的一切电话（包括站间闭塞电话、列车调度电话及各站电话）全部中断，车站无法与相邻车站（线路所）及列车调度员取得行车联络，称为一切电话中断。

一切电话中断这种情况较少遇到,容易被忽视。但因为雷电、洪水、地震等自然灾害及施工挖断电缆等原因,都有可能造成一切电话中断。车站值班员必须掌握一切电话中断时的行车办法,一旦遇到这种情况,能从容对待,正确处置。

【知识准备】

一、一切电话中断时的行车办法

一切电话中断后,车站值班员应立即通知电务通信工区进行修复,并应按规定登记《运统-46》,报告站长到岗组织有关人员协助工作。

车站一切电话中断后,两邻站值班员无法办理闭塞手续,为了保证不中断行车,必须采用特定的行车办法。

《技规》规定:车站行车室内一切电话中断,单线行车按书面联络法,双线行车按时间间隔法,列车进入区间的行车凭证均为红色许可证。在双线自动闭塞区间,如闭塞设备作用良好时,列车运行仍按自动闭塞法行车,但车站与列车司机应以列车无线调度通信设备直接联系(说明车次及注意事项等)。如列车无线调度通信设备故障时,列车必须在车站停车联系。

1. 单线行车采用书面联络法

单线区间上、下行列车均在同一条区间正线上交替运行,一切电话中断后,区间两端站需通过书面联络,确定列车进入区间运行的顺序。

书面联络法是指在单线区间的车站,遇一切电话中断时,相邻两站以规定的书面联络方式确定向区间开行列车的权限和运行顺序的方法。书面联络使用的工具是红色许可证中的"通知书"。在单线区间,列车运行执行的是双向行车制,两相邻站均有权向区间发车。一切电话中断后,按照《技规》规定,由优先发车站向区间发出电话中断后的第一趟列车,然后通过第一趟列车携带的"通知书"建立起联络关系,再确定下一趟列车的发车权。以此类推,行车不致中断,用书面联络代替了电话联络。非优先站如有待发列车时,必须在收到优先发车站送达的发车权限"通知书"后方准发出列车。如果优先发车站无待发列车,应利用一切交通工具,迅速将红色许可证中的通知书送交非优先发车的车站,准许非优先发车的车站发车。

2. 双线行车采用时间间隔法

时间间隔法是指前一列车由车站出发后,不论是否到达前方站,准许间隔一定的时间,再向该区间发出同方向次一列车的行车办法。

在双线区间,列车运行执行的是单向行车制,上行列车运行在上行正线,下行列车运行在下行正线。由于双线区间运行的列车可分别固定在区间一条正线上运行,因此,一切电话中断后,区间两端站只准发出正方向列车。

在自动闭塞区间,如自动闭塞设备作用良好时,列车运行仍按自动闭塞法行车,此时电话虽然中断,但车站值班员仍能从监督器上确认列车是否出清第一、第二闭塞分区,区间的通过色灯信号机仍能保证列车运行安全所需间隔。

二、一切电话中断时的行车凭证

列车按书面联络法或按时间间隔法运行时,进入区间的行车凭证均为红色许可证

（《技规》附件3），见表3-46。

表3-46 红色许可证的格式

<table>
<tr><td colspan="2" align="center">许 可 证</td></tr>
<tr><td colspan="2" align="right">第_____号</td></tr>
<tr><td colspan="2">现在一切电话中断，准许第_____次列车自_____站至_____站，本列车前于_____时_____分发出的第_____次列车，邻站到达通知 已/未 收到。</td></tr>
<tr><td colspan="2" align="center">通 知 书</td></tr>
<tr><td colspan="2">1.第_____次列车到达你站后，准接你站发出的列车。</td></tr>
<tr><td colspan="2">2.于_____时_____分发出第_____次列车，并于_____时_____分再发出第_____次列车。</td></tr>
<tr><td colspan="2" align="right">站（站名印）车站值班员（签名）
年　　月　　日填发</td></tr>
</table>

注：1.红色纸，复写一式两份，司机一份，存根一份；（规格 90 mm×130 mm）
　　2.不用的字句抹消。

（1）红色许可证的作用

红色许可证包括许可证和通知书两部分。

许可证部分是一切电话中断时列车进入区间的行车凭证。它首先告知司机"现在一切电话中断"，准许本次列车进入的区间；其次通知在本次列车前，曾向该区间发出列车的开车时间及是否到达邻站，使本次列车司机了解其运行前方区间是否空闲。如邻站到达通知未收到时，提醒本次列车司机应加强瞭望，防止与前发列车发生追尾。

通知书部分是发车站与接车站确定次一列车占用区间的书面联络书。第一项是发车权的转换。第二项是续发列车的预告。如果本次列车在区间被迫停车，必须立即通知跟踪列车司机并对本次列车尾部进行防护，防止追尾事故发生。

（2）红色许可证填写基本要求

① 红色许可证必须在发车进路准备妥当后方可填发。

② 填写时必须字迹工整，不得涂改，不用的字句必须抹消。填写错误，应画"×"作废。重新填写。

③ 填写完毕，双人确认无误后加盖站名印或"××站行车专用章"。

④ 复写一式两份，一份交司机，一份留存根。

三、优先发车站的确定

一切电话中断后，有权向区间发出第一趟列车的车站称为优先发车站。确定优先发车站既可以防止区间两端站都向该区间发出列车，造成两对向列车进入同一区间；又可以防止区间两端站都不向该区间发出列车，造成行车中断。为此，单线区间（双线改单线）在一切电话中断前就规定了优先发车的车站，该站在一切电话中断后，可优先发出第一趟列车。

单线按书面联络法行车时，下列车站可以优先发车：

1. 已办妥闭塞而尚未发车的车站

办妥闭塞是指一切电话中断前两相邻站已经办好闭塞手续。因为办妥闭塞而尚未发车的车站已取得了发车权，故可优先发车。此时，若司机持有行车凭证时，则不再发给红色许可证，只发给与邻站确定下一个列车发车权的通知书。如无手持的行车凭证时，列车应持红色许可证开往邻站。

2. 未办妥闭塞时

（1）单线区间为开下行列车的车站；

（2）双线改为单线行车时，为该线原定发车方向的车站；

（3）同一线路、同一方向运行的列车，有上、下行两种车次时，优先发车的车站执行铁路局的规定。

未办妥闭塞是指一切电话中断前两相邻站未办好闭塞手续，一切电话中断后又无法办理。因此，《技规》规定：未办妥闭塞时，单线区间为开下行列车的车站为优先发车站；双线改为单线行车时，为该线原定正方向发车的车站为优先发车站。这样可以在一切电话中断后，两端站可根据《技规》规定，确定本站是否为优先发车站。

第一个列车的发车权为优先发车的车站所有，如优先发车的车站没有待发列车时，应主动用《技规》附件3的通知书通知非优先发车的车站。非优先发车的车站，如有待发列车时，应在得到通知书以后方可发车。

第一个列车的发车站，在发车前应查明区间已空闲，并在附件3的通知书上记明下一个列车的发车权。如为本条第（1）项所规定的发车站发车时，持有行车凭证的列车，还应发给附件3的通知书；如无行车凭证，列车应持红色许可证开往邻站。以后开行的列车，均凭附件3的通知书上记明的发车权办理。

附件3的通知书，应采取最快的方法传送，优先方向车站如无开往区间的列车时，在确认区间空闲后，可使用重型轨道车或单机传送。

四、一切电话中断时的其他规定

1. 时间间隔法

发出同方向列车的间隔时间，一切电话中断后，无论单线或双线区间，均无法收到列车到达邻站的通知。发出同方向运行的列车，必须使两列车保持一定的距离。为此，同方向运行的列车必须有一定的间隔时间。

《技规》规定：一切电话中断后，连续发出同一方向的列车时，两列车的间隔时间，应按区间规定的运行时间另加3min，但不得少于13min。这样，在一般情况下，前行列车完全可以到达前方站，构成区间空闲。3min主要是接车站安排后行列车进路的时间，或前发列车在区间被迫停车的防护时间。这样，在一般情况下能保证前次列车已到达邻站，区间腾空后再发出后行列车。

2. 非自动闭塞区间发出第一个列车前应查明区间空闲

非自动闭塞区间在正常情况下办理闭塞时,应确认区间空闲。当一切电话中断后,发出第一个列车前更需要查明区间空闲。

第一趟列车的发车站,在发出第一趟列车前必须查明区间空闲。一切电话中断前发出的列车是按正常闭塞法行车的,如果列车未到达邻站,在电话中断后不确认区间空闲即按电话中断时的方法向区间发出列车,可能造成两个列车进入同一区间。前行列车被迫停车后根据原闭塞法的要求可能退行,也可能未进行防护,因而给行车安全带来威胁。因此,无论单线还是双线,发出第一个列车必须查明区间空闲。

3. 一切电话中断时禁止发出的列车

在电话中断时,行车指挥和站间联系都很困难。为保证列车运行安全,对于不十分紧要的列车或可能引起不安全因素的列车,禁止开行。因此,一切电话中断时,禁止发出下列列车:

(1) 在区间内停车工作的列车(救援列车除外);
(2) 开往区间岔线的列车;
(3) 需由区间内返回的列车;
(4) 挂有由区间内返回后部补机的列车;
(5) 列车无线调度通信设备故障的列车。

4. 一切电话中断时区间封锁与开通

(1) 封锁区间

电话中断时间内,如因列车在区间发生事故或线路故障,造成行车中断时,必须立即组织救援和抢修,尽快恢复行车。如需封锁区间时,由接到请求的车站值班员,以书面(应加盖站名印及车站值班员签名或盖章)形式通知封锁区间的相邻车站。如需开行救援列车时,以车站值班员的书面命令(使用调度命令卷书写)作为进入封锁区间的凭证。

(2) 开通区间

抢修或救援工作完了,应及时开通被封锁的区间。

单线区间,由接到请求开通封锁区间的车站值班员,在确认区间空闲(或线路恢复正常状态)后,以书面形式通知该区间的相邻车站,然后按电话中断行车办法行车。

双线区间,接到请求开通封锁区间的车站,如原定发车方向为正方向时,在确认区间空闲(或线路恢复正常状态)后,即可发车;如原定发车方向不是正方向时,应以书面形式尽快通知相邻车站,恢复行车。

在电话联络恢复后,再将封锁区间事项报告列车调度员。

5. 单线区间车站电话呼唤 5min 无人应答时的行车办法

单线区间的车站,经以闭塞电话、列车调度电话或其他电话呼唤 5min 无人应答时,应由列车调度员查明该站及相邻区间确无列车(包括单机、动车及重型轨道车)后,发布调度命令封锁不应答站的相邻两区间,按封锁区间办法向不应答站发出列车,列车凭调度命令进入区间。由于事先不了解不应答站的情况,为保证进入封锁区间列车的安全,无论不应答站的进站信号机是否开放,列车都必须在进站信号机外停车。判明站内情况及确认接车进路准备妥当后再行进站。列车进站后，司机或车站值班员将经过情况报告列车调度员。若该站电话不通或不能使用时，列车继续运行至前方站，向列车调度员汇报。

【思考题】

1. 何谓一切电话中断？
2. 《技规》对一切电话中断时的行车办法是如何规定的？
3. 红色许可证的作用是什么？填写的时候需要注意什么？
4. 未办妥闭塞时，如何确定优先发车站？
5. 《技规》对时间间隔法是如何规定的？
6. 简述一切电话中断时区间的封锁与开通的相关规定。

【实训练习】

针对不同的情况练习填写红色许可证。

任务六　运行条件变化时的接发列车

【任务导入】

在接发列车工作实际中，运行条件变化也是常见的非正常情况之一。运行条件变化改变了列车运行（包括接发列车）所需的正常条件，通常表现为列车运行不能按照原来的行车设备提供的条件使用，或者行车设备达不到列车运行所需的条件及要求，或者特殊列车自身有与其他列车不同的运行条件要求，等等。

运行条件变化时的接发列车作业主要有双线反方向或双线改按单线行车、在非到发线上接发列车、站内无空闲线路接车、超长列车和超限列车的接发车、列车分部运行和列车退行、占用区间调车以及其他特殊列车的接发车作业，等等。

本任务需要学生以接发列车工作人员的角色，能够根据实际情况正确判断运行条件变化的各种情况，明确处理程序、行车办法、特点及条件，确定接发列车方法，选择并执行接发列车作业程序标准，按规定要求办理接发列车作业。

【知识准备】

一、运行条件变化处理程序

当列车运行条件变化时，车站值班员应根据运行条件变化的情况，按照铁路行业标准《接发列车作业》（TB/T 1500.6—2009）中发布的非正常情况接发列车安全控制图所规定的处理程序办理接发列车作业。

列车运行条件发生变化时，接发列车安全控制图如图 3-8 所示。

二、双线反方向或改按单线行车接发列车作业

《技规》规定，在双线区间，列车应按左侧单方向运行（即正方向运行），仅限于整理列车运行时，方可使列车反方向运行，但旅客列车仅在正方向区间的线路封锁施工、发生自然灾害或因事故中断行车等特殊情况下，经铁路局调度所值班主任准许，方可反

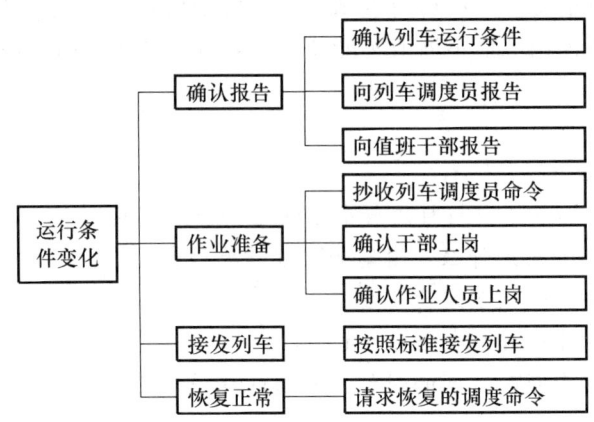

图 3-8 运行条件变化时接发列车安全控制图

方向运行。

为提高铁路区段通过能力,在多数铁路双线区段,设有双线双向闭塞设备,即一般正方向采用自动闭塞,反方向采用自动站间闭塞。目前,尚有个别双线铁路区段未设有双向闭塞设备,即一般正方向采用自动闭塞或半自动闭塞设备,而反方向无闭塞设备。

设有双向闭塞设备和未设双向闭塞设备的双线反方向行车或双线改按单线行车,其行车办法有所不同。

(一) 设有双向闭塞设备时的反方向行车或改按单线行车办法

1. 设备正常时的反方向行车

(1) 由正方向改为反方向行车时,必须取得列车调度员准许反方向行车的调度命令,该命令应按规定交付(或转达)给司机。

(2) 确认反方向区间空闲(即反方向的区间占用表示灯处于灭灯状态、区间空闲表示灯亮白灯),并取得接车站的同意。

(3) 破除该区间反方向发车辅助按钮铅封,并按下该按钮,确认区间反方向办理表示灯点亮白灯后,在 3s 内排列反方向发车进路。

(4) 排列反方向发车进路后,发车站反方向发车方向表示灯亮绿灯、接车站反方向接车表示灯亮黄灯、两站该区间占用表示灯亮红灯,发车站出站信号机显示一个绿色灯光和进路表示器显示一个白色灯光,区间闭塞。

(5) 发车站按规定程序发出列车;接车站反方向接车,开放反方向进站信号机接入列车。

(6) 列车到达接车站后,两站该区间占用表示灯灭灯,闭塞自动复原。

(7) 如需连续发出反方向列车,待前行的反方向运行列车到达前方站,办理预告手续后,可直接排列发车进路开放反方向发车的出站信号机。

(8) 恢复正方向行车。当正方向区间办理反方向列车行车后,控制台该区间接车方向表示灯亮黄灯,此时,办理正方向发车进路前,必须确认该区间的区间占用表示灯及 13s "改方" 红色表示灯均灭灯后,方可排列发车进路。若在 13s "改方" 红色表示灯不灭灯的情况下,排列了发车进路,出站信号开放不了,必须先办理取消进路,待 13s

"改方"红色表示灯灭灯后，再重新办理发车进路。

值得注意的是，有的车站控制台设有改变运行方向的"允许改方"按钮，发车站车站值班员确认反方向区间空闲后，破封按下"允许改方"按钮，然后排列反方向发车进路，开放反方向发车的出站信号机。确认反方向出站信号开放后，拉出"允许改方"按钮，此时，本咽喉处于不能改方状态。如连续发出反方向列车，待前行的反方向运行列车到达前方站，办理预告手续后，可直接排列发车进路开放反方向发车的出站信号机。

2. 设备故障时办理发车办法

(1) 因设备故障出现"双接"（两站接车方向表示灯亮黄灯、区间占用表示灯亮红灯）时，需改变运行方向办理发车时的办法。

① 相邻两站车站值班员确认区间空闲，报告列车调度员，列车调度员查明区间空闲后，发布同意两站使用总辅助按钮的调度命令。

② 需改为发车的车站破除发车端发车辅助和总辅助按钮铅封，接车的车站破除接车端接车辅助和总辅助按钮铅封，然后，双方车站值班员联系，同时按压上述 4 个按钮，两站辅助办理表示灯亮白灯；此时接车站可松开接车辅助按钮，发车站不可松开发车辅助按钮，直至本站发车方向表示灯亮绿灯，接车站接车方向表示灯亮黄灯、辅助办理表示灯灭灯。如果按压辅助按钮后，区间占用表示灯闪红光，需先取消发车进路，再进行辅助办理。

③ 两站区间占用表示灯灭灯，发车站排列发车进路，开放出站信号机，两站区间占用表示灯亮红灯。

④ 列车进入出站信号机内方，发车站辅助办理表示灯灭灯，待列车进入区间后，两站联系才能拉出总辅助按钮。

(2) 区间轨道电路故障（区间占用表示灯亮红灯）时，只能改变运行方向为正方向，不准由正方向改为反方向，办理方法同上。此时第一个列车出站信号机开放不了，需凭绿色许可证发车。第二个及其以后列车，当符合《技规》规定的发车条件时，可排列发车进路，开放出站信号机发车。

(3) 当双线中之一线闭塞设备发生故障停用时，根据调度命令准许，该线必须改为电话闭塞行车，正方向列车按站间区间运行，禁止办理反方向行车，区间通过信号机均按无效办理。

使用总辅助按钮、发车辅助按钮、接车辅助按钮、允许改方按钮等铅封的按钮，应在《运统-46》表上登记；使用完毕后，通知信号工区，对这些按钮重新加封，并在《运统-46》表上签认。

3. 双线改按单线行车时的行车办法

双线改按单线行车，必须取得列车调度员的调度命令准许。设有双向闭塞设备的双线区段，双线改按单线行车时，原正方向区间按自动闭塞行车；原反方向区间按自动站间闭塞行车。当该线闭塞设备发生故障停用时，该线上、下行列车均必须改为电话闭塞行车，区间通过信号机均按无效办理。

（二）未设双向闭塞设备时的反方向行车或改按单线行车办法

无双向闭塞设备的双线反方向发车或改按单线行车时，均必须取得列车调度员的调度命令准许。同时，均必须调度命令准许，停止基本闭塞法改用电话闭塞法行车。禁止采用基本闭塞法与电话闭塞法交叉办理行车作业。

三、站内无空闲线路时的接车

站内无空闲线路是指由于发生事故、自然灾害或组织不当，造成站内能接车的线路（正线、到发线及可按引导接车的其他站线）均有车占用或因线路故障不能正常使用的情况。

1. 对接入列车的限制

在站内无空闲线路的特殊情况下，只准许接入为排除故障、事故救援、疏解车辆等所需要的救援列车、不挂车的单机及重型轨道车。

2. 接车办法

（1）接车前，车站值班员应亲自或指派有关人员确认接车线停留车位置和空闲地段的长度能容纳所接入的列车，并通知接车线内停留的机车、重型轨道车司机禁止移动位置。

（2）接车时，不开放进站信号机，列车应在进站信号机外停车，接车人员应在进站信号机（或站界标）外方，通知司机接车线路、接车线内停留车位置、本列车预定停车地点及其他有关注意事项通知司机，待司机明了后登乘机车（推进时为前部车辆），以调车手信号旗（灯），即昼间展开的绿色信号旗，夜间以绿色灯光将列车领入站内。

四、特殊列车的接发作业

（一）超长列车接发作业

1. 超长列车的定义

实际编成的列车长度超过了列车运行图规定的该区段换算列车长度标准（计长）时，称为超长列车。

对于到发线有效长较短的车站，列车长度虽未超过列车运行图规定的该区段列车的计长，但实际长度（包括机车长度及附加制动距离）超过该站到发线有效长时，在编制列车运行图和日常调度指挥中，可组织列车通过。如确因作业需要停车时，应按超长列车办理。

编组超长列车时，必须考虑运行区段内的具体条件，其最大长度不得超过区段内一个车站两股最短到发线容车数之和，并不宜编挂超限车辆及其他限速车辆。

2. 超长列车的发车

（1）开行超长列车时，必须得到列车调度员的命令准许，跨铁路局的超长列车应转发铁路总公司准许的命令。列车调度员对超长列车运行应重点掌握，跨局时，必须取得对方局调度同意，并在日班计划内确定。开行前，列车调度员以调度命令向有关站及本次列车司机布置注意事项。

（2）超长列车发车，车站值班员应在办理闭塞（预告）时通知接车站，以便接车站做好准备。

（3）当超长列车头部越过出站信号机发车时，在不影响车站后端咽喉作业的情况下，可使列车后退，开放信号机发车。遇超长列车头部越过出站信号机而又不能后退的情况下，可按下列办法办理发车作业：

① 在自动闭塞区段，如闭塞设备作用良好，仍按自动闭塞法行车，车站值班员在确认第一离去分区空闲后，按《接标》规定的程序办理发车作业，准备发车进路时，对未占用的轨道电路区段可排列调车进路，开放调车信号锁闭进路（调车进路不能完全锁闭整个发车进路时，其他道岔可单操单锁）或通过单操单锁准备进路（含防护道岔），并再度确认进路正确。在确认进路准备妥当后，填发绿色许可证及调度命令卷（使用语音记录装置良好的列车无线调度通信设备转达调度命令时除外）。当监督器不表示时，发车前应确认接到前次列车到达邻站的通知或前次列车发出后不少于 10min 的时间才能发出列车，同时必须发给司机书面通知书（《技规》附件8），要求司机以在瞭望距离内能随时停车的速度，最高不超过 20km/h，运行到第一架通过信号机，按其显示的要求执行。

② 在半自动闭塞区段，如超长列车头部越过出站信号机而未压上出站方面的轨道电路时，仍能正常办理闭塞、开放出站信号机，但司机无法确认出站信号机的显示状态，需发给司机准许列车头部越过出站信号机发车的调度命令；如超长列车头部越过出站信号机并压出站方面的轨道电路时，基本闭塞设备不能正常使用，必须取得列车调度员停止基本闭塞法改用电话闭塞法的调度命令后，按电话闭塞办理，排列调车进路或单操单锁准备发车进路，使用路票发车。

③ 在自动站间闭塞区段，如超长列车头部越过出站信号机不能开放出站信号，应取得列车调度员停止基本闭塞法改用电话闭塞法的调度命令后，按电话闭塞办理，排列调车进路或单操单锁准备发车进路，使用路票发车。

3. 超长列车的接车

（1）接车站遇超长列车长度不超过接车线有效长时，可不按超长列车办理，而非超长列车长度超过接车线有效长时，应按超长列车办理。

（2）车站接发列车时原则上应使超长列车通过。

（3）超长列车停车后，需使列车前部越过出站信号机或警冲标时，由车站接车人员通知司机，司机根据调车信号机或接车人员显示的手信号运行，使列车向前移动。

（4）超长列车的到达时刻，以列车到站的第一次停车时刻为准。

（5）超长列车进站停妥后，遇列车不能向前移动，而列车尾部尚未进入进站信号机时，不得办理区间开通手续。

（6）编组、区段站超长列车到达，如需摘解为两部分停留时，应通知列检先试风，然后由到达本务机担当摘解作业，再进行技术检查。

（7）当超长列车尾部停在警冲标外方（俗称"压标"），由相对方向接入列车或进行调车作业时，列车或调车车列可能越过接车线末端警冲标而与超长列车尾部发生侧面冲突。为防止事故发生，应根据线路设备情况，采取相应的安全措施。

① 在进站信号机外制动距离内进站方向为超过 6‰ 的下坡道，而接车线末端无隔开设备，接入相对方向的列车时，必须使列车在站外停车后，再接入站内。

② 在进站信号机外制动距离内进站方向为上坡道、平道或不超过 6‰ 的下坡道时，可开放进站信号机，将列车直接接入站内。

③ 如在邻线上未设调车信号机，又无隔开设备，相对方向需要进行调车作业时，必须派人以停车手信号对列车进行防护。

(二)超限列车接发作业

1. 超限列车的定义

超限列车是指编挂装载超限货物车辆的列车。

货物装车后,车辆停留在水平直线上,货物的任何部位超出机车车辆限界基本轮廓者,或车辆行经半径为 300m 的曲线时,货物的计算宽度超出机车车辆限界基本轮廓者,均为超限货物。

车站挂运超限车前,应向铁路局调度所拍发超限车辆挂运请示电报。铁路局调度所接到车站挂运请示或邻局预报后,应根据超限货物运输批示电报核对挂运请示或预报内容,制定具体运行条件,填写超限车辆挂运通知单,纳入日(班)计划。挂运跨及两个调度所的超限车前,需征得邻局调度所的同意。相邻调度所间的预报内容,应包括挂运车次、批示电报号码、车种车型、到站、品名、超限等级和有关注意事项等。

调度所在挂运和接运超限车前,应将管内的具体运行条件以调度命令下达有关站段。运行上有限制条件的超限车,除有特别指示外,禁止编入直达、直通列车。没有调度命令的超限车,禁止编挂。

2. 接发超限列车的有关规定

车站接发列车工作人员必须对本站各到发线的线间距、各建筑物及设备的限界和超限车的运行条件等,准确掌握,严格按有关规定办理接发列车,以确保列车运行安全。

(1) 车站接到挂运命令后,应及时做好车辆挂运准备工作,并将调度命令交值乘司机。

(2) 站内相邻两线均需通行超限货物列车时,最小线间距应达到 5300mm,站内相邻两线中有一条通行超限货物列车时,最小线间距应达到 5000mm。

(3) 超限列车应按《站细》规定的线路办理到发或通过。遇到特殊情况需要临时变更线路时,必须得到列车调度员的准许。

(4) 车站值班员应在办理闭塞(预告)时通知接车站,以便接车站做好准备。

(5) 列车经过车站时,与邻线线路上车辆之间的最小距离不得小于 350mm。

(6) 列车运行在复线、多线或并行的单线区间的直线地段时,两运行列车之间的最小距离,大于 350mm 者不限速;300~350mm 者运行速度不得超过 30km/h;小于 300mm 者禁止会车。曲线地段必须根据规定相应地加宽。

(7) 挂有中上部半宽超过 1800mm 的超限车的列车,区间禁会动车组、直达特快旅客列车、特快旅客列车和特快行邮专列。

(8) 超限列车在 CTCS-2 级区段的区间禁会动车组。

(9) 超限列车在运行过程中,如超限货物的任何部位接近建筑物或设备时,应遵守列规定:

① 超限货物的任何超限部位与建筑限界之间的距离(以下简称限界距离),在 100~150mm 时,速度不得超过 15km/h。

② 限界距离在超过 200mm 时,速度不得超过 25km/h。

③ 限界距离不足 100mm 时,由铁路局根据实际情况规定运行办法。

(三) 退行列车接车作业

列车在区间因自然灾害、线路故障、坡停等原因，不能继续运行，需退回原发车站或后退闯坡时，通称为列车退行。

1. 下列情况列车不准退行

（1）按自动闭塞法运行时（列车调度员或后方站车站值班员确认该列车至后方站间无列车，并准许时除外）。自动闭塞区段，列车是以出站和通过色灯信号机显示的允许运行的信号作为进入闭塞分区的行车凭证，在区间实行追踪运行。在这种情况下，列车退行有与后方开来的追踪列车发生冲突的危险，因此，不准退行。列车只有在列车调度员或后方站车站值班员确认该列车至后方站间无追踪列车，并准许后方可退行。

（2）在降雾、暴风雨雪及其他不良条件下，难以辨认信号时。在降雾、暴风雨雪及其他不良条件下，司机难以辨认信号时，盲目退行会直接危及行车安全，故不准退行。

（3）一切电话中断后发出的列车（持有《技规》附件3通知书1的列车除外）。一切电话中断后，除了持有《技规》附件3通知书之1以外的列车，车站将发出续行列车，而续行列车是按时间间隔发出的，如果列车退行，就有可能与后面的续行列车发生冲突，所以，不准退行。

（4）挂有后部补机的列车，除上述情况外，是否准许退行，由铁路局规定。挂有后部补机的列车，考虑到有补机由区间返回和补机随列车运行全区间两种运行方式，以及区间坡道、补机是否连接制动软管等情况，原则上不准退行。如铁路局允许退行时，应制定安全措施。

2. 列车退行办法

除上述禁止退行的列车外，其他列车在不得已情况下必须退行时，应按下列规定办理：

（1）车辆乘务员或随车机械师（无车辆乘务员或随车机械师时为指派的胜任人员）应在列车尾部注视运行前方，发现危及行车或人身安全情况时，应立即使用紧急制动阀（紧急制动装置），或使用列车无线调度通信设备通知司机，使列车停车。

（2）列车退行速度不得超过15km/h，以便在遇到意外情况时能及时停车。

（3）退行列车未得到后方站（线路所）车站值班员准许时，不得退行到车站的最外方预告标或预告信号机（双线区间为邻线预告标或特设的预告标）内方。以防止与跟踪调车的机车车辆发生冲突。退行列车退行前已得到列车调度员或后方站车站值班员准许时，可直接退行至进站信号机（双线为站界标）前，凭进站信号机的进行显示或引导信号进站。

（4）车站接到列车退行的报告后，除立即报告列车调度员外，在车站线路空闲及作业情况允许时，可开放进站信号机或按引导接车办法，将退行列车接入站内。

【思考题】

1. 运行条件变化时接发列车处理程序及安全控制环节有哪些？
2. 什么情况下允许列车反方向运行？什么情况下双线改按单线行车？
3. 设有双向闭塞设备的车站，双线改按单线行车时如何办理？

4. 未设双向闭塞设备的车站，双线反方向行车或双线改按单线行车时如何办理？
5. 什么是站内无空闲线路时的接车？
6. 站内无空闲线路时对接入列车有何限制？
7. 什么是超长列车？
8. 什么是超限列车？
9. 在各种闭塞方式条件下，超长列车头部越过出站信号机，如何办理发车作业？
10. 如何办理超长列车的接车作业？
11. 如何办理超限列车的接发车作业？
12. 什么是列车退行？哪些情况下列车不准退行？
13. 列车退行有何规定和要求？

【实训练习】

1. 超长列车接发列车作业办理

（1）已知条件

阶段计划：21113次9:40到，9:50开。

闭塞方式：双线自动闭塞区段。

相邻区间上下行客货列车运行时分均为10min。

（2）演练要求

执行接发列车作业标准，办理21113次接发列车作业。

故障设置：设定21113次货物列车是超长列车，运行条件变化，根据特殊列车的接发列车作业办理规定，按照非正常情况接发列车安全控制图，办理21113次接发列车作业。

任务七 施工维修时的接发列车

【任务导入】

为保证行车设备处于完好状态，为满足运量增长或列车提速等需要，必然要对行车设备进行维修、扩建或改建施工。施工维修对行车产生较大影响，施工单位要精心组织，力争不中断行车；行车部门要主动配合，积极为施工创造条件，力争行车施工两不误。

行车工作人员需掌握施工维修时接发列车处理程序及安全控制环节、对施工及行车的基本要求、施工及路用列车开行办法、施工特定行车办法等有关规定。

【知识准备】

一、施工登记与签认

在铁路接发列车工作中，最常见的棘手问题就是铁路营业线施工问题，而如何把握好施工时的行车安全关键，很大程度上取决于施工登记与签认过程。铁路接发列车人员必须扎实把好施工登记与签认关，确保接发列车作业安全。

(一) 铁路营业线施工的基本要求与等级

铁路营业线施工是指影响铁路营业线设备稳定、设备使用和行车安全的各种施工。铁路营业线施工必须坚持运输、施工兼顾的原则，切实加强施工前的组织和施工期间的运输组织。积极推广使用先进的施工机具和科学的施工方法，提高施工作业效率，有计划、有组织地进行各项施工。

铁路营业线施工必须把确保行车安全放在首位，坚持"安全第一，预防为主，综合治理"的方针，建设、设计、施工、监理、行车组织、设备管理等部门和单位必须严格执行《中华人民共和国安全生产法》《铁路安全管理条例》《建设工程安全生产管理条例》《铁路技术管理规程》《铁路工务安全规则》《铁路线路维修规则》和各铁路局的《行规》、各车站的《站细》等有关规定。影响营业线设备稳定、使用和行车安全的施工，必须纳入"天窗"计划，对影响行车和施工安全的每个环节，都必须强化管理，确保行车和施工安全。

根据施工时间和施工对运输的影响，为便于安全控制，一般将施工划分为三级进行管理，有些铁路局结合了本局的实际情况，做了进一步细分。

Ⅰ级施工包括对运输影响较大的大型站场改造、新线引入、主要干线换梁、主要干线更换正线道岔、主要干线及枢纽上跨铁路结构物、大型信联闭改造、大型电气化改造的施工。

Ⅱ级施工包括主要干线封锁线路 3h 以上、影响信联闭 4h 以上的施工，以及其他干线封锁线路 4h 以上、影响信联闭 6h 以上的施工。

Ⅲ级施工包括Ⅰ级、Ⅱ级施工以外的各类施工。

(二) 铁路营业线施工的主要项目

铁路营业线施工根据作业性质及对铁路运输的影响程度，可分为施工作业和维修作业两种。

1. 施工作业

施工作业对铁路运输的影响较大，比较大型的施工作业（如站场设备技术改造等）对铁路既有线运输的影响更大，主要施工作业如下：

(1) 线路及站场设备技术改造，增建双线、新线引入、电气化改造等施工。

(2) 跨越、穿越线路、站场，架设、敷设桥梁、管道、渡槽和电力线路、通信线路、油气管线和铺设临时道口、平过道、人行过道等设施的施工。

(3) 在线路安全保护区内架设、敷设管道、渡槽和电力线路、通信线路、油气管线等设施的施工。

(4) 在规定的安全区域内实施爆破作业，在线路隐蔽工程（含通信、信号电缆经路）上作业，影响路基稳定的各种施工。

(5) 在信号、联锁、闭塞、CTC、列控等行车设备上的大中修施工作业。

(6) 线路大中修，路基、桥隧大修及大型养路机械施工作业，接触网大修作业。

2. 维修作业

维修作业是指利用"维修天窗"进行的作业，作业前不需限制列车运行速度，结束后达到正常放行列车条件。

(1) 工务维修天窗作业项目

1) Ⅰ级维修项目

① 更换道岔尖轨、辙叉、基本轨；更换道岔扳道器下长岔枕、可动心轨道岔钢枕及两侧相邻岔枕或辙叉短心轨转向轴处轨枕。

② 开行路用列车运送作业人员、装卸机具、材料。

③ 利用小型爆破开挖侧沟或基坑（限于不影响路基稳定的范围）。

2) Ⅱ级维修项目

① 利用小型养路机械整治线路病害，对轨道（道岔）伤损零部件进行更换或修理。

② 胶结、焊接钢轨。

③ 一次起道量、拨道量不超过40mm的起道、拨道作业。

④ 螺栓扣件改锚。

⑤ 桥梁施工进行试顶需要起动梁身并回落原位。拨正支座，支座垫砂浆厚度在50mm及以下时。

⑥ 移动桥枕进行钢梁上盖板涂装。

⑦ 隧道拱顶漏水整治、衬砌裂损加固。

⑧ 防灾安全监控系统的维修与更换。

⑨ 整修道口铺面。

⑩ 不破底处理道床翻浆冒泥，清筛道床。

⑪ 可能影响行车安全的清理危石、砍伐危树及隧道内刨冰作业。

⑫ 在"天窗"内可以完成的其他作业项目。

(2) 电务维修"天窗"作业项目

1) 信号Ⅰ级维修项目

① 年度信号联锁关系检查试验。

② 室内、外单套设备更换。

a. 更换20台及以上50台以下继电器等单项轮修器材。

b. "天窗"内能完成的其他室内、外单套设备更换。

③ 提前对既有信号设备进行预配线、电气调试、通道核对等施工准备工作。

④ 垂停作业项目。

2) 信号Ⅱ级维修项目

① 道岔转辙设备、轨道电路、信号机、光电缆、贯通地线、各种箱盒等室外信号设备检修。

② 信号机械室、箱式机房内设备检修。

③ 影响道口及车站设备正常运用的设备检修。

④ 影响驼峰信号设备使用的检修作业。

⑤ 室内、外设备整治及零小器材更换。

⑥ CTC/TDCS设备、CTCS-2级列控地面设备检修。

⑦ 在"天窗"内可以完成的其他作业项目。

3) 通信Ⅰ级维修项目

① 影响行车通信业务的光电缆整治、网络结构调整。

② 影响两个车站以上行车通信业务的通信网络设备整治。
③ 影响行车通信业务的通信电源设备检修、整治。
4）通信Ⅱ级维修项目
① 影响行车通信业务的设备、光电缆、电路测试及主备用倒换、试验。
② 影响行车通信业务的传输、接入设备检修、整治。
③ 影响行车通信业务的数据通信网设备检修、整治。
④ 影响行车通信业务的调度通信设备检修、整治。
⑤ 影响行车通信业务的GSM-R基站、无线列调车站设备、区间无线中继设备及天馈线、漏缆等设施的检修、整治，主备用设备或板件倒换试验。
⑥ 涉及行车通信业务停用、调整的GSM-R调度通信网络数据制作。
⑦ 影响行车通信业务的传输、接入网、数据通信网、调度通信数据制作、电路增减。
⑧ 在天窗内可以完成的其他作业项目。
（3）供电维修天窗作业项目
1）Ⅰ级维修项目
① 更换或拆除支柱、软横跨、硬横梁及隧道吊柱。
② 更换两跨以上接触线、承力索及附加导线。
③ 两辆以上接触网作业车进行的接触网维修作业。
④ 两个以上接触网工区进行的联合作业。
2）Ⅱ级维修项目
① 更换接触网零部件。
② 接触网设备全面检查监测作业。
③ 更换接触网腕臂支撑、补偿装置、器件式分相绝缘器、分段绝缘器、线岔、隔离开关等。
④ 接触网悬挂、分相、分段、线岔等检查调整。
⑤ 接触网吸上、回流线，上部地线、附加悬挂检查维护。
⑥ 接触网绝缘部件清扫维护。
⑦ 栏栅内电力、给水设备检修。
⑧ 在"天窗"内可以完成的其他作业项目。

（三）"天窗"及慢行处所的规定

1. "天窗"的概念

"天窗"是指列车运行图中不铺画列车运行线或调整、抽减列车运行线为营业线施工、维修作业预留的时间。"天窗"按用途分为施工"天窗"和维修"天窗"。施工"天窗"是指列车运行图预留的、在运营线行车设备进行维修作业的时间；维修"天窗"是指列车运行图预留的、对运营线行车设备进行维修作业的时间。

2. "天窗"时间

主要项目的"天窗"时间通常规定如下：

（1）施工"天窗"，技改工程、线路大中修及大型养路机械作业时不应少于180min。

（2）维修"天窗"，电气化双线不应少于90min、单线不应少于60min，非电气化双线不应少于70min、单线不应少于60min。

维修"天窗"在时间安排上应与施工"天窗"重叠套用,除春暑运、黄金周及中国铁路调度命令停止外,原则上每月每区间不应少于20次(双线为单方向)。

(3) 双线车站同时影响上下行正线的渡线道岔或影响全站信号设备正常使用的电务设备检修,每月应确保一次30min的封锁时间。对作业繁忙的编组、区段站,可按接发列车方向划分联锁区,联锁区每月应确保一次30mm封锁时间。

(4) 对电化区段的双线区间,每月应保证至少一次的接触网检修的"垂直天窗"时间,通常不少于60min。

铁路线路的繁忙程度各有不同,运输紧张的线路有可能达不到以上时间的要求,运输不紧张的线路时间就要宽松些。

3. 慢行处所的规定

各项施工、维修作业要采用平行作业的方式,综合利用"天窗",提高"天窗"的利用率。要严格按照运行图预留的慢行附加时间控制线路慢行处所,原则上单线一个区段慢行处所不超过两处,双线一个区段内每个方向慢行处所不超过两处,同一区间内慢行处所不超过一处(包括施工慢行处所)。各项施工要按规定控制慢行距离和慢行速度,桥涵顶进施工慢行限制速度不应低于45km/h。

对于同一区间内慢行处所比较近的地点,如慢行长度不超过1200m的连续两处及以上的慢行处所可视为同一处慢行处所同时安排施工。

(四) 施工计划的变更与临时施工

各种施工(维修"天窗"作业计划除外)均应纳入月度施工计划,未纳入月度施工计划的施工项目原则上不准进行施工。特殊情况必须施工时,由施工单位提出施工申请,并签订安全协议,制定安全措施,通过主管业务处审查,经主管运输副局长批准,由运输处安排施工。

1. 计划变更

(1) 月度施工计划原则上不准变更。特殊情况必须进行调整时,由施工单位提前5d向铁路局主管业务处和运输处提出书面申请,由运输处调整施工计划。

(2) 纳入月度施工计划的施工项目原则上不准停止施工,因专特运、事故、自然灾害及调整车流等原因停止施工时,应于前日14:00前以调度命令通知有关单位。

2. 临时施工

对突发性设备故障和灾害的紧急抢修及轨道状态超过临时补修标准处所的临时补修等临时封锁"要点"施工,按下列程序办理:

(1) 需临时封锁"要点"时,由设备管理单位向铁路局主管业务处提出申请,主管业务处审查,运输处签认,经主管运输副局长批准后,由调度所安排施工。

(2) 危及行车安全需立即抢修时,设备管理单位要及时通知配合单位和铁路局主管业务处,并按规定登记,通过车站值班员报告铁路局列车调度员,经调度所主任(正班副主任)批准,发布调度命令进行抢修。

(3) 受天气条件限制及作业性质特殊的施工、维修项目,可根据具体情况安排临时封锁或调整"天窗"时段。

(五) 施工处理程序

施工通常是设备部门对行车设备进行的维修、养护等。运输部门通常起着协调、配合的作用。

施工处理程序如图 3-9 所示。

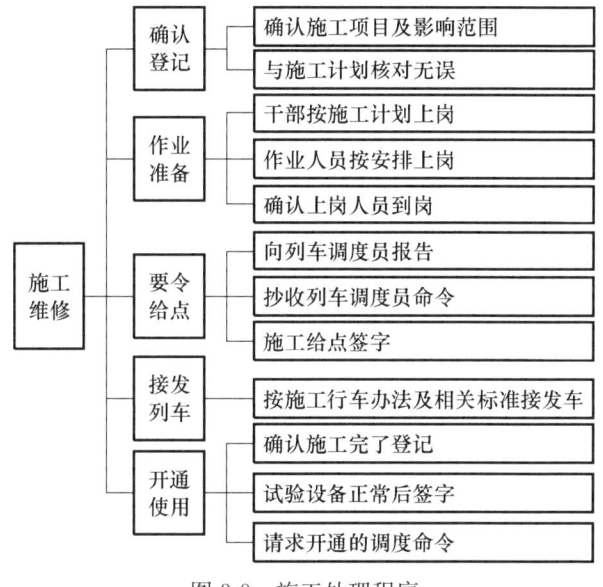

图 3-9 施工处理程序

1. 确认登记

车站值班员应根据施工计划，逐项核对施工单位的施工申请登记。车站值班员对施工项目、影响范围、施工所需时间等逐项审核后，在确认各项登记内容无误后方可签认，再向列车调度员汇报。

2. 作业准备

作业准备包括干部按施工计划上岗，作业人员按安排上岗，确保上岗人员到岗。

施工中应注意的事项如下：

（1）车站值班员要掌握施工进度，严把施工时间关。

（2）组织作业人员落实施工安全措施，接受局、站（段）施工负责人员的监督检查。

（3）把好进路、信号、凭证"三关"，确保行车、人身安全。

（4）实际施工与登记施工的内容要求不符时，有权责令其停止施工。

（5）遇施工提前或延时，应及时向列车调度员汇报。

3. 要令给点

车站值班员核实施工登记无误后，向列车调度员请求调度命令。在列车调度员下达调度命令后签认，并将调度命令登记"调度命令登记簿"后，通知施工负责人。

4. 接发列车

行车部门要加强施工期间行车组织和调度指挥，非正常情况下接发列车，站长（或主管副站长）须到岗监督作业，严格执行作业标准，落实施工安全卡控措施。控制好发布行车命令、确认区间空闲、进路检查确认、行车凭证填写交付、引导信号使用等关键环节。施工开通必须严格执行施工单位、设备管理单位登记开通、车站签认和列车调度员发布开通命令的程序。

影响行车的施工、检修作业，应安排在"天窗"内进行。遇有施工又必须接发列车的特殊情况时，可按以下施工特定行车办法办理：

（1）车站采用固定进路的办法接发列车。施工开始前，车站须将正线进路开通，并对进路上所有道岔按规定加锁（有关道岔密贴的确认及具体的加锁办法，由铁路局规定）。

（2）引导接车并正线通过时，准许列车司机凭特定引导手信号的显示，以不超过60km/h速度进站。

（3）准许车站不向司机递交书面行车凭证和调度命令。但车站仍按规定办理行车手续，并使用列车无线调度通信设备（其通信记录装置须作用良好）将行车凭证号码（路票为电话记录号码、绿色许可证为编号）和调度命令号码通知司机，得到司机复诵正确后，方可显示通过手信号。列车凭通过手信号通过车站。

5．开通使用

施工单位要在调度命令规定的时间内开通，施工结束后，车站值班员确认施工单位全部销点后方可签认，报告列车调度员。列车调度员再次查实施工单位全部销点、符合开通条件后，发布开通命令。如因特殊情况不能按时开通或不能按规定速度运行时，应提前通知车站值班员，请求列车调度员延长时间或限速运行。有作业车时，列车调度员要及时安排作业车返回基地。施工完毕、开通前，应注意如下事项：

（1）施工完毕，以施工负责人的登记为依据，开通时间以调度命令为准。列车调度员下达调度命令后签认，并将调度命令抄交施工的相关部门，方可开通。

（2）施工开通前，设备的试验，在"天窗"时间内完成，不准在列车间隔时间内进行试验。

（3）对大型的施工，开通后车站值班员要重点盯防设备的变化，并落实好开通调度命令的有关事宜。站（段）的施工人员要在现场盯防，防止发生问题。

（4）对限速运行的地段，车站值班员要将限制速度的日期、速度及趟数等事项列为交接班的重点内容，车站站长要认真监督、检查、落实。

（六）施工登记与签认

施工时，施工单位在车站行车室设驻站联络员，施工地点设现场防护员，驻站联络员与现场防护员要保持随时通信状态，掌握施工现场和列车运行情况，做好邻线通过列车的安全防护，发现异常及时通知车站值班员和施工负责人。

施工单位应在施工开始前40min，由施工负责人（或驻站联络员）在车站《行车设备施工登记簿》（《运统-46》）上登记，见表3-47、表3-48。车站值班员应对在《运统-46》登记的内容进行审核及签认，在信号楼醒目位置将作业内容、封锁范围、停电范围、命令号码、作业时间、作业车辆运行等做出揭示，并及时报告列车调度员，由列车调度员向有关车站发布实际施工调度命令。调度命令下达后，车站值班员可通过驻站联络员将调度命令转达给现场施工负责人。施工负责人接到调度命令号码后，方可进行作业。

车站值班干部（中间站站长）要提前30min到岗进行安全监控并协调组织各单位"天窗"修理作业。

施工单位作业完成后，经施工、设备单位检查达到放行列车条件，由施工负责人（或施工单位指定人员）、设备单位检查人（或设备单位指定人员）办理开通登记，车站值班员签认后，由车站值班员报告列车调度员开通线路。如在提速过程中发现安全隐患，应按施工现场提出的限制列车运行速度条件行车，施工单位应立即整改，见表3-48。

表3-47 换枕施工作业填记样张

请求施工（限速及封锁）登记				承认施工		施工后开通检查、销记		施工开通
本月施工编号	施工项目	月-日时：分	（1）影响使用范围（需要的限速或封锁条件）；（2）施工负责人签名；（3）设备单位检查人签名；（4）车站值班员签名	所需时分	（1）命令号及发令时间；（2）限速及封锁起止时间；（3）车站值班员签名；（4）施工负责人签名	月-日时：分	（1）恢复使用范围和条件（开通后恢复常速确认）；（2）施工负责人签名；（3）设备单位检查人签名；（4）车站值班员签名	（1）开通（恢复常速）命令号码及开通时间；（2）施工负责人签名；（3）设备单位检查人签名；（4）车站值班员签名
××	换枕	5-5 10:00	（1）申请封锁××站至××站间K80+073～K81+503进行换枕施工，封锁前1h限速25 km/h，轨道作业车进入封锁区间进行收枕，作业完毕返回××站。施工防护已到位；（2）××工务工区：××，10:00；（3）车站：××，11:00 盯岗：××	120min	（1）限速命令××号，5月4日15:30；（2）5月5日11:00分起至封锁时止，限速25km/h；（3）车站：××，11:00；（4）××工务工区：××，11:00；（1）封锁命令××号，11:59；（2）12:00—14:00封锁施工；（3）车站：××，12:00；（4）××工务工区：××，12:00 盯岗：××	5-5 14:00	（1）××站至××站间K80+073～K81+503换枕施工完毕，作业车已进入××站×道警冲标内方，申请开通。开通后首列限速25km/h（不得过客车），第二列限速45km/h至次日封锁前1h限速45km/h；（2）××工务工区：××，14:00；（3）车站：××，14:00；盯岗：××	（1）开通命令××号，自14:00分起××站至××站间K80+073～K81+503开通。5月4日15:30分发××号命令开通后首列限速25 km/h、自第二列起限速45km/h至5月12日11:00止；（2）××工务工区：××，14:00；（3）车站：××，14:00；盯岗：××
						5-6 11:00	（1）××站至××站间K80+073～K81+503申请恢复常速；（2）××工务工区：××，11:00；（3）车站：××，11:00 盯岗：××	

表 3-48 供电维修作业(需封锁)填记样张

请求施工(限速及封锁)登记				承认施工	施工后开通检查、销记		施工开通
本月施工编号	施工项目	月-日时:分	(1)影响使用范围(需要的限速或封锁条件); (2)施工负责人签名; (3)设备单位检查人签名; (4)车站值班员签名	所需时分	(1)命令号及发令时间; (2)限速及封锁起止时间; (3)车站值班员签名; (4)施工负责人签名	月-日时:分	(1)恢复使用范围和条件(开通后恢复常速确认); (2)施工负责人签名; (3)设备单位检查人签名; (4)车站值班员签名	(1)开通(恢复常速)命令号码及开通时间; (2)施工负责人签名; (3)设备单位检查人签名; (4)车站值班员签名
	天窗修	4-8 15:00	(1)根据天窗修计划,供电在××站至××站间K1010+100~K1011+600进行检修作业,需接触网停电,××站开行作业车并返回,防护到位; (2)××供电工区:××,15:01; (3)车站:××,15:02 盯岗:××	60min	(1)封锁命令××号,15:50停电命令××号,15:57; (2)施工起止时间:15:50—17:00; (3)车站:××,15:50; (4)××供电工区:××,15:51 盯岗:××	4-8 16:55	(1)××站至××站间K1010+100~K1011+6001检修作业完毕,作业车已返回××站,申请开通; (2)××供电工区:××,16:56; (3)车站:××,16:57 盯岗:××	(1)开通命令××号,16:59送电命令××号,17:01。 (2)××供电工区:××,17:02; (3)车站:××,17:03 盯岗:××

《运统-46》填记要求如下:

(1)施工维修作业开始前 40min,由施工单位和设备管理单位的专职联络员(施工负责人)在《行车设备施工登记簿》上逐项登记、签认,车站值班员(列车调度员)应对施工单位和设备管理单位登记签认的内容进行审核、签认。

(2)施工单位作业完毕后,经施工、设备管理单位检查达到放行列车条件,由施工负责人(或专职联络员)、设备管理单位检查人(或指定人员)办理开通登记签认(施工销记),车站值班员(列车调度员)审核无误后签认。

(3)当施工单位和设备管理单位相同时,允许一次签认"施工负责人签名"和"设备单位检查人签名"栏。

(4)"本月施工编号"栏填记月度施工计划编号;铁路局(集团公司)以电报形式安排的施工,填记电报号码。

(5)"施工负责人、设备单位检查人、车站值班员签名"栏须填记单位名称、本人姓名和签认时分。

(6)有配合单位的施工(维修),在同一施工项目内登记有关事项。施工(维修)单位必须在"请求施工(限速及封锁)登记"栏内注明"需××部门配合"字样(如需接触网停电,必须注明)。

(七)车站施工维修作业

1. 作业准备

车站遇有施工维修作业时,施工单位负责人应提前按施工计划认真登记《行车设备施工登记簿》。请求施工登记内容:"本月施工编号、月日、时分、施工项目、影响使用范围(需要的慢行或封锁条件)、所需时分、施工单位负责人签字、设备单位检查人签字"（同一项施工，施工单位和配合单位应按顺序分别登记在一起）。车站值班员应确认施工项目及影响范围，然后按施工负责人的登记内容与施工计划核对无误后签字。

通知监控干部及参加作业人员按施工计划安排提前上岗。车站值班员确认上岗人员到岗后向列车调度员报告，请求并接收准许施工的调度命令。

车站值班员与施工单位负责人共同确认无误后签字，按施工计划或调度命令准许的项目开始施工，按施工行车办法准备接发列车作业。

2. 作业要点

车站值班员及所有参加作业人员要严格按照施工行车办法及《接发列车作业》办理接发列车作业。监控干部要认真填记《非正常情况下接发列车控制卡》。

施工完毕后，经施工、设备管理单位检查达到放行列车条件，由施工单位负责人组织施工及配合单位分别进行销记、签名；多家施工单位利用同一"天窗"时，由施工主体单位组织各施工单位、配合单位销记、签名。全部销记后，经设备管理单位确认签名，再统一交车站值班员。车站值班员逐个核对、签认无误后方可报告列车调度员，请求调度命令，开通区间或线路。

二、路用列车接发作业

（一）封锁区间的概念及分类

向封锁区间开行路用列车和救援列车也是非正常情况接发列车的一种。其特点主要表现在：一是列车进入的区间是封锁区间；二是只限于路用列车和救援列车进入；三是列车进入封锁区间时不办理闭塞手续，行车凭证为调度命令（遇调度电话不通时，凭车站值班员命令）；四是列车进入封锁区间的目的是为完成某项特定的任务。

1. 封锁区间的概念

封锁区间是指区间施工或发生自燃灾害、行车事故等原因，只准救援或路用列车根据列车调度员的命令进入的区间。

2. 封锁区间的分类

（1）封锁区间施工。主要对区间内的线路、桥梁、隧道、信号、接触网等设备进行有计划的施工维修或安装新设备。这类封锁区间要求纳入施工计划，各部门需提前做好准备，事先在列车运行图中预留施工"天窗"。

（2）封锁区间救援。主要对区间内的行车设备故障、损坏或发生行车、人身伤亡等事故，迫使行车中断，由列车调度员发布调度命令封锁区间并开行救援列车（单机）进行抢救。这种封锁区间是突发性的、事前无准备的、被动的。

向封锁区间开行路用列车和救援列车也存在不安全因素。一是误用基本闭塞设备开放出站信号，错误地使用行车凭证发车；二是误将其他列车放入封锁区间。因此，车站值班员、信号员遇区间封锁时，必须在控制台上及时加挂"区间封锁"表示牌，以防误办。

（二）封锁区间的条件与办理手续

1. 需封锁区间的条件

（1）区间正线施工；

(2) 区间正线发生线路故障或自然灾害时；

(3) 区间正线发生行车事故中断行车时。

2. 封锁区间的条件下准许接发的列车

(1) 救援列车；

(2) 路用列车。

3. 封锁区间的办理手续

(1) 封锁区间。确认施工计划或救援请求，由确认施工登记或接到请求救援的车站值班员向列车调度员报告，列车调度员下达的命令封锁区间；遇列车调度员电话不通，由车站值班员下达的命令封锁区间并送达邻站。

(2) 开通区间。由确认施工销点登记或接到救援恢复正常的车站值班员向列车调度员报告，列车调度员下达的命令开通区间；遇列车调度员电话不通，由车站值班员下达的命令开通区间并送达邻站。

（三）路用列车的定义及种类

路用列车是指为铁路内部自用而开行的列车。为运送铁路人员、器材、路料（石渣、枕木、钢轨等）开行的列车，一般在不影响路外运输的前提下开行，是专为运送铁路自用物资或设备的列车。路用列车按用途不同主要有以下几种：

(1) 以非运用车编成的专列，如回送入厂的列车、试验列车、除雪车、救援列车等。

(2) 回送封存车的列车。

(3) 进、出封锁区间为运送施工作业人员及各种路用器材而开行的列车。

(4) 为施工而开行的按列车办理的线路作业机械。

(5) 为由区间内收集路用器材而开行的列车。

（四）路用列车的行车凭证

(1) 向非封锁区间开行路用列车时，列车仍以该区间原使用的行车凭证进入区间。

(2) 向封锁区间开行路用列车时，列车进入封锁区间的行车凭证为调度命令。

向非封锁区间开行路用列车时，列车仍以该区间规定的基本闭塞法或电话闭塞法办理的行车凭证进入区间，而不能模糊地错误认为开行路用列车就以"调度命令"为凭证将列车往区间放行。

【案例】××××年×月×日，14：27，路用列车57201次，计划在××站—××站间，864km+500m～863km+500m间进行"边走边卸"路料作业。发车站值班员××，在未与邻站办理闭塞手续的情况下，就使用"调度命令"将57201次放入区间卸车作业，构成了"未办闭塞发出列车"的危险性事故。

(3) 当调度电话中断时，遇有急需封锁区间抢修线路、桥涵或隧道等处的紧迫施工，路用列车进入封锁区间的行车凭证为车站值班员的命令。

（五）封锁区间接发路用列车

1. 一般规定

(1) 向施工封锁区间开行路用列车时，原则上该区间两端车站每端只准开进一列。一端站开行两列及其以上路用列车时，第一列路用列车到达指定地点停车并按规定设置防护后,施工领导人方可通知驻站专职联络人员转告车站值班员开行同方向次一路用车进入封锁区间,作业完毕后,施工领导人(或专职联络人员)应取得车站值班员的同意后,列车方可返回车站(包括两站、所开行的路用列车回一个车站)。前行路用列车到站后,由车站值班员通知专职联络人员准许次一路用列车返回车站。

(2)路用列车应由施工单位指派胜任人员携带列车无线调度通信设备值乘于列车尾部,并在区间协助司机作业。

(3)向封锁区间开行路用列车时,除救援或抢险的应急情况外,发车站须根据铁路局批准并下达的月度施工方案,以及施工负责人现场办理的书面请求,并取得列车调度员的调度命令准许后,方可办理。

(4)为确保路用列车发车进路安全无误,车站值班员须先准备好发车进路后,再递交行车凭证。

(5)在封锁区间施工中,单机、重型轨道车以及工务部门使用的捣固、清筛线路配有动力装置自行移动式的大型施工机械,其进、出封锁区间的行车方式,均按路用列车办理。

(6)路用列车的发车,仍按列车方式发车。

2. 向施工封锁区间发出路用列车

(1)作业准备

车站值班员根据施工负责人的请求向列车调度员报告。请求并接收封锁区间及向施工封锁区间开行路用列车的调度命令,车站值班干部按施工规定认真监控作业。

(2)作业要点

车站值班员接到封锁区间的调度命令后,揭挂"区间封锁"安全帽。向施工封锁区间发出路用列车不办理闭塞手续,但需与邻站联系,以调度命令作为出入封锁区间的行车凭证。

开放调车信号锁闭进路(调车进路不能完全锁闭整个进路时,其他未锁闭道岔单独锁闭)或单操道岔(含防护道岔)准备进路,并单独锁闭。按下接通光带按钮,确认进路正确。助理值班员与车站值班员认真核对调度命令;核对正确,通过控制台再次确认发车进路正确后(由于设备的关系,助理值班员不能通过控制台确认发车进路时可不确认),与司机核对调度命令,无误后交给司机,确认发车条件具备,指示发车或发车。

路用列车进入封锁区间时,要立即通知邻站,说明进入"线别",揭挂"区间占用"安全帽。由一端站连续两列及以上路用列车进入同一施工封锁区间时,间隔不得少于两列及以上路用列车进入同一施工封锁区间时,具体运行按施工安全措施及调度命令的规定办理。

3. 由施工封锁区间返回路用列车

(1)作业准备

车站值班员接到施工现场负责人开车通知后,核对施工封锁区间开行路用列车的调度。

(2)作业要点

车站值班员根据命令要求,确定接车线,并确认接车线路空闲,开放进站信号机办理接车。

如遇进站信号机不能开放，开放调车信号准备进路（调车进路不能完全锁闭整个进路时，其他未锁闭道岔单独锁闭）后取消调车信号或单操道岔（含防护道岔）准备进路。按下接通光带按钮确认进路正确后，开放引导信号接车（请求并接收引导接车的调度命令）。

未设进站信号机时，开放调车信号锁闭进路（调车进路不能完全锁闭整个进路时，其他未锁闭道岔单独锁闭）或单操道岔（含防护道岔）准备进路，并单独锁闭。按下接通光带按钮确认进路正确后，指示引导员到《站细》规定地点显示引导手信号接车。

车站值班员须将引导接车的调度命令向司机转达。

路用列车全部到达（返回）后，应及时通知邻站并报告列车调度员，摘下"区间占用"安全帽。

两端站车站值班员确认区间空闲，根据施工负责人的请求，向列车调度员报告，接收开通区间的调度命令，与邻站核对调度命令后，开通区间，并摘下"区间封锁"安全帽。

三、救援列车接发作业

（一）救援列车的定义

救援列车的基本任务是及时抢救灾害，排除线路故障，迅速恢复正常运输秩序。救援列车是为发生事故或不能正常运行的列车而开行的，担当救援任务的可以是单机、轨道车或列车，如图3-10所示。一般的专业救援列车由起重吊车、修理车、工具车、宿营车及工程材料车等组成，并配备有一定数量的救援人员，停放于指定车站，发生事故时，可随时主动进行抢修。

图3-10 救援列车

（二）救援列车开行

车站值班员接到司机或工务、电务人员的救援请求后，应立即报告列车调度员。根据列车调度员的命令封锁区间，发出救援列车。

1. 开行办法

(1) 开行。向封锁区间发出救援列车时,不办理闭塞手续,以列车调度员的命令,作为进入封锁区间的许可。列车调度员电话不通时,应由接到救援请求的车站值班员根据救援请求办理,救援列车以车站值班员的命令,作为进入封锁区间的许可。

(2) 救援列车的出发或返回,应报告列车调度员及通知对方站。为使列车调度员正确掌握救援进度,当救援列车开往事故现场或由事故现场返回车站时,均应由车站值班员将到发时刻及由区间拉回车数、事故救援工作进度及时报告列车调度员。为使对方站掌握救援进度和区间占用情况,也应将上述内容通知对方站。

事故现场设有临时线路所时,车站值班员应于发车前征得临时线路所值班员同意。联系办法如下:

① 车站向线路所开行救援列车时,必须事先取得线路所值班员的同意,以便及时做好接车准备和防护工作。

② 线路所向两端站发出救援列车时,必须取得列车调度员和接车站车站值班员的同意。

③ 线路所值班员接发车前,应通知防护和引导人员,以便做好一切准备工作。

(3) 在事故调查组人员到达前,站长或胜任人员应随乘发往事故地点的第一列救援列车(分部运行时挂取遗留车辆的机车除外)到事故现场,负责指挥列车有关工作。

【案例】××××年×月×日,在××线的××站—××站区间523km+700m处,发生水害冲塌路基的自然灾害侵袭事故。

开行的58136次救援列车,运送抢险路料以推进方式至事故地点卸片石10辆。由于事故的防护信号位置不当,又由于救援列车运行速度过高,当司机及前端的运转车长发现时,列车已制动不及,致使救援列车闯入路基水害塌陷处,造成救援作业过程中发生车辆严重颠覆和脱线,货车大破3辆、轻伤31人的行车大事故。

【案例】××××年××月××日,4:53,在××站—××站区间840km+500m处,因机车牵引力不足列车分部运行。单机返回58101次挂取区间遗留车辆,由于未按规定设防护,又因天气降雾、瞭望困难;并且,司机看错区间留车位置,又超速行驶,致使58101次与区间的遗留车辆发生正面冲突。造成货车大破1辆、中破1辆、小破2辆,机车中破1台,中断行车1小时52分钟的"救援列车冲突"大事故。

从这两起事故案例分析可以看出,一是防护位置不当,二是根本未设防护,司机又都超速行驶。所以,必须吸取的事故教训主要有两点:

(1) 对事故地段必须有专人负责,按规定距离、规定地点、规定的信号认真防护;

(2) 救援列车司机对事故地点及防护信号位置要准确掌握,加强瞭望,注意操纵,尤其是接近事故地段时,更要控制速度。

2. 区间开通手续

(1) 车站值班员接到事故现场负责人请求,可以开通区间,恢复列车运行时,立即报告列车调度员,请求发布命令开通区间。

(2) 列车调度员电话不通时,接到请求的车站值班员,可通告邻站按电话记录办理区间开通,但必须查明区间确已空闲。

3. 行车凭证
(1) 向非封锁区间开行救援列车时，列车仍以该区间原使用的行车凭证进入区间。
(2) 向封锁区间开行救援列车时，列车进入封锁区间的行车凭证为调度命令。

向非封锁区间开行救援列车时，列车仍以该区间规定的基本闭塞法或电话闭塞法办理的行车凭证进入区间，而不能模糊地错误认为开行救援列车就以"调度命令"为凭证将列车往区间放行。

(3) 当调度员电话不通时，应由接到救援请求的车站值班员根据救援请求办理。救援列车进入封锁区间的行车凭证为车站值班员的命令。命令发布站应用行车电话向邻站传达命令并听取复诵。"调度命令"中的"受令车站"改为"发令车站"。调度员姓名栏可不填写。

【案例】××××年××月××日，0:17，原计划为58104次在××站停车交会1123次，车站值班员未取得邻站同意就擅自取消了1123次闭塞，并且，仅以"加开58104次"调度命令架入自动授受机传递，指示助理值班员×××显示58104次的通过手信号，而58104次司机在未取得行车凭证的情况下，也仅凭手信号盲目通过，闯入已被1123次占用（正在对向运行）的区间。后幸被发现急用无线电台呼叫而制止，险些造成58104次与1123次正面冲突的严重后果，但已构成"救援列车未办闭塞闯入区间"的事故。

经事故剖析，值班员误解为"救援列车就是以调度命令（作为行车凭证）开行"，而对救援列车所运行的区间是否按封锁办理，调度命令上是否明确指定其作为行车凭证等，均认识模糊，分辨不清。因而，造成了这起救援列车未办闭塞闯入占用区间的一般C类事故。

（三）封锁区间接发救援列车

1. 向封锁区间发出救援列车
(1) 作业准备

通知值班干部上岗监控，向列车调度员报告请求救援的有关情况，并通知有关救援单位。接收封锁区间及开行救援列车的调度命令。

(2) 作业要点

车站值班员接到封锁区间的调度命令后，揭挂"区间封锁"安全帽，向封锁区间发出救援列车时，不办理闭塞手续，以列车调度员的命令作为进入封锁区间的许可，遇调度电话不通时，救援列车以车站值班员的命令作为进入封锁区间的许可。

开放调车信号锁闭进路（调车进路不能完全锁闭整个进路时，其他未锁闭道岔单独锁闭）或单操道岔（含防护道岔）准备进路，并单独锁闭。通过控制台按下接通光带按钮确认进路正确。

助理值班员与车站值班员认真核对调度命令；核对正确，通过控制台再次确认发车进路正确后（由于设备的关系助理值班员不能通过控制台确认发车进路时可不确认），与司机核对调度命令，无误后交给司机，确认发车条件具备，指示发车或发车。

救援列车进入封锁区间时，要及时通知邻站，进入的"线别"，并揭挂"区间占用"安全帽。

如果救援现场设有临时线路所时，车站值班员于发车前应得到线路所值班员的同意。

2. 由封锁区间返回救援列车

（1）作业准备

在接到救援现场负责人的开车通知后，核对封锁区间开行救援列车的调度命令。

（2）作业要点

车站值班员根据命令要求，确定接车线，并确认接车线路空闲，开放进站信号机接车。

如遇进站信号机不能开放，开放调车信号准备进路（调车进路不能完全锁闭整个进路时，其他未锁闭道岔单独锁闭）后取消调车信号或单操道岔（含防护道岔）准备进路。按下接通光带按钮确认进路正确后，开放引导信号接车（请求并接收引导接车的调度命令）。

未设进站信号机时，开放调车信号锁闭进路（调车进路不能完全锁闭整个进路时，其他未锁闭道岔单独锁闭）或单操道岔（含防护道岔）准备进路，并单独锁闭。按下接通光带按钮确认进路正确后，指示引导员到《站细》规定地点显示引导手信号接车。

救援列车全部到达（返回）后，应及时通知邻站并报告列车调度员，摘下"区间占用"安全帽。

车站值班员须将引导接车的调度命令号码及内容向司机转达。

列车调度员根据救援现场负责人的报告，发布开通区间的调度命令。

车站值班员根据调度命令，与邻站核对无误后，及时开通区间，摘下"区间封锁"安全帽。

（四）开行救援列车的注意事项

（1）救援列车进入非封锁区间，仍按原闭塞法行车。

（2）进入封锁区间的调度命令应分别交给司机及救援列车负责人。

（3）封锁区间两端站要掌握好到、发线的运用，为救援列车的机车转线、调车、停放车辆做好安排。

（4）封锁区间两端站，接发救援列车时，进路的准备都要按规定要求办理。

（5）如无空闲线路接车时，每次接车办法要在调度命令中说明，使司机心中有数。

进入事故地段的救援列车（包括单机、重型轨道车等），均须在防护信号处一度停车，撤除防护并通知救援有关事项后，再以调车方式领入事故地点。这一救援作业中的行车办法，是事故救援现场防止忙中出乱、急中出错的一项安全有效措施。在事故救援案例中，曾发生过多起事故救援出事故的现实教训，必须引以为戒。

【案例】××××年××月××日11:51，××机务段SS4型7164号、重联SS4型7168号机车，牵引14522次货物列车，编组51辆，总质量4406t，计长62.2m，运行至××上行线××至××间××隧道内K196km+902m处，因线路不良，列车通过时轨距扩大，造成列车脱轨颠覆。11:52，××机务段SS4型0357号机车牵引的41045次货物列车，编组24辆，总质量1980t，计长29.6m，恰好也运行在隧道内，发现侵限车辆后停车不及，机车及机后1、3位车辆与14522次货物列车机后脱轨侵限的11位车辆碰挂。

事故发生后,现场救援指挥部在综合考虑种种不利条件,确保安全的前提下,确定了从隧道两端同时起复事故车辆,一次双线开通的总体方案,并分步具体实施。

第一,组织两端站调车机及现有机车,将事故未脱轨车辆先行分别拉离现场。

第二,安排先期到达的××救援列车从隧道南口进入现场。

第三,报请中国国家铁路集团有限公司组织××局救援列车出动,由隧道北口进入。

第四,由供电部门组织在隧道内安装照明设备,待接触网停电后,将接触网导线拨至隧道洞壁侧上方。

第五,调运大型通风设备设于隧道口,改善洞内通风条件。

第六,由货运部门组织民工卸空事故车辆,并将堆积在事故现场的散煤装袋运出。

第七,运输部门组织调运抢修物资及平板车送抵现场,工务部门做好线路抢修各项准备。

四、列车分部运行

列车分部运行是特殊情况下接发列车的一种。

(一)列车在区间被迫停车时的处理方法

1. 列车在区间被迫停车的处理

(1)列车在区间被迫停车后,不能继续运行时,司机应立即使用列车无线调度通信设备通知两端站、列车调度员及车辆乘务员(随车机械师),报告停车原因和停车位置,根据需要迅速请求救援。需要防护时,列车前方由司机负责,列车后方由车辆乘务员(随车机械师)负责。

如遇自动制动机故障,旅客列车司机应通知车辆乘务员立即组织列车乘务人员拧紧全列人力制动机,以保证就地制动;其他列车司机应立即采取安全措施,并向车站值班员(列车调度员)报告,请求救援。

(2)对已请求救援的列车,不得再行移动,并按规定对列车进行防护。

(3)车站值班员(列车调度员)接到司机通知后,应将区间内列车运行情况通知司机,并立即使用列车无线调度通信设备转告区间内有关列车。在停车原因消除前,不得再放行追踪、续行列车。

(4)列车被迫停车可能妨碍邻线时,司机应立即用列车无线调度通信设备通知邻线上运行的列车和两端站,并与车辆乘务员(随车机械师)分别在列车的头部和尾部附近邻线上点燃火炬;在自动闭塞区间,还应对邻线来车方向短路轨道电路。司机应亲自或指派人员沿邻线一侧对列车进行检查,发现妨碍邻线时,应立即派人按规定防护。如发现邻线有列车开来时,应鸣示紧急停车信号。

车站值班员(列车调度员)接到列车被迫停车可能妨碍邻线的通知后,在停车原因消除前,不得向邻线放行列车。

2. 区间防护

列车在区间被迫停车后,分别根据下列规定放置响墩防护:

(1)已请求救援时,从救援列车开来方面(不明时,从列车前后两方面),距离列车不少于300m处防护。

(2) 一切电话中断后发出的列车（持有"红色许可证"通知书的列车除外），应于停车后，立即从列车后方按线路最大速度等级规定的列车紧急制动距离位置处防护。

(3) 对于邻线上妨碍行车地点，应从两方面按线路最大速度等级规定的列车紧急制动距离位置处防护，如确知列车开来方向时，仅对来车方面防护。

(4) 列车分部运行，机车进入区间挂取遗留车辆时，应从车列前方距离不少于300m处防护。

防护人员设置的响墩待停车原因消除后可不撤。

3. 下列情况列车不准分部运行

(1) 采取措施后可整列运行时；

(2) 对遗留车辆未采取防护、防溜措施时；

(3) 遗留车辆无人看守时；

(4) 司机与车站值班员及列车调度员均联系不上时；

(5) 遗留车辆停留在超过6‰坡度的线路上时。

4. 注意事项

在不得已情况下，列车必须分部运行时，司机应使用列车无线调度通信设备报告前方站和列车调度员，并做好遗留车辆的防溜和防护工作。司机在记明遗留车辆辆数和停留位置后，方可牵引前部车辆运行至前方站。在运行中仍按信号机的显示进行，但在半自动闭塞区间，该列车必须在进站信号机外停车（司机已用列车无线调度通信设备通知车站值班员列车为分部运行时除外），将情况通知车站值班员后再进站。车站值班员应立即报告列车调度员封锁区间，待将遗留车辆拉回车站，确认区间空闲后，方可开通区间。

（二）列车分部运行时的接发列车办法

1. 前部车列的接入

车站值班员接到分部运行的报告后，立即报告列车调度员，并通过列车无线调度通信设备与司机联系，指示司机按开放的进站信号或引导信号直接进入站内。前部车列进站后，车站值班员向司机了解详细情况，将情况报告列车调度员。

在分部运行前，司机或相关人员必须做好遗留车辆的防溜和防护工作，司机在记明遗留车辆辆数和停留位置后，方可牵引前部车辆运行至前方车站。

2. 挂取区间遗留车辆的接发车

(1) 发车。向区间挂取遗留车辆前，必须封锁区间。向封锁区间开行挂取遗留车辆的列车，不办理闭塞手续，进入区间行车凭证为列车调度员的命令。

(2) 接车。按正常列车办理，开放进站信号机或引导接车将挂取遗留车辆列车接入站内。

(3) 区间开通。遗留车辆全部挂回车站后，车站值班员应将原占用区间行车凭证收回，确认区间已空闲，立即报告列车调度员开通区间。

【思考题】

1. 简述铁路营业线施工的主要项目。
2. 什么是"天窗"、施工"天窗"、维修"天窗"？

3. 慢行处所是如何规定的？
4. 简述施工处理程序。
5. 简述车站施工维修作业的作业准备和作业要点。
6. 什么是路用列车？
7. 什么是封锁区间？如何分类？
8. 路用列车封锁区间与非封锁区间的行车凭证是什么？
9. 什么是救援列车？确定救援列车的行车方法与凭证选择、填写方法。
10. 哪些情况下，列车不准分部运行？
11. 简述列车分部运行时的接发列车办法。

【实训练习】

1. 请各小组查找（通过图书馆、网络等）救援列车开行发生事故的案例，写出事故过程，并指出防止该事故发生应该采取的措施有哪些？

附　件

附件1　路票

```
              路　票
         电话记录 第    号
              车  次_____

      延安  ━━━▶  延安北

  延安站（站名印）              编号 123456
```

注：1.路票为预先印好区间（即站名）和编号的硬卡片；　（规格 75 mm×88 mm）
　　2.加盖㊣字戳记者，为路票副页。

附件2　绿色许可证

```
              许 可 证
                        第_____号
  在出站（进路）信号机故障、未设出站信号机、列车头部越过出站（进
路）信号机的情况下，准许第_____次列车由_____线上发车。


              站（站名印）车站值班员（签名）
                    年    月    日填发
```

注：1.绿色纸，复写一式两份，司机一份，存根一份；　（规格 90 mm×130 mm）
　　2.不用的字句抹消。

附件3　红色许可证

许 可 证

第　　　号

现在一切电话中断，准许第　　　次列车自　　　站至　　　站，本列车前于　　　时　　　分发出的第　　　次列车，邻站到达通知 已/未 收到。

通 知 书

1. 第　　　次列车到达你站后，准接你站发出的列车。
2. 于　　　时　　　分发出第　　　次列车，并于　　　时　　　分再发出第　　　次列车。

站（站名印）车站值班员（签名）
年　　月　　日填发

注：1. 红色纸，复写一式两份，司机一份，存根一份；　　　（规格 90 mm×130 mm）
　　2. 不用的字句抹消。

附件4　调度命令

调度命令

　　　年　　月　　日　　时　　分　第　　号

受令处所		调度员姓名	
内容			

（规格 110mm×160mm）　　　　　　　　　　　　　　　受令车站　　　　车站值班员

附件5 出站/跟踪调车通知书

```
       出站
           调车通知书
       跟踪
   对方站承认的号码第_____号,

        自     起                              出站
   准许            时   分 ......机车由车站向..........区间      调车。
        至     止                              跟踪


            站（站名印）车站值班（扳道）员（签名）
                    年    月    日填发
```

注：不用的字句抹消。　　　　　　　　　　　　　（规格 90 mm×130 mm）

附件6 轻型车辆使用书

轻 型 车 辆 使 用 书

使用日期	车种	使用区间	上下行别	起讫时间	使用目的	负责人	承认号码	承认站	车站值班员
月 日		自　　站 　　　公里 至　　站 　　　公里		自　时　分 至　时　分					
注意事项									

（规格 88 mm×125 mm）

附件7 调度命令登记簿

调度命令登记簿

月日	发出时刻	命令			复诵人姓名	接受命令人姓名	调度员姓名	阅读时刻（签名）
		号码	受令及抄知处所	内容				

注：规格 190mm×265mm。

附件8 书面通知

书　面　通　知

第＿＿＿次司机：

　　监督器上不能确认第一个闭塞分区空闲，以在瞭望距离内能随时停车的速度，最高不超过 20km/h，运行至第一架通过信号机，按其显示的要求执行。

　　　　　　　　　　　　　　　　　　　站（站名印）车站值班员（签名）
　　　　　　　　　　　　　　　　　　　　　　　年　　月　　日填发

注：白色纸，复写一式两份，司机一份，存根一份。　　（规格 90 mm×130 mm）

附件9　半自动闭塞发车进路通知书

```
            半自动闭塞发车进路通知书

                            第_____号
    1. 在列车头部越过发车进路信号机的情况下，准许第____次列车由____线发车。
    2. 在____发车进路信号机故障的情况下，准许第____次列车越过该发车进路信号机。


                        站（站名印）车站值班员（签名）
                                 年    月    日填发
```
（规格 90 mm×130 mm）

注：1. 白色纸，复写一式两份，司机一份，存根一份；
　　2. 不用的字句抹消。

附件10　高速铁路行车设备施工登记簿（综合维修）

运统-46

	登记时分		作业类别		本月施工编号	
	作业单位					
	配合单位		登记人		施工项目	
	配合单位					
请求施工、维修、检测登记	接触网停电范围					
	作业地点作业内容					
	占用（封锁）范围					
	轨道车运行情况					

续表

允许作业	批准起止时间		命令号及发令时间		调度员或值守员签认	
施工、维修、检测后销记	设备恢复使用范围和条件需限速情况开通命令				时间	
					登记签字	（施工单位、配合单位、姓名）
					调度（值守）员：	
	开通恢复常速情况开通命令				时间	
					销记签字	（施工单位、配合单位、姓名）
					调度（值守）员：	

附件11　普速铁路行车设备施工登记簿（维修作业）

运统-46

登记时分		申请天窗时间		天窗类别	
作业单位		登记人		行别	
配合单位					
接触网停电范围					
作业地点					
作业内容					
占用（封锁）范围			行车限制要求		
轨道车运行情况					
批准起止时间（未给点原因）		调度命令号		调度（值班、值守）员签认：	
设备恢复情况		延长时间原因			
销记时间		销记签名		调度（值班、值守）员签认：	

附件 12　行车设备施工登记簿（施工作业）

运统-46 施工

请求施工（慢行）封锁登记					承认施工	施工后开通检查确认、销记		施工开通
本月施工编号	施工项目	月日时分	（1）影响使用范围（需要的慢行或封锁条件）；（2）施工负责人（指定人）签字；（3）设备单位检查人（指定人）签字；（4）车站值班员签字	所需时分	（1）命令号及发令时间；（2）慢行及封锁起止时间；（3）车站值班员签字；（4）施工负责人（指定人员）签字	月日时分	（1）恢复使用范围和条件（开通后恢复常速确认）；（2）施工负责人（指定人）签字；（3）设备单位检查人（指定人）签字；（4）车站值班员签字	（1）开通（恢复常速）命令号及开通时间；（2）施工负责人（指定人）签字；（3）设备单位检查人（指定人）签字；（4）车站值班员签字

附件 13　行车设备检查登记簿（点外作业）

日期	时间	单位	作业起止时间	作业地点	作业项目	现场人数	驻站联络员姓名	车站值班员	备注

参考文献

［1］中华人民共和国铁道部．接发列车作业：TB/T 1500—2009［S］．北京：中国铁道出版社，2009．
［2］中华人民共和国铁道部．车机联控作业：TB/T 3059—2009［S］．北京：中国铁道出版社，2009．
［3］中国铁路总公司．铁路技术管理规程普速铁路部分［M］．北京：中国铁道出版社，2014．
［4］中国铁路总公司．铁路技术管理规程高速铁路部分［M］．北京：中国铁道出版社，2014．
［5］高双喜．接发列车工作［M］．北京：中国铁道出版社，2015．
［6］蓝志江．接发列车工作实务［M］．北京：北京交通大学出版社，2015．
［7］王金香．接发列车作业［M］．2版．成都：西南交通大学出版社，2017．
［8］李慧玲，曾毅．铁路车站工作组织［M］．北京：人民交通出版社，2014．
［9］中国铁路总公司《技规》条文说明编写组．《铁路技术管理规程》条文说明［M］．北京：中国铁道出版社，2014．